新世紀叢書
當代重要思潮・人文心靈・宗教
社會文化關懷

自由與命運

Freedom and Destiny

作者◎Rollo May
譯者◎龔卓軍・石世明
導讀◎傅佩榮・林耀盛

自由與命運

【目錄】全書總頁數400頁

Ⅲ 自由的特性

〈導讀①〉

自由與命運之間

台灣大學哲學系教授
傅佩榮

美國心理學界有三大系統：一是弗洛依德學派，二是行爲主義，三是人本主義。這三者在理論上各有主張，原是不足爲奇的事，但是應用於解決凡人的心理困境上，效果如何才是重點。

如果分析這三派的取樣內容，不難發現他們分別強調了：病態的人，平常的人，以及健康的人。世間之人，無論成長背景如何，內心總會有些情結，於是自覺不太快樂，或者偶爾作些怪夢，需要向弗洛依德學派求援。在經營日常生活時，我們對於大衆的一般行爲深感興趣，想知道「刺激與反應」的正常模式，這時行爲主義戴著科學的面具出現了，提供各式各樣的實驗數據與統計資料。等到一切安排就緒，我們開始質疑人生的目的與方向時，人本主義適時指出「自我實現」的光明遠景。

由此看來，這三大系統雖然彼此互不相讓，但是在根本上卻可以統合爲一幅完整的畫面。談到「完整」，心理學這門科學既然不是哲學，就比較可能參考不同立場的想法

與做法，期盼最後能對求診的患者有所助益。但是，求診的患者是個「完整」的人，在接受各種心理治療法之後，總會再進一步，希望安頓於一套「有哲學基礎的人性觀」上。

在此一關鍵時刻，羅洛・梅(Rollo May)出場了。他的立場是以存在主義爲基礎的心理治療法。這種治療法的特色，在於引發患者的「自我認識」，但是這種認識並非理性作用的結果，而是存在主義所謂的「存在體驗」：我是獨一無二的，不可替代的，擁有無限的可能性。接著出現的是：我必須自行選擇人生之路，並且爲這種選擇負責。然後，別人的影響降低了，社會的壓力減輕了，自我獲得了自由與重生的機會。

不過，這種自由並非毫無顧忌或爲所欲爲，並且這種重生是以死亡爲鏡子所映現的新處境。以存在主義爲學習資料，羅洛・梅無異於接上了西方哲學傳統的最新成果，可以站在更高層面評估其他的心理學家。他的筆下經常出現的名字是存在主義的哲學家與文學家，如齊克果、海德格、馬塞爾、沙特、卡夫卡、卡繆等。即使談到美國心理學界，他也會明白表示那位具有哲學家身分的威廉・詹姆斯是美國最偉大的心理學家。如此一來，在心理學界，他就必須孤軍奮戰了。這一戰，卻成了異軍突起，使美國心理學界的深度與廣度，在規模上皆大爲開闊。用簡單一句話來說，心理學家的專業作品能讓哲學研究者愛不忍釋的，除了卡爾・榮格以外，就數羅洛・梅了，而後者的哲學意境更為明確。

以《自由與命運》一書為例，羅洛・梅首先借用齊克果所云：「**自由即是選擇成為自己的可能性**。」你可以選擇，要成為自己還是不成為自己。這種緊張狀態構成了恆存的焦慮。何以焦慮？因為**人的生命在時間中展開，也注定將會有個結束，所以每一次的選擇都是唯一的**。不僅如此，死亡固然是最大的限制，我們還有其他限制，如：遺傳因素、文化領域、生存環境等。這種種限制可以合稱為「命運」。**若無命運的局限，自由將只是蒼白的陰影，既無法落實也沒有重量與質感**。

羅洛・梅引述一句對德國文學家歌德的評述，最能顯示現代人的困惑。「他要對抗的是無意義，是那早晨張開眼睛卻覺得沒有事情值得去做的沈重負擔。」那麼，什麼事值得去做？與其由別人規定，不如自己覺察「使命感」，然後發揮創造力。**自由即是創造力的表現，因為每一次的選擇，都是自我的更新與再生**。為了凝聚創造力的焦點，不可忽視生命中一切屬於命運之物。於是本書暢論了許多負面的質素，如死亡、憂鬱、宿命、絕望，以及惡。正是這種兩極之間的張力，使人性的眞實面目更為清晰，也使羅洛・梅的作品遠遠超出一般心理學家的著作。

由於熟讀存在主義哲學家的著作，羅洛・梅自己的思想表現了兩點特色。首先，他認同海德格所謂的「存有學的差異」，亦即必須分辨什麼是「存有」(Sein; Being)，以及什麼是「存有者」(Seiendes; beings)。我們的概念都是針對世間環繞我們四周的衆多存有者而發的，不足以用來指稱那唯一的存有本身。爲了領悟存有本身，只有透過個人（又名「此有」，Dasein）之自由抉擇。但是，所謂自由抉擇並非任意妄爲，而是忠於自己或選擇成爲自己，其效應是讓存有本身在此有的行動中得到開顯。必須抵達這一步，此有才能成爲「存在」。以簡單的話來說，**一個人在眞誠的狀態下，宛若成爲一條開放的管道，可以讓宇宙裡的生命力源源展現**。我們常說「至誠感人」，因爲使我們感動的是那作爲宇宙萬物根源的生命力（可以稱之爲存有、天、道或上帝等）之展現。

這種觀點使羅洛・梅的心理治療法具備明確的形上學意味。他藉此引領患著面對自己「存在可能性」，以眞誠態度從事完整而根本的反思。由此回歸生命之本然基礎，獲得眞正的安頓。不過，這種安頓並非沈靜的或消極的無所事事，而是擁有積極創造的活力，可以坦然面對人生問題又不爲其所困。因此，在處理患者的症狀時，羅洛・梅始終保持的信念是：患者必須自己學會向「存有」叩門，準備讓「存有」的無限能量貫注下來。從存有的角度看待自己的遭遇，自然容易心平氣和，由理解而化除過去造成的陰影，然後收拾並協調完整的身心，重新在人生道上出發。

羅洛・梅思想的另一特色，顯示在他與人本主義心理學家的爭議上。衆所周知，沙特曾發表一篇〈存在主義是一種人本主義〉的宣言式文章，那麼羅洛・梅既以存在主義爲依歸，又要如何把握他與人本主義心理學家之間的分際呢？姑且不論沙特對人本主義的看法如何，羅洛・梅認爲心理學界的人本主義無疑取得了重大成就，不僅在理論上能與弗洛依德學派及行爲主義分庭抗禮，鼎足而三，並且在實踐上也確實以「健康人生」爲標竿，鼓舞了無數的患者與一般民衆。但是，健康人生並不表示一定要忽視人的惡性傾向。

他在一九八二年與卡爾・羅傑斯的公開討論中，清楚指出：不肯正視「惡」的問題，是人本主義運動中「最嚴重的錯誤」。他認爲：「只有個人能夠正視這個世界的一切內在的與外現的殘酷，它的失敗，它的悲劇時，我們對人的信念才能產生好的作用。」理由很簡單，「**假如我們忽略了惡，我們將向厄運靠近**。」事實是不會因爲一廂情願而改變的；因此爲了降低世間的惡，只有設法理解它是怎麼回事。答案是：因爲人是自由的，所以善惡這兩種可能性不但一直並存，而且勢均力敵。如果在此追問：既然如此，人爲什麼要行善避惡？那麼，羅洛・梅沒有正面答覆這個問題，而存在主義哲學家也很難提供一致的答案。因爲光是針對「什麼是善？什麼是惡？判斷標準是誰訂的？」這一類質疑，就會引起無數爭執。

在《自由與命運》一書中，羅洛・梅結合了存在主義、心理治療個案、當代文化現象、人類共同宿命等題材，努力爲讀者勾畫一幅立足於眞實人性之上的生活藍圖。書中許多見解發人深省，譬如：「命運概念使憤怒經驗成爲必要。」他把憤怒詮釋爲「自由的通路」：若是不對加諸我們身上的一切限制表示抗議與生氣，我們（其實是指個人）如何可以說是眞誠的？因此，像憤怒、孤獨、疾病、絕望之類的負面情境，在羅洛・梅筆下都得到新的生機，在妥善解說之後，可以促成自由的運作，開展富於創意的人生。

他的人生觀奠基於他對死亡的理解上，他說：「沒有人知道越過死亡的門檻之後會是什麼，但**如果死亡不僅僅是滅絕的話，那麼爲死亡所做最好的準備，就是運用創造力，竭盡所能地活出我們的生命，去經驗及貢獻我們所能完成的事。**」心理學家能說出這一番話，已經彌足珍貴，而羅洛・梅個人的「創造力」在他的著作中還有不少精采的表現。

〈導讀②〉一個人，多種生活——梭越於自由的質量與命運的重量之間

高雄醫學大學心理學系助理教授
林耀盛

隻手之聲：讀解羅洛・梅的圖像

凝眸二十世紀的美國心理學家，羅洛・梅(Rollo May, 1909-1994)在歷史上，無疑地，占有重要的地位，從美國心理學會人文心理學分會以其名紀念設置傑出貢獻獎可見一斑。羅洛・梅的身處年代與羅傑斯(C. Rogers, 1902-1987)及史基納(B. F. Skinner, 1904-1990)大體交疊，羅洛・梅與史基納尚有私誼，即使，他們的人性觀可說大相逕庭；羅洛・梅也曾與羅傑斯對談過，羅傑斯與史基納生前亦有三次公開的辯論（這些相關談話文字，後來收錄於H. Kirschenbaum & V. L. Hendeson (eds.)(1989). *Carl Rogers: Dialogues*. Boston: Houghton Mifflin 一書中）。然而，當我們提及美國心理學家時，大抵上羅傑斯與史基納往往是典型性的表徵，羅洛

・梅則較易被忽視。何以出現這樣的狀況，約略可分成兩個層面稍作解釋。

首先，在語言上與概念習慣上受制於二元極端分類的我們，可以輕易地將羅傑斯形塑爲是個微笑點頭，滿口哼嗯的軟調人物；史基納則可化身爲處罰獎賞的代言人，像個酷吏的樣版。有趣的是，羅傑斯曾寫過《學習的自由》一書，揭櫫其以個人爲中心的教育理念，他所倡導的脈絡學習觀可說是美國教改的重要磐石。史基納則出版過《自由與尊嚴之外》一書，宣稱如果自由不是一個空洞的概念，其終極目標是挽救人類物種的話，那他自己是個不折不扣的人道主義者。繁複的自由命題，總是被先置的認知閾限阻隔瞭解，於是，羅傑斯的觀點可以成爲「人本現象取向」心理學陣營的基本範式；史基納的論題可以成爲「基進行爲學派」勢力的正當性護符，這般的邏輯實然失之簡約，但看起來又像是那麼符合人類的認知分類理路。於是，在「自由意志論」與「環境決定論」的二元對壘下，羅洛・梅充滿夾議夾叙，引詩引文的作品風格，或許難以細嚼消化；加上他不斷穿越進出於多重視域，如此思考動線下造就的論點，似乎更令人望之卻步。然而，這樣的羅洛・梅圖像，不過映現了，人類間的話語根基之所在，正是誤解。

其次，二十世紀初期的美國學界，因爲專業制度的競爭，使得大學往往得仰賴商人企業投資，形成政商資本複合體的學術圈。加上工業革命後勞動的過度分工，大學又得扮演經濟開發與生產關係之角色，在如此以促發「大進步」爲原則的境況下，心理學的「美國化」工程，逐漸將關懷文化與心靈的心理學擠落於學術邊陲或空白地帶。但是，羅洛・梅依然轉向歐陸思想的耕耨，其心理學概念座落於人文現象心理學、心理分析與存在主義的多重空間裡，遠遠跨越美國心理學單向度的科學界線。因此，就學院內而言，對於知識攝取都呈現若此單調的偏食樣態，遑論一般讀者，若要如實掌握羅洛・梅的著作，閱讀的境遇經常因爲需要出入於不同學科思潮，難免心生障礙感。在凡事講究「麥當勞化」，一味追求生產程序迅速標準化及短線操作邏輯的知識社會，羅洛・梅這類涵容異質多元思維的書籍可能難以討好，至少，在台灣社會的情形或是如此。當我們對世界體系的了解，是透過知識商品化的櫥窗展示被動地觀看，這樣的認識顯然是片面的、不足的，此般社會現象需要一步步克服。此其時，《自由與命運》一書的中文版問世，可以在學院圈內外，開顯我們對美國心理學的另一番眼界，以下嘗試從三重視域的角度討論該書。

非導讀：多角視域閱讀的可能

一、從本體論上的介面來看

羅洛・梅從「臨界狀況」探討人類的發展階段，自由與命運成爲該書的重要概念。切莫以爲羅洛・梅是個宿命論者，其實，從人類的生命週期而言，出生、疾病與死亡，象徵著人類發展歷程的生物秩序。人類看不到自己從子宮脫胎出生的樣子，在死亡的哀悼告別式中更不可能見到自己的消逝，病痛就形成了人類「通過成長儀式」中的可見之物。羅洛・梅認爲病痛、絕望或生活的「停頓」狀態，看似社會秩序發展的遲滯，其實這樣的心理空檔期反而涵蘊多元的人類潛勢。畢竟，人類存在本體上的眞正威脅，在於無法肯認自由是一種責任與價值，無法體知死亡的界線是一種臨現恐懼，卻也是一種誘惑的超克關口。所以，羅洛・梅雖認爲焦慮的最特殊性質，就是面臨險境時的不確定感與無助感，但其底層的意涵其實是相當海德格式的焦慮指涉。意即所謂的「焦慮」，就積極意義而言，就是引導「此在」先行地理解「死」的意義，通過對死亡的反思中達到對於「存在沒有本質」的最高本體論的認識。

於乎，就一般來說，當個人發生了重要的事件，往往會導致其自我認同的整編改造，這些生活變動有時會將發生的事件轉化成爲個人生活歷史上的心理紀念碑形態。然而，從羅洛・梅的自由與命運的辯證來看，生存的行動無非就是一種掌握其生命的威脅那種必要性，以及難以忍受感的自我折難，如此由困境夾擊下掙出來存活權，是一種道成肉身生命詩歌的歷史見證與道德行動。

二、從認識論上的層次來看

人類心理社會發展的羅盤，不是背負「自由」與「命運」二律背反的指南，只能定錨一端。**人類，是一種流離、死亡與回歸的永恆飄浪式的認同歷程**。羅洛・梅在自我心理學甚囂塵上的年代，他不在於錦上添花頌讚個我主義，他認爲**人類不是凝視魅度莎(Medusa)的石像，而是流動不居，嵌陷於焦慮、愛、意志、魔性、反叛、創造等等身心情態裡**。羅洛・梅的論述，打個比喻來說，就像是雕刻的壓地隱起式的陰雕技藝，在浮雕顯影的引人入勝裡，他逆勢地從幽黯面、深層面的角度刻劃生命肌理，指出**自我的啓蒙甦醒，來自於重新回到生命搏鬥喧聲的競技場，不是端坐於靜謐無爭的伊甸園**。這樣的認識論，可說是一種從笛卡兒式的身心二元論，轉向黑格爾式的辯證思維觀的知識轉化歷程。

所以，在閱讀羅洛・梅的《自由與命運》著述裡，就得將這樣的辯證觀點把持住，像說命運時，「不是在嗟嘆運命使然」，而是在於「我越過生死門檻，開創它」；說絕望時，「不是如希臘神話狄美特(Demeter)的困頓愁城」，而是在於「掀開潘朵拉(Pandora)的盒子，希望主動地克服絕望的誘惑」。這就誠如羅洛・梅所說的，人生多舛難逆料，但**生活現場所遭遇的種種問題，乃是生活的本來面目，也是人類創造力的根源**。

三、從方法論上的向度來看

身爲臨床心理學家，羅洛・梅是以臨床取向的方法勾勒自由與命運的盤結交錯關係。貫串該書的菲力普案例，他其實一直側身書頁間，不斷地與羅洛・梅，以及讀者，說話，在這樣多音交織的對話關係裡，羅洛・梅意在指出的是反對將人類心理行爲以化約原則病理化，人類的心理行爲意義，是個人經驗與社會文化建構不斷地磋商、競逐、辯證而產造出來的。但，以「健康之名」，人類被社會控制的修辭規訓化，以「疾病之名」，人類被精神醫療的論述污名化。終究，人類命運的投射，不在於複製對弱勢族群的偏差想像，不在於轉向不知伊於胡底的玄術巫靈，也不在於高舉雙手投降於宿命，更不在於焙製自戀的文化膠囊，**人類面對命運的方式就是選擇自由地穿梭超越它**。

因此，經由本書所指涉的心理治療意涵不是餵養個案一劑迷幻的糖衣，從此高枕無憂，更爲基本的是，心理治療是一種運動，在此運動的方位裡，治療者與個案兩造營構一種信任的氛圍、關照的社群、自由的締結關係，以及一種重構自我與肯認他者的生命開顯歷程。然而，個人畢竟寓居於社會脈絡，自由，不是堅定頑固的基本教義，自由，不是人云亦云的陳腔濫調，**自由，是對時代責任倫理的創造回應**。命運，不是枷鎖的鐵鍊，命運，不是旅人累了，他／她的靈魂一次次徘徊於「靈山」（聖潔）與「靈肉」（墮落）的掙扎困境裡，**命運，是人類勇於面對自己的切身遭逢**。

點化世界：解消自由與命運的對反

藉由這三重介面交織循環給出的視域反思，羅洛・梅的《自由與命運》一書顯影著在自然科學所無法領略的空白地帶，是人類遭逢苦痛挫敗的天性，例如在苦痛挫敗中指認咎責的需要，甚至報復的衝動、信念的角色，以及個人或集體的命定感等等創痛撞擊下的人性議題是科學不語的疆界。回到呼應上個世紀七〇年代所醞釀的心理學作爲一種人文科學的論點，其研究旨趣在於主體性自身，以及主體性與他者、世界的關係，在此召喚下，羅洛・梅的《自由與命運》中文版在台灣社會出版的迴響情況，或可視爲台灣邁入第三輪千禧年，是否得以回應人文關懷與了解人類潛勢的一種徵候指標意義。尤其，政黨輪替民主成果的背後，社會陣痛轉型的景象卻尷尬地顯示台灣社會欠缺自由主義的細膩文化辯詰，此書，或可在台灣子民的心靈撩撥思忖自由意涵的漣漪。

總之，閱讀羅洛・梅的《自由與命運》，並非如捧讀約翰啓示錄般的晦澀難懂，但也不會指向神漾快感的極樂世界，這本書更非拯救沈淪的福音書，亦非自我罪愆的自白錄，而是一則充滿野性思維的海洋書寫隱喻，不辭土石而成就生命的召喚應答。**人類終極的心靈聖杯，在於從挫敗、停頓與創傷的錘鍊中，迴向於對自我的認識與他者的肯認**。神話或隱喻的象徵，橋接了我們「外在共享的世界」與「內在獨特的世界」之分立樣態，因此更可接近了解人類寓居於世的「社群性」與「孤特性」矛盾境況。然而，在眞實存在與虛構神話之間，凝視自身與他者終究是人類的兩難困境。最後，亦以一則希臘神話，作爲這篇序文的註腳。

奧非斯(Orpheus)深入冥界尋找幽莉底絲(Eurydice)，渴望引領她離開冥界。然而，幽莉底絲的命運卻是在離開冥界之前，在奧非斯的反身凝視之下，再度幻滅隱遁於幽黯的陰影。「奧非斯凝視」的隱喻，顯現視覺的雙重弔詭性：眼睛，需要去看與不看，看與不看同樣匿棲於可見的背後(behind the visible)，因爲遺忘，所以看到了所欲之物；因爲凝視，所欲觀看的對象消失了。由這個神話隱喻，涵攝人類的生活世界，是一磚一瓦砌造而成，現呈著「記得與遺忘」／「凝視與不見」糾結的身心千萬難狀態，這是一個修行修心的道場，勇於承接拋射於世的「自由與命運」之磨難，正是我輩衆生的生活功課吧！

〈譯序〉從政治自由到心理自由

淡江大學通識核心課程助理教授
龔卓軍

與石世明先生合作翻譯本書的半年工作期間，適逢國內首度政黨輪替、九二一災後重建、總統府緋聞案、核四停建續建案等紛擾不休的政治局勢。許多call-in節目和媒體傳達給我們的訊息，盡是人與人之間的不信任。彷彿只要政治立場不同，不論是在朝還是在野、不論是普通公民還是民意代表，都只能選擇以相互諉過、傾軋、欺瞞、羞辱、背信來對待。

「自由」本是我們在這些政治過程中預設的價值，結果竟成了人人以自我爲中心，凡事「各自表述、各懷鬼胎」的僵局。

關於「自由」造成的僵局，讓我們跟隨羅洛・梅在本書運用的心理邏輯，從政治自由的內涵談起。以撒・柏林在《自由四論》中曾討論「自由」的政治意涵。著名的「消極自由」與「積極自由」之分，就是他用以反思政治主體權利義務界限的基本概念工具。柏林用「消極自由」概念，思考「在什麼樣的限度之內，某一個主體（一個人或一群人），可以、或應當被容許，做他所能做的事，或成爲他所能成爲的角色，而不受到別人的干涉？」至於「積極自由」這個概念，則把問題重心指向「什麼東西、或什麼人，有權控制、或干涉，從而決定某人應該去做這件事、成爲這種人，而不應該去做另一件事、成爲另一種人？」（按：譯文出處，Isaiah Berlin 著，陳曉林譯，《自由四論》，台北：聯經，民七十五，頁 229-230。）簡言之，在什麼樣的範圍內，一個主體的政治自由，可以容許他自己決定自己要做什麼、想什麼、過什麼樣的生活；又在什麼樣的範圍內，一個主體的政治自由，可以容許他決定別人的行爲、思考與生活方式？

然而，在本書中，羅洛·梅要引領我們問的問題卻是「心理自由」：什麼樣的心理條件，才能讓一個主體（一個人或一群人）稱得上是一個主體？當然，討論類似這樣的「心理自由」問題，很可能會落入柏林所謂的「自由」與「自我」的混同陷阱，這也是我們在政爭中常見的現象：相互指責對方在心理上的「瘋狂」、「幼稚」、「自私」、「人格卑下」，進而否定對方在政治上的主體地位。

我想，這兒的「政治自由」與「心理自由」之分、「政治主體」與「心理主體」之辨，正是本書中最易引起混淆，卻最值得我們深思之處。身處當下台灣的民主政治文化中，動輒以「動機論」、「陰謀論」來看待公共領域的政治事務，將不同立場的政治行動「心理化」，進而忽略他人在政治上的自由權限，以自我爲中心，以對方心理情結、人格特質或關係背景爲口實，對他人行動做自我投射式的解釋。殊不知，這種以自我中心投射出來的「心理」範疇取代「政治」範疇的做法，乃是柏林眼中終將導致極權主義、一元主義的思考方式——即所謂「非我族類、其心必異」的心態。這種心態，總認爲「我族」能夠實現某種高貴的政治理想——亦即實現某種「積極自由」，因而，在這種「積極自由」的大纛下，「非我族類」的心智狀態和生活方式必須加以政治改造。

但筆者要強調的是，以撒・柏林之所以主張多元主義的、免於被他人無謂干涉的「消極自由」，其實另有一個重要的人文心理學論證在支持。他認爲，「人類本來就具有不可預測的『自我轉化』(self-transforming)的潛能」（按：同前揭書，頁294。），就此而言，一般民主政治所強調的「消極自由」，在表面上看似對人的不信賴，因而必須設計制度、相互制衡、防治私心，但柏林卻爲我們指出，「消極自由」在骨子裡是要讓「政治主體」的生活方式免於不必要的干涉。柏林這種捍衛個人自由的姿態，透露出他對「消極自由」的終極關懷：他堅決相信「人類有不可預測的『自我轉化』潛能」，因而，人類在政治上有免於被他人干涉的基本權利。

然而，我們憑什麼接受柏林，去相信「人類有不可預測的『自我轉化』潛能」這個命題呢？這難道不是一種人文主義的心理迷思嗎？或者，問得更坦白一點：人類有心理上的自由嗎？他不總是被他的命運——個人情結、人格特質、家世背景、文化馴養所決定嗎？就此而言，柏林所謂「不可預測的『自我轉化』潛能」，跟羅洛・梅在本書中強調「接受過去個人命運，冀求當下自我轉化」，實有異曲同工之妙。只不過，有別於柏林的政治哲學進路，羅洛・梅是從存在現象學與精神分析的角度來詮釋人類的自由：透過人類的實存處境與精神分析之助，自我心理轉化實具有無限的可能。至此，羅洛・梅的存在主義精神分析學要義方得豁顯。

我們了解，在羅洛・梅眼中，命運中不期而至的憤怒、焦慮、停頓都可以是心理轉化的解放契機，透過情緒現象的存在解析、再透過實際案例的精神分析，他讓我們了解到，**缺乏心理自由與寬容的個人，即便擁有了客觀的政治自由保障，亦難有創意**。重點在於，**當憤怒、焦慮等情緒浮現時，我們有沒有心理的自由和寬容，去接受這類情緒乃是人之常情，去發掘這類情緒是否是自我潛意識的投射**。或許，這種心理上的自由與寬容，正是解嚴後的台灣等待已久的果陀。

此書出版雖已逾二十年，但羅洛・梅的方法與用心值得我們欽佩。他企圖在美國的自由主義與個人主義文化的基礎上，重新打開美國文化中「自由」概念的新意，進而還原出「自由」的種種層次和可能困境。對於文化和政治上深受美國影響的台灣而言，此書實可供借鑑攻錯，而以筆者研究的存在現象學來說，羅洛・梅的「自由」與「命運」概念，顯然有其哲學上的預設，背後的哲學問題，需以另文處理。但可以提醒讀者的是，考慮到文化心理的因素，本書在第四章和第三部所比較的「東方」心理自由型態，對於被界定為「東方」、又「西化」漸深的我們來說，實有必要進一步與之對話，甚至加以補充批判、重新闡述我們對自身文化心理特質的認識。

最後，石世明先生以其文化心理學的專業，在軍旅生涯期間，慨然投入此書的翻譯。討論和互動過程中，我們不僅感到心理學和哲學可以滋養彼此的視野和語彙，也印證了一份言語之外的信任、支持和友誼。

〈作者序〉

掙得自由，體察命運深意

今晨，我和一位友人划著獨木舟，徜徉在新罕布夏州一方靜謐絕塵的湖上。湖面上唯有的漣漪，來自一隻藍蒼鷺。牠從一片水蓮中振翅，緩緩起飛，飛向沼澤更遠更深處，絲毫不爲獨木舟所擾。萬般寂靜裡，湖水、森林和山頭都籠罩在一派不可思議的和諧平靜當中，友人卻意外提起，今天是獨立紀念日。

不論有什麼喧囂的慶祝活動在進行，似乎都離這片寧靜之域好遠、好遠。生活在美國東北新英格蘭的人，腦海裡不時會浮現北地古教堂(Old North Church)鐘樓上懸吊的燈籠、邦克山(Bunker Hill)〔按：美國獨立戰爭第一次重要戰役即邦克山戰役，美軍在邦克山附近的布里德山(Breed's Hill)重創英軍，作者在此提到位於波士頓國家歷史公園中的邦克山和北地古教堂，有隱喻自由發生地之意。〕和新英格蘭農民的槍聲，這些形象注定要傳遍全世界。

政治的自由誠然值得珍惜，但要讓政治自由歷久彌新，卻有賴於創建國族的個別人

物內在的人格自由。國族的自由不可能來自盲從者，自由的國族不可能由機器人組成。本書立意闡釋這種**內在的人格自由，它乃是政治自由的基礎**。我在下文中提到政治自由時，大體上乃是做爲人格自由的例示。

這種人格自由，讓我們眞誠思考、感受和說話，也讓我們意識到這樣做是身爲人類獨一無二的特質。這份自由雖然與個人的命運始終形成弔詭關係，卻是愛、勇氣、誠實這些人文價値的基礎。**自由便是我們與自身命運的關聯方式，而命運之所以饒富深意，只因爲我們擁有自由**。我們在與命運拉扯徐行，以掙得自由之際，我們的創造力和文明於焉誕生。

羅洛・梅，一九八一年七月

新罕布夏，侯德尼斯(Holderness)

I | Freedom and Destiny

自由的危機

The Crisis of Freedom

1 當前的自由危機

The Present Crisis of Freedom

人類的最終目標……在於運用其力量，與一完整而持續的整體發展出至高無上的和諧關係。想要達成此一發展，最首要而不可或缺的條件，便是自由。

——卡爾・馮・洪波特(Karl von Humboldt)

自由，說穿了，就是已經沒什麼好損失的了。

——克里斯多弗遜與佛斯特(K. Kristofferson and F. Foster)
《我和巴比・麥姬》(*Me & Bobby McGee*)

人類有史以來，自由(freedom)就不斷教人震驚，成千上萬的人視之如珍寶，願意爲它犧牲性命。對自由的熱愛，不僅出現在令人肅然起敬的人物身上，譬如爲了信仰自由而死的喬達諾・布魯諾(Giordano Bruno)，以及面對宗教裁判時，仍對自己喃喃低語地球**眞**

是繞著太陽運行的伽利略(Galileo)。這種對自由的熱愛，也出現在不知名的芸芸衆生身上。自由必定具有某種深刻的意義，跟人類的「核心」有某種根本的關聯，才會成爲人們慨然獻身的目標。

至今，許多人仍認爲他們和他們的國族應有爲自由而死的準備。這種情感以愛國主義的面貌出現。另外一些人，雖然認爲政治上的自由並不值得我們爲之一死，卻依然認爲心理與精神上的自由乃神聖不可侵犯，人有權利思考，有權採取自發的態度，應免於受到像小說《一九八四》那樣的精神監視。從有史以來到本世紀的自由示威遊行，到抗議種族隔離(freedom rides)，自由出現了千百種形態，也得到各式各樣的證明，自由的信條被認爲超越了生命本身。

只要對許多秀異人物稍有了解，我們便會發現，在過去，用易卜生(Henrik Ibsen)的話來說，自由至少是「我們最美好的寶藏」。盧梭(Jean Jacques Rousseau)則被這樣的事情深深打動，人們寧願「忍受飢餓、烈焰、刀劍和死亡，只爲了保持其獨立自主」。他接著說，關於自由，人類「犧牲了享樂、休閒、財富、權力，甚至賠上性命，以保留這項獨特的利益」。①康德(Kant)也加入了爲自由辯護的行列，以駁斥下述的論調：法國大革命造成的恐怖暴行，證明人群大衆根本不配擁有自由。康德寫道：「對那些在某一人的控制之下，並有權令他們永遠失去自由的人們來說，要他們接受自由毫無價值這樣的信條，就等於在冒犯上帝的權柄，上帝創造人，本欲令其自由。」②

謝林(Schelling)也同樣熱烈爲自由辯護，「如果在所有知識的基礎上，某些事情沒辦法自力保有自身，那麼所有的知識都屬枉然，」而「自由……便是此等至要之事。」他又寫道：「哲學……乃一自由人之純粹產物，而哲學本身便是自由之行動……所有哲學的第一設準，便是依其特有的觀點自由行動，其必要性就如同……幾何學的第一設準，畫出一條直線。幾何學家很少花力氣來證明這條直線，哲學家也很少費心證明自由。」③換句話說，自由的眞相乃不證自明的，它是一項不能讓渡的權利。

稍後，我們雖然會對自由的一些實證定義加以審視，但值得注意的是，謝林認爲自由乃是一項不證自明的公理，即使我們要思考、要討論，都得預設自由，因此，自由無須任何證明。若要有能耐去體驗到敬畏與驚奇，去想像和寫詩，去認識科學理論和偉大的藝術作品，都得預設自由。人類要有反省的能力，這些體驗都不可或缺。事實上，當代世界中，有一位與謝林才幹相當的知識份子以撒・柏林爵士(Sir Isaiah Berlin)曾說過，「人類史上，幾乎每一位倫理學者都曾歌頌過自由。」④

爲何會有這些連篇累牘的頌辭？爲何自由要被如此尊崇，好像世間已沒有任何更值得獻身的事？

自由無可取代

要回答這個問題，我們就必須了解自由的無可取代。人類生活經驗中，其他類型的事實都是自然而然形成的。心臟跳動，眼睛看見，它們依其自然本性而各行其是。若我們舉出非身體機能的事情，譬如以價值來說，我們會知道眞(truth)的特性是什麼，諸如盡可能貼近事實陳述事情，我們也知道美(beauty)的價值有何意義和特質。這些事態各依其特性，作用於人類身上。

那麼，自由的特性又是什麼？在本質上，自由的特性顯然**不是**既定、現成之物，其作用正在於改變其特質，變成某種全然不同於任何它所曾是之狀態。自由是發展的可能，是個人生命的提升；自由也是退縮不前、自我封閉、拒絕成長、自暴自棄的可能。保羅・田立克(Paul Tillich)主張，「自由的本性，便是自我決定。」⑤這種無可取代的特性，使得自由與人類生活經驗中的其他實在有所不同。

自由的另一項獨特之處，在於它是所有價值之母。如果我們認眞思考諸如誠實、愛、勇氣等價值，我們會發現，很奇怪，它們的價值都無法跟自由比擬。因爲，其他價值要獲得安置，首需自由，它們仰賴自由而生。

以愛的價值來說，如果我知道某人的愛不是出於某種程度的自由付出，我怎麼可能重視這份愛呢？究竟是什麼讓這份所謂的愛，跟純屬依賴和順從的行爲有所不同呢？賈克・艾拉爾(Jacques Ellul)寫道，「由於愛只能在自由之中具體成形，因此，只有自由的人才會愛，愛是對他人的意外發現，也是爲此人付出任何心血的準備。」⑥

再以誠實的價值來說，弗蘭克林(Ben Franklin)到處宣揚他的倫理原則：「誠實爲上策。」但是，如果誠實是上策，重點就不是誠實，而是把生意做好的策略。一個人有自由**不隨著**自己或自己公司的金錢利益而起舞，這才是誠實的眞義。除非誠實預設有自由，否則誠實就失去了它的倫理特質，除非勇敢不是因某人強制脅迫所生，否則勇敢將毫無價值。

因此，自由已不只是一種特定價值：**它突顯了價值活動的可能條件，它本是我們任何價值活動的能力基礎**。沒有自由，任何價值都無法名副其實。在這個公共福祉關懷與私人榮譽關懷分裂的時代，在這個價值讓位的時代，（如果我們不得不面對這些問題，而想要有所改善的話），首先必須回頭處理我們與所有價值根源——自由——的關係。這也正是爲什麼自由如此重要，成爲心理治療的目標之一，因爲，不論案主發展出什麼價值，都必須基於他的自主經驗、個人權能感與變化的可能，這些感受，都必須基於他在心理治療中想獲得的自由。

自由永無止境地重新創造自身，賦予自己新生命。我們已經了解，**自由就是超越其自身特性的能耐**，**超越**(transcend)這個已被濫用的字眼，最足以描述其狀態。我們不禁開始讚嘆我們的先人，他們將自由的魅力變得多麼迷人，如同不死鳥般奮力拚搏、浴火重生。我們也不禁開始體會到自由的危險。人們會堅持要求自由，珍視它，不斷嚮往它，如果無法立即享有自由，他們不惜與別人開戰，必要的話，甚至爲它而死。根據米爾頓・羅奇區(Milton Rokeach)的統計研究，時至今日，大多數人的價值順位中，自由還是占最高的位置。⑦

古希臘羅馬時代，自由市民與奴隸間的極端差異正在於此，美國蓄奴時期的南方，差別也在這裡。在生理方面，奴隸可能被照顧得很好，吃得飽、過活有餘，事實上，甚至比他們恢復自由身，獨立過活還更溫飽。但是，他們卻失去了「不可讓渡」的人權，無法公開伸張他們的信念，甚至不能與他們主人的信仰相左。⑧跟著主人的姓氏，就是這種根深柢固主從關係的顯現，這跟自由市民比起來，有若天壤。我們都記得電視影集《根》(*Roots*)的主要角色，費了多少工夫，才能夠把他們的原有姓氏，可憐兮兮地留在自己的墓碑上。這種情況，也發生在婚姻裡面，成爲婦女解放運動的攻擊目標。

每個人都明白，附屬在主人之下，對奴隸的人性尊嚴有多大的打擊，但並不是所有的人都知道，其實，這也對主人造成相仿的打擊效果。擁有奴隸的人所受的奴役，跟他的奴隸沒什麼不同，蓄奴讓雙方的自由蕩然無存。然而，即使是生活條件比較差，人們也寧願選擇過自由人的生活，而不願成爲被妥善照料的奴人。盧梭曾經告白，「自由的人們推倒守護他們，讓他們免於受壓迫的石像」，⑨這樣的狀況，讓他不知所措。

個人自由的無可取代，雖然在歷史過程中歷歷可數，卻一直到了存在主義，才將自由作爲其哲學的核心概念。謝林這位存在主義的先行者，曾一再強調「**人類生而爲行動，而非沈思，**」他更強烈主張，「**哲學的起點與終點乃是——自由。**」當代的存在主義者認爲，現代生產裝配線對個人人格的物化，乃是對自由最嚴重的威脅。沙特(Jean-Paul Sartre)的戲劇《群蠅》(*The Flies*)裡，由於宙斯想強加其權威於奧瑞斯提斯(Orestes)而不成，便惱羞成怒地咆哮：「目中無人的兔崽子！我不算是你的主子嗎？你不想想，誰創造了你？」奧瑞斯提斯反擊道：「是你！但是，你錯就錯在，不該讓我自由。」之後，奧瑞斯提斯總結了這一切，他高喊：「我就等於我的自由！」沙特要補白的重點是，自由不僅是人類的根本需求，其實，**成爲一個人跟擁有自由，根本就是同一回事**。

自由與存在的同一，可以由一個事實證明：我們做抉擇的當下，都確確實實體驗到自己的存在。當一個人斷言「我能夠」、「我選擇」或「我將要」時，他就會感受到自身的意義，因爲，奴隸是不可能下這類斷言的。卡爾・雅斯培(Karl Jaspers)寫道：「在抉擇的行動中，藉由我一本初衷與自然自發的自由，我第一次親自體認到我的眞實自我。」「只有自由，存在才屬眞實……自由乃是……存在的本質。」「只有我施行我的自由的時候，我才完全屬於我自己。」「成爲自由，就等於成爲自己。」⑩

雖然我們曾經說，自由就是變化的可能，但自由也包含了保持本色的能力，但是，保持原樣並不等於考慮改變或拒絕改變。更有甚者，我們會說明，這種變化不能跟爲了改變而改變混爲一談，也不能跟爲了逃避而改變混淆。因此，美國年輕人經常把任性和眞正的自由掛在嘴邊，其實是嚴重的混淆。索忍尼辛(Solzhenitsyn)以其英雄行徑爭取到了自由，也贏得了談論自由的權利，但我認爲，他下面的講法很有問題：

> 自由！就是十四到十八歲的青少年，耽溺在他們的無所事事和玩樂之中，而不必振作鼓舞、完成精神成長。自由！就是健康的成人會不想工作，靠社會救濟過日子。⑪

索忍尼辛的辯詞，把任性、不負責任和自由混爲一談。他不知道，他的同胞杜斯妥也夫斯基(Dostoevsky)說得好，自由總是形成弔詭。

任性就是無視於命運的自由，如同夜晚之於白晝，眞正的自由，不可能毫無限制。稍後我們會明白，自由就等於你如何面對你的限制、你如何在日常生活中投身於你的命運。希臘神祇普洛提烏斯(Proteus)能夠不斷變形，以免於被別人定型，祂可以視爲我們八面玲瓏過日子的一個象徵，但是，祂從來不被人視爲自由的象徵。

即使有人否認自由，他們也預設了自由。換句話說，在否認自由的這個行動裡，他們的否認若要被當眞的話，不能仰賴純粹的偏見或當天想到了什麼，而是必須依賴大家能否接受或拒絕他所提出的客觀基準。然而，如果我們不把這種「接受或拒絕」的能耐稱爲自由，我們又能怎麼樣稱呼它呢？我們稍後會討論的一種觀點——決定論(determinism)，其實也必須以自由爲前提。就此而言，決定論的信念乃是人類自由的一部分，是人類自由使之成爲可能，就如同黑暗使得光亮足以讓人識別一般。

所以，我們有充分的理由下結論：自由是人類尊嚴的根本要件。就此，洪波特一針見血地指出：「對人類本性的內在尊嚴寄予最深的尊重感，使我自身感到通體生氣蓬勃，然而，唯有自由，足堪與此尊嚴相稱。」⑫文藝復興時期的義大利哲學家皮科•德拉•米蘭多拉(Pico della Mirandola)也將自由與人類尊嚴視爲同一回事。他這樣描繪創造者：

> 非天亦非地，非不朽者、亦非平凡如吾人者創造了您，您擁有自己的意願與榮耀，因而擁有了自由，成為您自身的創造者、建造者。唯有仰賴您自身的意願，我們才能讓您成長、發展。您自身孕育著宇宙生命的起源。

人類尊嚴的基礎在於自由，而自由的基礎，又在於人類尊嚴。兩者相互預設了彼此。

然而，文藝復興時期的皮科，他可以大膽運用我們這個時代難以理解的字眼，譬如「自由意志」(free will)。依傳統的意義而言，「自由意志」乃是爭論經年、卻毫無建樹的一個概念。人類的自由**遍及其整體**，而非其**部分**，譬如其意志。當然，意志是很重要，我們稍後在強調自由即是說「我將要」、「我能夠」的能力時，會提到這一點。但這個「我將要」指的不是一個既有的技能，好像已經包含在「自由意志」當中，「我將要」的來源是整體的自我，包括自我的種種分歧樣貌，諸如運動個人肌肉的自由、想像的自由、做夢的自由，自我奉獻的自由，事實上，這包含了人類的整體存在。即便是不相信自由意志的相關能力，這種不信，本身也是在行使自由。

人類學家馬凌諾斯基(Bronislaw Malinowski)曾經說：「自由乃是『自我實現』的**可能性**，其基礎是個人抉擇、自由契約、自發的努力，亦即個人的自發創造。」⑬

齊克果(Sören Kierkegaard)在一百五十年前亦說過，自由即可能性，至今，這依然是自由的最佳正面定義。艾蜜莉・狄瑾遜(Emily Dickinson)在一首詩中亦對此有所直觀：⑭

我住在可能之屋裡——
比陳腔濫調住起來寬敞——
不僅窗户為數較多——
門面品質亦復優越

每個房間都像雪松所造——（譯按：雪松用以製箱、家具、鉛筆）

任何目光難以侵入——

還有一幢恆久耐用的複折屋頂

讓天空在此亦得折腰

「possibility」這個字源自拉丁字「posse」，有「能夠」之意，同時，它也是我們今天用的「power」（力量、權力）這個字的拉丁字根。於是，這兒便出現了自由與權力之間充滿血淚的關係史，不論是世界各地議事堂上的冗長論辯，還是無數戰場上的戰鬥與鮮血。我們都知道，沒有權力與力量，即無異於奴隸，大家也都明白，如果人要擁有自由，他們就必須擁有相等的個人自主權和個人責任。關於這一點，婦女解放運動已有十分中肯的論證。

當然，我們必須在掌握不同的可能性與狂熱的行動之間做出區別，因爲，不斷做些什麼，會比什麼都不做讓人舒服，但狂熱行動卻是自由的誤用。尼克森(Nixon)對此頗爲內疚，他在他的書裡談到：「不斷增長、令人難忍的張力……這些張力要得到紓解，只有採取行動，不管用什麼方法，然而，由於根本不知道如何行動，也缺乏行動的能力，你於是完全分裂。」⑮這種無法控制的行動衝動，走到某種極端狀態，就成了治療學上所謂的「行動化」（acting out，譯按：病人以行動代替語言，將他的內在話語呈現在我們面前），這通常是精神病人格的症狀。

反過來說，雖然事態尚未明朗，**以特定方式行動的時機亦尚未出現，人格的自由，卻讓人能夠在心裡涵養著不同的可能性**。這些可能性必定要有萌芽的起點，要不然，我們的生活便會陳腐乏味。在類似的情況裡，心理健康的人，能夠直接面對這種焦慮、調解這種膠著狀態，相形之下，精神官能病患在面對這種焦慮時，卻遲早會阻塞了他對自由的意識，他會覺得自己穿著束縛衣，做什麼事都綁手綁腳的。自由總是在面對「可能性」，各種可能讓自由擁有很大的彈性，讓它十分迷人，卻也讓它蘊藏著諸多危險。

自由的偽善現象

今天，自由陷入了嚴重的危機之中，它的意義變得曖昧不明，我們經常看到，那些使用自由這個字眼的人，是所謂的偽君子。這個時代的自由，爲各種弔詭現象所苦，這些弔詭出現在各個層面。種族平權國會運動(CORE)民權大遊行的前總指揮詹姆士•法默(James Farmer)寫到第二次世界大戰時說道：

整個戰爭，是以自由、民主之名展開的，我們所有的人都被動員，為了美國的生活方式而戰。然而，在海外延燒的熊熊戰火中，我們卻可以明顯看出來，要維繫那種生活方式，會造成多少的不自由、不平等。許多大蕭條的受害者，仍飽受飢餓和恐懼的威脅；全國的勞工，不得不接受長工時、低工資的事實。而黑奴一如往常地存在，他們在法國戰場上是整裝待發的士兵，在家裡卻仍然是最次等公民，忙著為他的同袍的僕人服務。⑯

「自由只不過是已經沒什麼好損失的另一種說法罷了」，這句歌詞表達了廣大人群的心聲，他們認爲「自由」不過是個誘餌，要把他們引誘到天知道什麼樣的圈套裡去。這些人看到了僞善、虛矯的兩難困境、巧言令色和旁門左道，讓這個本來很高貴的字眼變得幾乎狗屁不通。讓「自由」的地位，從我們語言中「最值得珍惜的字眼」、人類最寶貴的經驗，轉而在許多地方成爲可笑的同義詞。

如同詩人奧登(W. H. Auden)在〈無名的小市民〉(The Unknown Citizen)中所訴說，跟以往許多其他的字眼「眞」、「美」、「上帝」一樣，「自由」這個字眼可能很快就只能用於嘲諷。他描述了一個人，對於他，「官方不可能有任何抱怨」，他：

支持時下最廣泛流行的意見；
如果天下太平，他就支持和平；如果
發生了戰爭，他就上戰場。

對於這位完全服從的「正常」人肖像，奧登下了這樣的結語：

他自由嗎？他幸福嗎？這個問題太荒謬了：
如果有什麼地方不對勁，我們應該早就聽到了。

類此對個人自由的徹底否認，正可以跟**捍衛**自由的大聲疾呼長相左右。我們只需要回顧一下喬瑟夫・麥卡錫(Joseph McCarthy)的白色恐怖時代，有多少人愛唱克里斯多弗遜和佛斯特的歌曲便可以回想起來，麥卡錫這位惡名昭彰、自我標榜的「捍衛者」，如何透過威嚇全國人民，讓大家相信每一張床底下都躲著一個共產黨員，來整肅許多值得尊敬的市民。麥卡錫的凶殘和狠毒，在於他利用人民失去自由時的焦慮，從中謀利。自由的巨大危險，正在於它很容易成爲這種僞君子的口實——他可以僞裝要拯救我們的自由權利，骨子裡的勾當卻是最嚴厲的查禁、鎮壓。歷史上，有多少暴君在號召他們的支持者時，打的卻是自由的旗號！

在許多人的心目中，這類的僞善幾乎已經跟「自由」這個字眼的用法完全等同了。不論是高中的開學典禮上，還是七月四日國慶日時，當演說者滔滔不絕地向我們說出「美國，自由的國度」這類句子時，我們會打打呵欠，然後不明究裡地懷疑，有了麥卡錫的前車之鑑，這傢伙究竟要如何欺瞞我們。這些演說者，通常代表了我們社會裡的

「既得利益者」，他們從今天的經濟體系中大舉獲利。然而，大多數的聽衆都會注意到，如果要這些人面對一七七六年的眞實叛亂，他們一定會嚇得手足無措。

在一九八〇年夏天的政治大集會裡，有許多場演說，値得注意的是，演說者越是保守反動，他就越傾向使用「自由」這個詞彙。賈克・艾拉爾對於人類的看法，頗値得我們再三玩味：「當他以爲他很舒服地享受自由時，正是他被奴役透頂的時候。」⑰

尤金・麥卡錫(Eugene McCarthy)是一九八〇年總統大選中的一位總統候選人，他在陳述自己的宗教信仰時這樣寫：「美國是自由之島，上帝故意將我們擺在兩塊大陸中間，對於自由，這兩塊大陸不是完全否認，就是一無所知。」⑱依我來看，這種假裝虔誠的說法，不過是冒牌的自由。

自由被用以、或濫用來爲我們的放任主義、「自由」企業經濟體系找尋合理藉口。一所著名大學的理事，同時亦擔任美國某家大石油公司的總裁，他在私下的談話裡證實，他的公司在一九七五到一九七六年酷寒的冬天裡，曾經切斷汽油供應，以便在缺油時期使油價揚升，他認爲，他的公司對股東有「權利」也有「責任」，要爲他們賺錢，越多越好。那麼，他是否其實在主張，保持自由企業競爭體系，會比人類的性命還重要？因爲，美國人民在那個嚴寒的冬季嚴重受創，其中有一些人被凍死，只因爲無法取得汽油。「權利」和「責任」本來是道德用語，在這兒卻被用來爲不道德的行爲目的辯護，這個行爲，導致成千上萬的老百姓陷入困境，在零度以下的酷寒中掙扎求生。

這個論證的主張頗令人懷疑，它認爲這類自由企業體系制度，必須不計任何代價加以保護運作，不惜犧牲人命。難道我們忘記了李察・托尼(Richard Tawney)的智慧，他在四十年前提醒我們，現代的「工業主義是否正是個人主義的濫用？」因爲，「不接受任何權威（包括社會價值和社會功能）優於個人理性……讓人們自由追求自己的興趣、野心和慾望，不必對任何共同的領導中心輸誠，隨心所欲，無拘無束。」⑲托尼指出，工業主義本身卻造成了一種自相矛盾：我們可以在美國汽車工業的當下情況裡看到，一個「完全自由」的工業體系，會摧毀它自己的市場，最後甚至把自己給毀了。同樣的狀況，似乎也發生在美國的一個怪異現象中：通貨膨脹和失業率同步節節攀升。這種兩難的困境，關鍵在於我們如何使用「自由」這個字眼，可見，重新發現自由的眞實意義有多麼重要！

跟許多人一樣，威廉・道格拉斯(William O. Douglas)法官認爲，若不以吃的自由和工作權爲起點，就不可能談到任何自由。⑳艾爾溫・愛德曼(Irwin Edman)寫道：「如同馬克思、羅勃・歐文(Robert Owen)和艾德華・貝勒密(Edward Bellamy)所發現的，自由涉及了行爲的經濟條件，但是，在爲民主鬥爭的過程中，一直到晚近，經濟保障是個人自由的政治條件，才終於獲得承認。」㉑

類此這般，關於自由的僞善和道德混淆，一份新聞雜誌的社論在最近做了相關的描述。這篇社論談到美國近幾年來隱私權的濫用和政治自由的誤用，也談到一本討論希特勒統治下的德國的書，這本書的書名是《他們以爲他們很自由》(*They Thought They Were Free*)：

> 我們（在美國）就像那些優秀的德國人，還一直認為我們很自由，然而，我們周遭，早已堆滿了人事秘密檔案、布滿了鎮壓機構和政治暗殺武器。哪裡有什麼運動來恢復我們的自由？誰能挺身而出，準備為堅持這些事情不該在此發生而戰？
>
> 我們聽到電影《納許維爾》(*Nashville*)片尾傳來的迷人合唱：「我一點都不困擾，一點都不困擾。你可以說我一點都不自由，但我一點都不困擾。」難道，這正是美國自由的最終墓誌銘？㉒

現代世界中，自由可能被讓渡出去，始終是史家亨利・史帝兒・孔梅格(Henry Steele Commager)關懷的重點，他在觀點上的平衡和觀察時的審慎，聲譽卓著。他在〈自由瀕死？〉(Is Freedom Dying?)一文中，徵引了許多政治和社會的證據，證明我們**正在**失去我們的自由。「自由已經喪失了它在哲學和政策裡的尊榮地位。」他引用古老的誡條：「自由的代價，便是永無止境的警惕。」而且，他很傷心地提示我們，今天的美國不再保持警惕，他認爲，這種把自由讓渡出去的主要原因，是在美國甚囂塵上的物質主義和享樂

主義。㉓

先是索忍尼辛的責難，現在又是孔梅格的警告，我認爲，物質主義和享樂主義本身乃是一種潛藏的、地方性的焦慮症候。男男女女，全部投身在賺錢事業裡，除了賺錢，做任何事情都沒有辦法讓他們感到滿足。若不論其經濟效益如何，它確實造成了個人的進退失據。一對對伴侶發展性的享樂主義，把性享樂本身當做目標，因爲，性可以緩和他們的焦慮，也因爲，他們發現，在我們的異化和自戀文化裡，談不上什麼眞誠的愛。今天，美國瀰漫著一股被抑制著的恐慌：我們不只對氫彈和原子戰爭的景象感到焦慮，也對無法控制的通貨膨脹、失業率感到恐慌，隨著宗教的腐敗，我們對古老價值的一蹶不振感到焦慮，我們對家庭結構的解體深感焦慮，我們憂心空氣污染、石油危機，我們對一切的一切感到焦慮。市民大眾的反應，如同精神官能病患的反應：我們用最容易操縱的替代品，匆匆忙忙掩飾可怕的事實，只爲了減緩我們的焦慮，讓我們能夠暫時忘記。

孔梅格強調，將我們的自由讓渡出去，其代價要比大多數人所認爲的要嚴重得多。他說，因爲「自由是進步的必要條件，也是生存的必要條件。」如果我們失去了我們的內在自由，我們將同時失去自主性和自我管理的能力，這些特質正是人類和機器人、電腦不同的所在。

攻擊自由、嘲諷自由，乃是可預見的神話解體現象，這種現象通常發生在某個巨大的眞理行將破滅的時候。神話解體時，人們會攻擊、嘲諷他們原本尊敬的事物。透過激烈的攻擊行爲，我們聽到有一種未被說出的聲音靜靜哀鳴：「我們對自由的信仰本來**應該**拯救我們的，然而，在我們最需要它的時候，它卻讓我們失望！」這種攻擊，夾雜了悔恨和暴怒，恨不能將我們的自由變成最崇高的東西，鐫刻在自由女神像或林肯雕像的基座上，「自由的新生命」尚未出生。

在所有類似的神話解體時代，原本的偉大眞理，會帶給它們的攻擊者無與倫比的非法力量。因此，對自由的攻擊，特別是有些心理學家，他們運用他們的自由，遊說全國，辯稱自由乃是幻象，然而，這種說法的力量，正是來自它所否認的自由本身。

但是，神話解體的時代，很快就變成空洞、得不償失，接下來，誠如傑若姆・布魯納(Jerome Bruner)所言，我們必須開始進行「漫長而孤獨的內在整合之探索」。踏上這條建構之路，我們必須反觀自身，以重新發掘在其中浴火重生的眞理，讓當代所亟需的自由，如不死鳥一般，重新整合到我們的生命中來。這才是林肯所謂「自由的再生」之深層意涵。

難道，「自由」這個一度充滿榮光的概念之所以會在最近破產，其中最重要的理由，不是因爲我們過度簡化了它嗎？我們以爲很容易就可以學會自由，因此，我們似乎只需要生在「自由的國度」便已足夠。難道，我們不是讓自由的弔詭被掩蓋住，直到形成激烈的矛盾，把自由等同於白人、把自由等同於新教徒、把自由等同於資本主義，最後，甚至把自由等同於個人喜好嗎？這個偉大的概念，就是這樣崩潰沈淪的。

關於個人自由，在美國的〈獨立宣言〉裡，喜悅而熱情地認爲它是「不證自明」、「無可讓渡」的權利，我們大多數人是吸這樣的奶水長大的。但是，我們發現，其實這當中顯然缺乏對社會責任和社會共同體問題的覺察，換句話說，缺乏了我所謂對命運的了悟。當然，宣言中有提到「造物主」，也在列出一長串英王壓迫的事實後，出現類似命運的字眼，宣稱「我們……順從必然」。當然，美國憲法最高法院也被責成，必須判定什麼是必然的限制。但是，只是判決是不夠的。〈獨立宣言〉發表半世紀之後，英國史家麥考雷(Macauley)寫信給麥迪遜(Madison)總統，表達對美國憲法的憂心，因爲，這部憲法「有帆而無舵」。因此，美國創建時，我們有的是歡欣鼓舞的「全速前進」，卻缺少了引導式的約束。在「有帆而無舵」的狀況下，自由處於持續的危機狀態，船可能輕易就翻覆。自由失去了堅實的基礎，因爲，我們沒有好好了解自由所必然帶來的對立面，是這個對立面，讓自由能夠生存發展——那就是命運。

一向敏銳的美國觀察家亞烈西・托克維爾(Alexis de Tocqueville)寫道，美國人民想像「他們的整體命運已掌握在自己的手裡……時代的來龍去脈每一刻都被打亂，不同世代的腳步立刻煙消雲散，前行者馬上被遺忘，對於即將來臨的下一代，誰也沒有概念，對於人的興趣，都局限在自己周遭、跟自己相近相似的人身上。」[24]托克維爾說，結果便是，「除了美國之外，我不知道還有哪一個國家，心智獨立、有眞正討論自由的人口如此稀少。」㉕像在法國這樣的國家，君主政體反抗議會時，人們就可以行使心智的自由，如果權力的一方反對某個人，另一方就會支持他。「可是，像美國這樣由民主憲政組成的聯邦國家，卻只有一個權威、一種到處通行的強力要素，無人敢批其逆鱗。」於是，托克維爾寫下了美國「多數專制」，令人爲之動容，我稱之爲心智和靈性上的盲從。在最近這次的選舉中，我們都看到了這種權力展示，它被稱爲「道德多數」。托克維爾繼續指出：「身體雖得解放，靈魂仍受奴役。主人不會再說：『你必須跟我有一樣的想法，否則你就該死。』而是說：『你有自由跟我意見相左，並繼續保住你的生命、財產和你所擁有的一切，但是，從今以後，**你會變成你國人當中的異類**……你會繼續保有你的市民權，但這權利對你無濟於事。』」其他的人「會擺出唾棄你的姿態。」㉖自由思考的人會被排斥，人民群衆無法忍受這樣的異類。

我們是不是太容易就準備將自由理解爲我們與生俱來的權利，而忘記我們每個人都必須爲自己重新發現自由眞義？我們是不是淡忘了歌德(Goethe)的話：「**只有每天重新征服自由與存在的人／才能贏得自由與存在**」？不過，只要我們不承認命運，命運就會回過頭來纏住我們。命運的恆常出現，在於提醒我們，我們的存在乃是共同體的一部分。如同托克維爾說的，我們禁不起蔑視「那些前行者」與「那些即將到臨的人」的後果。如果我們有機會了解米爾頓高喊「哦！甜蜜的自由」時的意涵，五月花號上的清教徒爲了追尋宗教自由，在普利茅斯岩登陸時所追求的東西，或者其他任何千百萬自由例證當中的一例，我們就必須直接面對這個弔詭。

這個弔詭便是：**自由的持續生機來自於命運，而命運的深沈意義則有賴於自由。**我們的天賦，我們的才氣，都是跟死亡、疾病及成千上萬我們無法控制的機緣借來的，它們隨時會被召回。自由雖然是我們生命的根本，卻也是如此靠不住的東西。

心理治療：讓人自由自在

心理治療也有同樣的自由危機，過去半個世紀以來，這個奇怪的行業在美國如雨後春筍般快速成長，我們只要一問：治療的目的是什麼？危機便顯露無遺。答案是很明確：幫助人，而且要看受苦的人處於什麼特定情境，會讓這個明確的目的有不同的應對。但是，在心理助人專業的發展基礎上，究竟有什麼共通的目的呢？

在幾十年前，心理健康運動的目標非常明確：心理健康即生活無憂無慮。不過，這句訓詞很快就有了疑慮。生活在一個氫彈和核能輻射的世界裡，可能無憂無慮嗎？你只是要過街，死神便隨時來扣門，生活在這樣的世界，會沒有焦慮？三分之二的人口陷於饑荒和營養不良，這個世界能讓人無憂無慮？

關於免於焦慮的努力，尼可拉斯・康明斯(Nicholas Cummings)博士在擔任美國心理協會主席的就職演說中，有一個發人深省的說法：

心理健康運動允諾我們有免於焦慮的自由，其實根本不可能做到，但在時下以為感覺美好是一種「權利」的潮流中，這個運動或許扮演了舉足輕重的角色，因而，對酒精的快速消費和醫師開出大量的鎮靜劑處方貢獻良多。[27]

心理健康運動強調健康的定義即是「無焦慮的自由」(freedom from anxiety)。但是，由於人們發現一般生活營運過程不可能沒有焦慮，於是，他們就以最快速的方式取得這份「自由」，酒精和精神鎮靜劑。

就算我們眞的獲得了無憂無慮的自由，我們會發現，我們喪失了對於生命和純粹生存最有建設性的刺激。許多我所認爲成功的治療鐘點結束後，案主都帶著比他來的時候更焦慮的心情離開，只有這個時候，焦慮才被意識到，而非埋藏於潛意識之中，焦慮也才有建設性，而非毀滅性。心理健康的定義需要調整與改變，生活不必對焦慮痲痺，**帶著正常的焦慮活著，視之爲生氣蓬勃之存在刺激，視之爲能量的源頭活水，視之爲讓生活向上提升的力量**。

治療的目的是適應嗎？換言之，治療應該幫助人去適應社會嗎？但這無異於要人去適應一個進行越戰的社會，這個社會裡的最強大國家，花費了大筆軍備預算，聲稱要保衛自己免於受這個社會其他成員的侵略。適應社會若成爲治療的目的，無異於說明治療師是社會的心靈警察，這種角色，我打從骨子裡就厭惡。其實，早在羅倫斯•弗蘭克(Lawrence Frank)於一九三〇年代中期寫下〈社會即病患〉(Society as the Patient)這個題目時，我們很多人就納悶，誰是他說的精神病患？是這個題目所獻給的那些對象？還是社會本身？

治療師的目的是讓人放鬆、舒服嗎？如果是的話，藥物可以做得更有效率、更省錢。

治療師的目的是幫助人變得快樂嗎？在全世界失業率和通貨膨脹飛快攀升的同時，活得快樂？這樣的快樂，只有在壓抑和否認太多的生活實情的代價下，才有可能獲得，而這樣的否認造成的後果，直接牴觸了我們大多數人所認爲的心理健康理想條件。

按照我的設想，**心理治療的目的是讓人自由自在**。盡可能讓人遠離各種症候，不論是胃潰瘍這樣的身心症，或嚴重害羞這樣的心理症；盡可能讓人遠離各種工作狂，遠離從童年早期學得的重複自殘習慣衝動，或避免所選的性伴侶帶來終身持續的不幸和懲罰。

但最重要的是，我認爲治療師的功能，應該是幫助人自由自在地覺察到、體驗到他們的各種可能。

我在其他的地方曾指出，心理問題就像發燒，它告訴我們，這個人的結構內部有某些問題，有一種生存鬥爭正在展開。話說回來，這也向我們證明，某些其他的運轉方式也可能行得通。面對問題時，我們習慣越快除掉它越好，這種老套的思考方式，忽略了最重要的事情：**種種的問題，乃是生活的本來面目，也是人類創造力的根源**。不論我們是在建構事物，還是重建自我，這個道理都眞確不移。**問題的出現，正顯示了某些內在可能尚未被運用**。㉘

人們因爲內在受到奴役、渴求重獲自由而來找治療師，這是對的。關鍵的問題是：這份自由到底如何達成？當然，不可能期盼有奇蹟式的魔法一施，就趕走所有的衝突。

我在寫這一章的時候，有位二十八歲的婦女來找我，要我把她引介給一位治療師。她的問題是一直找不到適當的工作。她很聰明、開放，一般人會認爲，這個人會在商場上有所成就。她過去曾擁有一個不錯的工作，跟一群有趣的人，在一所她喜愛且信任的機構裡擔任經理的秘書，這份工作她做得很出色。可是，基於某種她無法理解的理由，她恨這份工作，她的憎恨，使她在強烈的憤怒之中，付出了慘重的代價。她辭掉了工作，在一所學院註了册，但因爲厭惡研究而被退學。

原來，她的父親過去就是一名經理，在家裡，他一向擺出威權面孔，頤指氣使，咒罵她的母親，而她的母親是個懦弱的人。這位希望自己成爲病患的人所陷入的困境，以及徹底褫奪其自由的癥結，在於她父親是她唯一擁有的力量形象，雖然她對他有恨，實際上卻認同他。因而，這兒的兩難是，她認同的人恰恰是她所憎恨的人，那麼，她要如何停止她對經理工作的仇恨？但是，其他的工作又對她沒有任何吸引力，就因爲她是如此認同她父親在生活上的成功、成就、力量和魅力。結果便是，她做任何事的自由都完全被阻塞了。

當一個人失去了自由，他就會發展出一種麻木狀態，如同被奴役的黑人、或二十世紀人類的精神官能症或精神病。㉙這時候，他們連結其夥伴和自己本性的力量，會相對地減弱。按照齊克果之見，我們可以將精神官能症和精神病界定為缺乏溝通，「閉嘴不談」，無法參與在別人的感受或想法裡頭，也無法與人分享自己，因此，由於對自己的命運盲目無知，此人的自由也就打了折扣。這些心理困擾的狀態的存在本身，已證明了人類自由的根本特質：如果你奪走它，你就會造成受害者的徹底崩潰。

精神官能的種種症候，可視為放棄自由的種種方式，諸如弗洛依德(Sigmund Freud)早期的一位案主，由於她先前愛上了自己的姊夫，無法紓解之餘，終因身心失調而發展成腿部癱瘓。這也是一種拒絕自由的方式。症候乃是縮小世界周邊的方法，這樣一來，一個人就可以只處理自己能適應的世界範圍。這些症候可能是暫時的，譬如一個人感冒了，從辦公室裡消失好一陣子，也暫時縮小了他必須面對的世界。但症候也可能早就埋藏在早年經驗中，如果未經治療，這些症候就會終此人之一生，阻絕其大部分的可能發展。症候告訴我們，一個人的自由與其命運的交互運作已經故障。

這讓我們注意到，這個時代濫用自由最惡劣的方式之一：為改變而改變，透過改變來逃避現實。這種對自由的濫用，在所謂的「成長中心」(growth centers)達到最令人匪夷所思的地步。我要先聲明，我相信，成長中心運動的衝勁，和許多個別的中心都是十分健全而值得讚許的。這份衝勁，是要鼓勵人們面對其自我，發掘其人性關係方面的問題，它相信一個人可以掌握自己，爲自己的生命建立某種自主性。

但是，任何人只要讀過美林郡(Marin County)的〈成長中心免費指南〉就會了解，「積極思考」有多神奇，而其中的自欺，到了多麼華而不實的地步。從這份指南提供的兩百八十個不同中心的個別小廣告來看，我們的印象中塞滿了這些目標：「開發你眞實的潛能和創造力」、「找到越來越多的喜悅」、「在邁向神的道路上，『不能沒有』一位完美活現的上師」等等，然而，我卻沒有在任何地方發現一些用以處理當代人生活上共通經驗的字眼，亦即「焦慮」、「悲劇」、「悲傷」或「死亡」。這些東西，全數被成功、超越後的無止境喜悅和無所恐懼的允諾所掩蓋，這是一個群衆運動，它走向自我中心的「寧靜」、自我封閉的「愛」，在夢幻中否認人類生活的現實，如果這中間有什麼改變的話，也只是運用改變來達成逃避的目的。這是對東方古代宗教的一種天大的誤用，用它的名相達成的救贖，只在周末有效！

這些成長中心的問題在於，對命運毫無所感。托克維爾是對的，他們似乎以爲命運是掌握在他們自己的手裡，個人能完全決定自己的命運。帶領者似乎也沒有覺察到，他們所信奉的根本不是自由，而是多愁善感，形成這種多愁善感條件之一的**孤單感，乃是自己硬拗出來，而不是眞實狀態**。

這些需要好好思考的事，讓我們重新發掘個人自由意義的工作，變得更加緊迫。成長中心運動的急速成長，也確實證明了現代人普遍渴望某些指引，讓他們不要白活了一遭。一個巴掌拍不響，這些成長中心的存在本身，證明了大批群眾已感覺到他們的生活少了某些東西，讓他們無法發現他們在追尋什麼東西，甚至不曉得他們在追尋什麼東西。有一個對此道很內行的人寫道：

> 我去參加過艾斯提(Est)、艾沙龍(esalon)、月神(Moony)、伸張(assert)、克里希納(Krishna)和美林(Marin)團體。現在，我已經想不起來，什麼是真的自發的感受。

當然，在這些已經發芽茁壯，抽長出無數分枝、各種類型的心理治療——精神分析、團體心理治療，以及各種的諮商形態——的大樹根部，其實是弗洛依德。我的意思並不是說，如果弗洛依德不曾出現，就不會有這麼多超人意表而激增的治療方法，但它們之中很多是抱著反弗洛依德立場的。誠如托爾斯泰曾片面論證過，歷史是偉人創造的，但不僅止於此，歷史也在它的種種危機中創造了偉人。在歷史的驅迫下，某些人被喚起帶領風騷。就此而言，如果沒有弗洛依德在二十世紀初創發出精神分析學，某些人也會以同樣的名稱、創造出同樣的學問。

心理治療的各種流派，都在因應大批人群內心失去了可以停靠的支柱。這是我們文化中自由已潰敗的一種症候，我們文化傳承下來面對吾人自己與命運的方式已經破毀。因此，弗洛依德作品的出現，並非偶然，而是正值個人內在自由漸漸迷失在現代性的大漩渦當中之時。對人類命運的迷惑與對個人自由的迷惑總是相伴出現，而如果有可能解決的話，它們的解答也將一起出現。

精神分析，以及任何好的心理治療，都是一種門徑，讓人更能**覺察到自身命運**，以便更能**體驗到自身自由**。跟弗洛依德在技巧上的決定論比較起來，他倒是深深點出了較深層次的自由。他致力於解開人們因爲無法面對他們自己的命運而捲入的心理糾結，就像上述那個經理的秘書一樣。

弗洛依德最卓越之處，莫過於他與命運的持續角力。弗洛依德證明，通向自由之路，沒辦法抄近路、不可能走後門，表面的作法一定寸步難行，他要求我們往更深的層次去尋找自由。如果自由可以被企及，絕非一蹴可幾。譬如，在弗洛依德的反應形態學中，他指出利他主義是壓抑吝嗇的結果（當然有一大部分是如此），宗教信仰是鴉片，是一種讓人避免面對死亡的方式（許多宗教的確是如此），而上帝信仰則是渴求一個全能父親來照顧我們的表現（對許多人來說顯然是如此）。

如果我們要獲得自由，我們就必須有膽識、有深度，不要在與命運交手時退縮不前。

註釋

①許多智慧人物都指出，跟其他動物比較起來，人類最大的特色便是他追求自由的能耐和享受自由的水準。我認為，盧梭提出的「高貴野人」理念，並認為「人生而自由，卻到處受束縛」時，他過度簡化了自由的問題。然而，他的確有所洞見。他鄙視那些以機械論看待動物，並進而欲視人性如機械的學說，認為這些說法「無法解釋人類的自由，以及對其自由的意識。」

盧梭接著說，差別在於「在野獸的運作中，只有自然獨自全盤參與，但在人類的運作中，人類卻以自由行動者(free agent)之姿參贊於其中。野獸依其本能生活，人類依其自由行動，而有所選擇和抗拒……人們至今仍未能充分明白，人類與動物的區別，在於人類是自由行動者。自然主宰著所有動物，獸類只有遵從的份，人類雖然感受到同樣的衝動，但他卻明白，他有默從或抗拒的自由，最重要的是，在這份對自由的意識當中，人類靈魂的靈性於焉顯現。」這段文字轉引自諾姆・瓊斯基(Noam Chomsky)，《為了國家》(*For Reasons of State*)，New York: Vintage，1973，頁 39。

②轉引自諾姆・瓊斯基，《為了國家》*(For Reasons of State)*，New York: Vintage，1973，頁 392-93。

③轉引自諾姆・瓊斯基上揭書，頁 338。謝林又說：「哲學的實質整體，乃為創造自由……這種想法已經讓科學的各個部門獲得了更有力的重新定向，效果遠超過任何革命。」

④以撒・柏林(Isaiah Berlin)，《自由四論》(*Four Essays on Liberty*)，New York: Oxford University Press，1969，頁 121。

⑤引自露絲・南達・安沈(Ruth Nanda Anshen)，《自由，其意義》(*Freedom, Its Meaning*)，New York: Harcourt，

Brace，1940，頁 123。

⑥賈克・艾拉爾(Jacques Ellul)，《自由的倫理學》(*The Ethics of Freedom*)，Grand Rapids, Mich.: Eerdmans，1976，頁 200。

⑦米爾頓・羅奇區(Milton Rokeach)的統計研究，《態度與價值》(*Attitudes and Values*)，San Francisco: Jossey-Bass，1968。羅奇區總結了美國不同族群裡的許多價值群組位階，因此，他的總結可以視爲眞正跨越了不同區域美國人民的現況。如果我們只考慮黑人族群，這些人很有理由對自由抱持犬儒的態度，其最高位階的選擇是「品質」，而「自由」排名第十。失業的白人則把「自由」排在第三位，「品質」排在第九位。

⑧有一些値得注意的例外，像艾皮克帖特士(Epictetus)，他剛開始是一個奴隸，後來獲得自由，但他的思想不論在奴隸還是在自由時期，都保持獨立自主。

⑨轉引自諾姆・瓊斯基上揭書，頁 392。

⑩庫爾特・萊因哈特(Kurt F. Reinhardt)，《存在的反叛》(*The Existential Revolt*)，Milwaukee: Bruce，1952，頁 181-83。

⑪桃樂絲・艾金森(Dorothy Atkinson)譯。索忍尼辛(Solzhenitsyn)的演說，舉行於一九七六年六月一日，接受史丹福大學自由基金會的美國友誼獎。

⑫轉引自諾姆・瓊斯基上揭書，頁 397。

⑬馬凌諾斯基(Malinowski)，《自由與文明》(*Freedom and Civilization*)，New York: Roy，1944，頁 242。

⑭艾蜜莉・狄瑾遜(Emily Dickinson)，詩歌 657，收於《艾蜜莉・狄瑾遜詩歌全集》(*The Complete Poems of Emily*

Dickinson)，ed. Thomas H. Johnson，Boston: Little Brown，1890，頁327。

⑮艾文・雅尼士(Irving Janis)和李昂・曼(Leon Mann)，《抉擇》(*Decision Making*)，New York: The Free Press，1977，頁47。

⑯詹姆士・法默(James Farmer)，《自由幾時有?》(*Freedom—When*)，New York: Random House，1965，頁53。

⑰引自艾倫・吳爾夫(Alan Wolfe)，〈自由學者的迷思〉(The Myth of Free Scholar)，收於《邁向社會變遷》(*Toward Social Change*)，ed. Robert Buckout，New York: Harper & Row，1971，頁64。

⑱尤金・麥卡錫(Eugene McCarthy)，〈一九八〇大選：政治即能趨疲〉(The 1980 Campaign: Politics as Entropy)，《基督宗教與危機》(*Christianity and Crisis*)，一九八〇年八月十八日。

⑲李察・托尼(Richard Tawney)，《貪得無饜的社會》(*The Acquisitive Society*)，New York: Harcourt Brace，1920，頁47。

⑳威廉・道格拉斯(William O. Douglas)在《論人與山》(*Of Men and Mountains*)一書中繼續說：「只有我們能夠靠自己保持自由的條件下，才能面對越來越艱險的歷史條件，而繼續維持吾人的自由……我們需要相信，把我們自身奉獻給比我們更大更重要的東西。」引自藍塞・克拉克(Ramsey Clark)，〈威廉・道格拉斯：勇於活出自由〉(William O. Douglas: Daring to Live Free)，《進步》(*Progressive*)，四十期，一九七六年一月號，頁7-9。

㉑艾爾溫・愛德曼(Irwin Edman)，《自由的源頭活水》(*Fountainheads of Freedom*)，New York: Reynal，1941，

頁 7。

㉒《進步》(*Progressive*)，四十期，一九七六年一月號，頁 5-6，卷頭語。

㉓亨利・史帝兒・孔梅格(Henry Steele Commeger)，〈自由瀕死?〉(Is Freedom Dying?)，《觀察》(*Look*)。

㉔亞烈西・托克維爾(Alexis de Tocqueville)，《美國的民主》(*Democracy in America*)，New York: Knopf，1951，頁 299。

㉕亞烈西・托克維爾，《美國的民主》(*Democracy in America*)，ed. Richard D. Heffner，New York: Mentor，1956，頁 117。

㉖同上揭書，頁 118。

㉗尼可拉斯・康明斯(Nicholas Cummings)，〈把麵包變成石頭〉(Turning Bread into Stones)，《美國心理學家》(*American Psychologist*)，三十四卷，十二號，一九七九年十二月號，頁 1119。

㉘羅洛・梅，《焦慮的意義》(*The Meaning of Anxiety*)，New York: Norton，1977，頁 14。

㉙相關問題見羅洛・梅，〈被關在牢籠裡的人〉(The Man Who Was Put in a Cage)，收於《心理學和人類兩難》(*Psychology and the Human Dilemma*)，New York: Norton，1979，頁 161-68。

2 一個男人的歷程
One Man's Passage

我做的只是隨著學生個別的狀況需要，讓他們解開自己的束縛。不論你是被金鍊還是鐵鍊給鍊住，你都一樣不得自由。比較高尚的活動，算是你的金鍊，比較惡劣的活動，是你的鐵鍊。誰若能同時甩掉囚禁他的金鍊和鐵鍊……他就得到了最高的真理。

——弗烈德利克・法蘭克(Frederick Franck)

《安琪拉絲・希利西雅之書》(*The Book of Angelus Silesius*)

讓我們對自由的探索，從詳細討論一個五十五歲左右的男人菲力普(Philip)開始。他來尋求治療，是由於一股嫉妒衝動，強烈到令他癱瘓。他曾經深愛多年、也跟他交往過的妮可(Nicole)，這個女人是一位作家，年約四十五，聰慧過人，據說有閉月羞花之貌，育有兩個小孩（不是菲力普的）。她後來一直強調，她有跟別的男人睡的自由，而且說這樣做絲毫不妨礙她對他的愛。但是，菲力普無法下決心接受這一點，結果她只要跟別人上床，他就痛苦至極，而他也無法跟她一刀兩斷。她堅持不要一對一，除非他娶她。可是，他又鼓不起勇氣娶她，因爲，他認爲他之前的兩度婚姻都輸得很不公平，讓他已經得負責撐起三個小孩的家庭。

菲力普呈現了一位極度不自由的男人圖像。跟來尋求治療的人通常會有的情況一樣，他就像小人國裡的格烈佛，被無數的繩索綑綁在地上，直到他動彈不得爲止。只要一想到妮可，他就覺得自己好像又被綁得更緊了。

菲力普是一位建築師，我們早先的其中一次會談時，他帶了某些他設計的教堂照片來，其中就有他心理困擾的鮮活象徵。教堂給人的印象是大動作地向天空襲捲而去，渴望以其尖塔刺透蒼穹。我能夠了解這類建築爲何常常被稱爲「凝結的音樂」。但是，這些相當引人目光、讓人讚嘆的建築，好像在基座的部分跟地面的連結太沈重了，石塊和水泥似乎過重了。當我聆聽他的話語，這就變成了他在我心裡的一個象徵：一個非常理想主義的男人，極力向允諾自由的天空伸展而去，但卻同時在底部陷入支離破碎、脫身無望的泥淖和石堆裡。

他和妮可認識半年之後，他們曾經到他的農場別墅共度夏天，她把小孩寄養在他們的爸爸那邊。每天早上，妮可都忙著寫作，菲力普則在農場的另一個工作室裡做他的建築設計。夏天剛開始的時候，妮可提出他們兩人的婚事，當時，菲力普直接回絕了這件事，理由是他之前的婚姻都運氣很差，而且，雖然他很喜歡她的兩個男孩，卻無法說服自己再供養新的家人。除了這次意見交鋒，他們共度了一個充滿田園風味的夏天。

從妮可身上，他顯然獲得許多溫暖柔情，他們的性關係，似乎也是他有過的最優體驗，有時瘋狂喜悅，有時讓他們兩人都感覺到彼此全然合一，帶來深深的滋潤、觸動。他們在知性方面的討論也曾特別令他滿足，她的想法常讓他設計上的問題迎刃而解。

夏天要結束時，妮可必須比他早半個禮拜飛回家，以便帶她的小孩去上學。第二天，他打了通電話去她家，可是，他感覺到她的聲音在電話的另一頭怪怪的。翌日，他又打電話去，這回他感覺到好像有人在房裡。於是，他整個下午一直打回去，她的電話卻一直佔線。

等到他用電話找到她，她很直截了當地回答了他的疑問。沒錯，是有某人曾經在旁邊，是她大學時的好朋友，和她在一起待了幾天，她已經跟他墜入情網。當她離開菲力普的農場時，覺得自己已經被他瀟灑的道別給「開除」了，因而，在回程飛機上，她為自己將如何照養她的小孩而痛苦。而從過去的歲月中走來的情人克雷格(Craig)，他對小孩比較「進入狀況」，他也有兩個小孩，年齡跟她的小孩一模一樣。那個美好的夏天讓她相信，跟相愛的人生活在一起，有多麼容易、滿足。當時，她正計劃月底就要嫁給克雷格，搬到另一岸，克雷格並且答應她，讓她在他的公司有份工作。

沒錯，她仍然愛著菲力普。她覺得菲力普會很苦惱，但是他會熬過去的。

菲力普的世界崩潰了，他整個人被背叛的感覺淹沒。共度了他們的田園夏日，她怎麼可以做出這種事來？回到城市之後，不過三個禮拜，他瘦了十五磅。他重新開始抽煙，沒有食欲，晚上要服鎮靜劑入睡。

他見到她之後，拋卻了他習以為常的禮貌，一個字一個字的告訴她，她的整個計畫簡直是瘋了。接下來，他持續邀請妮可和她的小孩，到他家共度周末（在克雷格沒有邀請她的時候），有時候邀她去看戲。這段時期，雖然妮可想要跟他做愛，但由於有克雷格的陰影在，菲力普完全無法進入狀況，菲力普曾經說：「我的身體不信任妳。」

妮可的迷惑漸漸平息。六個禮拜之後，她又重新愛上了菲力普，並在給他的信中這樣寫：「你知道，我從來無法離開你所在之處。」菲力普對此訊息大為驚訝。他一度意識到沒有這麼好的事，但這太符合他自己所需要的安全感了，所以，他並沒有質疑它。在公司，他為她安排了一份名義上的研究工作，讓她可以在家裡執行，也讓她可以賺到足夠生活的花費。他還曾經為她製作了一份數千美元的禮物，表面上是因為她家人日常生活的需要，但他在會談中跟我說，其實，他這樣做是為了「保險」，確保她會因而較不願離開他。那段時間，他試圖說服妮可去接受心理治療，因為，她在跟克雷格的情事當中，出現了極大的情感混亂。但是，妮可一一加以回絕。

對一個陷入熱戀的男人來說，他對這些情境的反應似乎都很「正常」，不過，讓我再透露兩個插曲。

大約在「克雷格外遇」過了一年之後，發生了一件插曲，它眞正促使菲力普前來尋求治療。菲力普有個印象，妮可在下一個周末，要去另一州帶一個工作坊。有趣的是，有點像經常出現在心理治療中的第六感，在那個周末之前的星期四早上，菲力普在他的日記寫下了關於她要旅行去參加工作坊的心情：

我的心在淌血，嫉妒的火燃燒著我，我害怕我會失去妮可。我幻想她會跟某個男人碰面，跟他一起度過周末……我有一種感覺，覺得她黏著我，只因為我有點錢，可我又知道我這完全是胡說一通……但我非常孤單。

菲力普跟我說，當時，他覺得星期天必須打電話給她，以決定他們計劃中的一趟旅行的一些細節。從她的保姆那兒，他找到了她「工作坊」所在地的電話號碼。一個男人接的電話。菲力普警覺到，根本就沒有什麼工作坊，事實就像他幻想的那樣，她去這個男人家，跟他共度周末去了。在電話裡，妮可拒絕跟他透露她身在何處，當他問到她是否跟一個男人待在一起時，她很生氣，並把電話掛斷。

菲力普雖然極度沮喪和焦慮，第二天一早，還是得動身去做連續五天的巡迴演講。這幾天當中，他在憤怒、受傷、被背叛的情緒中異常混亂，等到回程的時候，他已決定結束這段關係。

可是，就在最後一天，在回程的飛機上，他突然想到，或許他太嚴酷了。是否以他這樣的愛侶，可以有某種方法來接受這種兩人關係之外的性？他想到，有一種方法，可能是把另一個男人想像成是他的朋友。然後，在想像之中，他便會樂於這位男士與妮可相互滿足。他可以採取六〇年代年輕人的作法，決定純粹的眞誠、純粹的情感才是最重要的事情。或許，像在妮可與他的這種關係裡面，只有這種判準才行得通。他自問：我們是否生活在一個新世紀，承諾、規則、角色通通都被拋到九霄雲外去了？

對我而言，這些「原則」似乎是以受虐狂的方式把整個狀況合理化。但是，我不願意把經驗貼上標籤，而打斷任何的聯想，尤其是我們的療程才剛開始。

飛機一著陸，他就直接跑到妮可家。菲力普後來把他們的談話寫在日記裡，妮可在談話中說：

周末沒有那麼嚴重。他對我好的地方是，他給了我很多屬於自己的空間。而菲力普，你應該要了解我的地方是，我認為性不必然涉及親密。性讓我覺得無趣。女人對我的吸引，要大於男人對我的吸引。我已考慮要保持獨身一段時間，你在這方面根本不了解我。關於周末，我只願意說這麼多。

那一天稍後，他們在做愛時，妮可在他的耳邊喃喃唸著，她對他的愛，超過對任何人的愛，她已不再愛別人了。她認為，如果他能夠牢牢記住這一點，他們的問題便可得到化解。

第三段插曲，發生於妮可在菲力普家，兩人共度了一個格外溫柔而銷魂的周末之後，她要求他開車載她去跟一些朋友碰面，他們從她過去教書的學校來找她，然後，剩下五十英哩的回家路，她的朋友會載她。她似乎有點緊張不安，後來才知道，要跟她碰面的只有一個朋友——威爾伯(Wilbur)，是她從前一個城鎮搬到現在住所之前，和她陷入熱戀的情人。過去，她經常跟菲力普說，她在勸服威爾伯離開他太太、跟她結婚的徒勞努力中，流下了多少的眼淚。當他們到達約定的房舍時，菲力普祝她幸運——跟老情人碰面總是個機會，但他加了一句，他希望她不會跟威爾伯上床。

菲力普離開他們之後，才發現自己已經心亂如麻，香煙一支接著一支，嫉妒了整整一天加一個下午。晚餐時分，他打電話到妮可家去，知道她曾回來，把孩子們的晚餐弄好之後，又匆匆忙忙出門了。大約到了午夜，他終於等到了她，並且在電話裡打翻了醋罈子。她再度跟他保證，她已經不愛威爾伯了，她發現他很不成熟，確定不會嫁給他。接下來，菲力普問到了老問題：她有沒有跟他上床？她回答道，她不喜歡這個問題，拒絕回答。菲力普自然假定她有，於是，點燃了另一回合的爭吵，模式跟從前如出一轍。

菲力普為什麼不中止這段關係呢？他覺得自己愛得很深，這不足以成為答案。曾經有八到十個月之久，妮可和菲力普都很投入這段關係。但是，不論是在這段期間之前、之後，通常都是妮可會感到她需要她的「空間」和「自由」。他們害怕眞正的親密嗎？她用嫉妒來牽制他，是否也是她對他吸引力的一部分？如果他無法忍受她在別的男人床第之間來去，他爲何不找個別的女人來愛？如果他認爲他無法跟她結婚，他爲什麼不如法炮製？事實上，他爲什麼不能有別的應對方式？除了只能像小孩般跟妮可爆發衝突，然後再痛苦地自責之外，他還癱瘓了。

此外，他充分意識到，是他的嫉妒讓他癱瘓了，這本是他一生中唯一的致命弱點。雖然前兩次離婚都是他提出的，但是，不論他嫉妒的源頭是什麼，它也必定是導致這兩次婚姻破裂的源頭。他十年前左右接受的中長期心理治療，雖然對他大有幫助，但他當時似乎並沒有找出這份嫉妒的源頭。這份嫉妒，似乎源自他生命的最初幾年，在他學會說話之前，因此，也在他的意識發展出來之前。

菲力普和我只有六周的時間可以工作（我當時必須在暑期離開）。但是，他擔心我會盡量常跟他碰面，採取一種「速成的」療程來處理他的嫉妒。時間的限制，使我只好在此採用了一些我不常運用的技巧。

害怕放棄

菲力普已經去世的母親，似乎是一名邊緣型精神分裂症患者，她會有歇斯底里的暴怒舉動，也會讓人完全無法預測其情緒。有時候，她對菲力普很關心、很溫柔，過不了多久，她又變成殘酷的化身。菲力普有一個童年記憶，是他三、四歲時，全家搬到幾條街以外的一幢房子。菲力普覺得他必須騎著他的三輪車，告訴搬家工人新家在哪兒，結果，他的三輪車在磚造人行道摔倒，擦破了膝蓋上的皮。他回家告訴媽媽，膝蓋受傷了，但他媽媽顯然被搬家搞瘋了，隨手把一杯水往他臉上潑。

菲力普生命的頭兩年，房子裡唯一的別人是大他兩歲的姊姊茉德(Maude)，她確定是一名精神分裂症患者，後來也到精神病院住了一段時間。跟他與媽媽的關係比較起來，稍後我們會提到，他跟這個姊姊的關係只是次要的。菲力普來看我之前幾個禮拜，這個姊姊剛去世，她似乎在他的治療過程中扮演著怪異而重要的角色。菲力普早年的時候，他的爸爸都不在身邊，而且他一點都不喜歡嬰孩。

因此，菲力普在他人生的最初幾年經歷，讓他學習面對兩個極端難以預測的女人，事實上，他必定無可避免地深深烙印在心底，他不僅必須拯救女人，而且，他活著的功能之一，便是被女人黏住，特別是這些女人的行徑接近最瘋狂的時刻。就此而言，菲力普眼中的生命並不是爲自由而活，而是一種要求，要求他無時無刻得有所提防、提心吊膽。他記得他放學回家時，都必須躡著腳尖「察顏觀色」一番，看看他媽媽和姊姊處於什麼樣的情緒，他接下來的行動步驟，取決於她們的情緒狀態。（岔開一下，他提到他常常在開車去妮可家的路上，會試著把妮可會有的正反面反應一一列出來，這樣他才能有所準備，也就是說，他在心理上「先有個譜兒」。）這種狀況下的自由，就像米開朗基羅半完成的奴隸雕像：**奴性束縛下的自由**。

就像菲力普的母親一樣，妮可似乎在某些時候熱情而溫柔，有時候卻殘酷不仁，她不僅不努力讓她的額外戀情保持私密，還做得明顯到菲力普**不**知道都不行，例如，妮可要他載她去跟威爾伯碰面，並自己跟威爾伯走，其實她大可自己搭計程車去的。她習慣把自己的記事本留在家裡，上面記載了她跟別的男人約會的日期，它就放在書桌上，菲力普當然會忍不住想看。她曾經說：「我有權利用我的身體做想做的事情。」其實，這些事情做起來固然符合了她的「誠實原則」，卻只會讓菲力普更難以承受。

會談兩次之後，我發現自己一直在推敲菲力普問題的各個面向。首先，妮可的不可預測，正是在重複由他母親建立的老模式，這個模式讓他和妮可膠著在一起，也是妮可吸引他的最重要理由之一。另一個他無法自由脫逃的理由，在於他對女人的責任感，他在兒時之所以能存活下來，全賴他如何回應他的媽媽和姊姊。他前兩次婚姻裡的女人，都很「需要」他，他有很強的責任感，要照顧女人，她們表現得越瘋狂，他就越想要對她們負起責任。這些事情糾結在一起，形成了讓他受妮可羈絆、奴役的結。然而，妮可實際上也為他付出了溫情和滋潤，就像菲力普的母親一樣，很多時候，妮可和菲力普在一起，的確充滿了愛意與柔情，但是，這些表面的時刻必須放在菲力普內在的模式來看，這些模式是我之前尚未看出來的。

妮可可以被視爲他的命運，現在，這個命運正用力向他扣門。就此而言，菲力普的問題並不是負面的障礙物，這反而是他的一個機運，或是一種要求，要他重新通過他的母親和姊姊遺留未淸的問題。如果他要在求取個人自由上有所進展，有重大進展的話，就得處理這些問題。

令人驚訝的是，精神官能上的問題似乎經常都是「命運使然」，它們在一個人生涯的特定時刻出現，要求這個人自己面對某個特定的情結。從這個觀點來看，心理問題其實是僞裝過的祝福，它們不會毫無來由，而是來自這個人起於本身需求所造成的命運。

讓我們能期待找出菲力普問題源頭的線索之一，是他有障礙的姊姊，在他來找我的前幾周已經去世。他姊姊死的同時，他曾經得了嚴重的神經炎，覺得「好像有一把劍刺穿了我的喉嚨」。在較早的會談裡，有一天，他談到了他一、兩歲時所經歷的痛苦和孤單，他說，這讓他放鬆得直想哭。說到「放鬆」這個詞的時候，他突然痛得不能自己。一瞬間，他蜷曲在地板上，緊緊抓住自己的喉嚨，好像要把忍無可忍的憤怒給咳出來。這陣痛苦過去後，我扶著他站起來，並問他是否要繼續我們的會談。他答道：「要，不管它有多痛苦，我必須克服這個問題。」他覺得，這陣劇痛是他死去的姊姊在懲罰他，就好像她在哭喊：「我必須如此受苦的同時，你卻表現得這麼健康和成功？」

但是，我認爲這陣劇痛有某些超過身體折磨的層面，我覺得，它是一種預報，如果我們要繼續共同努力下去，它在預報他在心理上必須忍受的痛苦。然而，不論有什麼困難，他決定要繼續下去，卻鼓舞了我。

承認命運

在早期的會談開始後不久，我就要求菲力普帶一張自己的照片來，拍攝的時間是那段關鍵的生命頭兩年期間。他帶來的照片，上面是他大約在一歲半的時候，跟姊姊茉德一起拍的。她在注意別的地方，但他的手卻緊緊抓著她的手，大大的眼睛專注地盯著拍攝者。我已經可以在照片裡看出來，睜大的眼睛，訴說著焦慮，以及這個小孩需要時時對周遭世界保持哨兵的警戒狀態。他必然已吸足了他母親的奶水，一項預言其命運的「眞理」：一個人根本不可以信任這個世界。

整整兩年，菲力普認識的唯一世界，是由他精神分裂媽媽的歇斯底里和他姊姊的心智混亂狀態所構成的世界。他如何去適應這樣艱難而殘酷的命運？根本沒有理由可以解釋，爲什麼會是菲力普，而不是千千萬萬嬰兒中的另一人，誕生在這個媽媽精神分裂、姊姊發瘋的家裡。他發現自己在那裡，也盡其所能地從那裡長大。說起來可悲，卻極度眞實：嬰兒所受的折磨，絕對不可能償還。

有人可能會以爲，這樣一個原初的環境，只會導致菲力普也變成精神分裂，但是，雖然他當時只有兩歲，卻發展了補償機制來逃脫如此嚴重的困擾——譬如他在危險的時候能夠使自己變得超然、他能夠隱藏住自己眞實的想法、他能夠巧妙地跟每個人相處，並且用他的魅力讓別人得到安慰。這種幾乎已經達到通靈特質的過度敏感，人們經常是在逆境中發展出來的。這也關係到菲力普爲何會有如此的才情，讓他變成十分成功的建築師，並擁有衆多朋友，從不缺乏情人。可是，一個人能得到這樣的和解，必得經過相當的苦難。只要一個關係的發展，走入某個深度以下，就得付出精神官能上的代價，菲力普會開始恐慌。

在這種狀況下，我的心裡出現了「銘記」(imprinting)這個隱喩。一隻新生的鴨子，如果牠的髓鞘神經通路生成沒有問題，只要牠第一眼看到什麼東西，牠就會一直跟著它、黏著它。我看過一隻成鴨追著一隻兔子到處跑，雖然這隻不堪其擾的兔子會不斷回過頭來咬這隻鴨，想把牠攆走，都沒有用，因爲，這個動物已留在牠最早的銘記中。這隻不幸的鴨，似乎在生活中充滿了一連串的懲罰，卻仍然跟隨著那隻兔子。弔詭的是，像鴨子接受這樣的懲罰，也就是說，當銘記之物讓承受銘記的動物活得越難過時，其依戀之情就會變得越強。我覺得我很想向這隻鴨子大喊：「行行好吧！去找你自己的媽媽，不要一直這樣被打、被傷害下去了！」

有時候，我在我的案主身上也看到類似盲目、非理性的依戀，他以某種行爲方式依戀某個人，但其實是他在非常早年的生涯中被制約出來的。對人類而言，這種銘記的關係隱喩要說的是，他們在很小的時候就依戀著母親，人類的嬰兒似乎也會有類似的愚忠所形成的原始依戀。而且，這種行爲的發展，可能因爲各種懲罰或危難而變得更加強烈。

在此，用「自我懲罰」和「受虐狂」這樣的字眼其實無濟於事，小孩被教導的原初行爲方式最終仍會佔上風。當小孩長大一些之後，用艾瑞克森(Erikson)的話來說，就會變成無法擁有基本的信任。對嬰兒的依戀與分離有經典研究的約翰・鮑比(John Bowlby)寫道：

> 人類嬰兒發展依戀行為、並集焦於特定對象的方式，跟其他動物的發展極為相似，鳥類亦是如此，以銘記作用來總括這種發展方式，乃合理之至。①

這種原初的「銘記」能否被超越，雖然仍有爭議，但是，個人確實能夠在此銘記周圍、以此銘記爲基礎，建立新的體驗，以補償原初的不幸經驗。

菲力普雖然已年逾五十，卻仍在尋找一個「好」媽媽，來補償他經驗中的「壞」媽媽，以補償他生命頭兩年所遭遇的殘忍情境。他孤單地過活，渴望有愛，以充實他心中大片的空虛世界。他的多年生活，都變成在一種人的邊緣掙扎，這種人一碰到女人心裡就會悄悄地問：你是不是會補償我的失落的人？透過治療，我對菲力普的任務之一，便是讓他理解到，他所汲汲投入的這種掙扎，只不過是在作賤自己。

對這樣的人來說，最初步、最根本的挑戰，就是如實面對他自己的命，讓自己心平氣和地面對事實：他眞的受過很糟糕的對待，而事後再怎麼要求公平都已無濟於事，沒有人能補償他生命頭兩年遭受的痛苦和空虛。過去已不可追，只能承認，只能從中學習。這是一個人的命運。我們可以藉由新的體驗，加以理解、紓解，卻無法加以改變、抹煞。菲力普在他後來的生命中，不斷用自己的腦袋去撞那堵石牆，只是在原有的傷害之上，再加上羞辱而已。幸運的是，心理治療可以扮演轉換的中介，讓人類變得更能意識、更能補償這類根深柢固的命運。

我向菲力普指出，執著於這種生活方式，如何會等於執著於他媽媽，這等於一種願望的表達，希望聖母有一天會獎賞他，希望有一天他會找到聖杯。於是，他會得到失落的原初關愛，他會讓這份關愛得到復原！可是，事情已經走到這個地步，命就是那麼差，不論失落的關愛有多少，它都沒有任何復原的方法了。失去的母親形象、失去的機會、他內心的巨大空虛，都會一直存在。這些事情已經過去，沒有任何方法能改變它們。誠如布魯諾•貝多漢(Bruno Bettelheim)以控制自己面對集中營裡的納粹黨員，來描述他的「最終自由」，對這些悲慘的事件，你雖然可以改變態度，但你無法改變這些經驗本身。

如果你執著妄想能在這方面改變什麼，你只會一直「寄渺茫的希望於未來」，而切斷了眼前的可能性。於是，你變得冥頑不靈，不讓自己接受新的可能，用你的自由，換一鍋餿味十足的情緒濃湯，長此以往，你會變得不可能好好運用你的憤怒。你流失了巨大的能量、力量和可能性，說得簡單一點，你失去了你的自由。

但是，對於一個人早年的命運，難道無法從中找到任何建設性的價值嗎？當然不是，這裡面的確有潛藏的價值，而且遠大於棄械投降。像菲力普這樣，奮力與這些嬰兒早期所受的傷害關係達成協調，其實跟創造力的顯現很有關聯。如果他當時沒有經歷到這樣令人困擾的家庭生活，他後來會發展出那些才情，而讓他在建築界裡頭角崢嶸嗎？事實上，亞弗烈·阿德勒(Alfred Adler)認爲，創造力是對這類早年創傷的補償作用。

我們知道，創造力十足的人，通常都有這類不幸的出身家庭背景。這些背景如何、又爲何會產生影響，至今仍是創造力這頭史芬克斯怪獸未曾透露的神秘謎底之一。我們確實知道，像菲力普這樣的不幸小孩，從未被允許在生活中有所輕忽。一生下來，他們就已經學會不要接受尤卡絲達(Jocasta)的勸告：「一個人最好盡量輕鬆自在過生活。」他們不可能諸事順利，也不可能對現狀滿意。

這些隨著不幸童年而有的意外成就，已經有許多案例可以證明。傑若姆·凱根(Jerome Kagan)寫道：

> 這位藝術家的自由並非天生即有，它來自青少年時期的孤單之苦、身體殘障造成的孤立感，或者是，因繼承家族頭銜而自以為是的優越感。這份自由允許

「諸種可能發生」……於是，創造性的作品由此而生。②

理查・法爾生(Richard Farson)也同樣發現了「生於憂患說」(calamity theory)，來說明這類情境：

> 我們身邊許多有重大貢獻的人，都出身自苦難最多的早期童年處境。許多對才識出衆者的研究指出，他們在童年所遭受的對待，跟我們文化中所認為對小孩健康有益的養育方法，根本完全無關……不論這些狀況到底有沒有產生什麼影響，顯而易見的是，經過最悽慘、傷痛的童年，這些小孩不僅活了下來，還達到了高度成就。③

這些人格，處於高度熱望與失望之間的緊張狀態，或許正是創造力、以及隨之而來的文明誕生的必要母體。這種類型的人，不可能產生任何「適應良好」的症候群。巴哈(J. S. Bach)是一個明顯的例外，但是，巴哈如果稱得上是一個很滿足的人的話，似乎只是他幸運的社會條件的附帶結果。「適應良好」的人，很少會變成偉大的畫家、雕塑家、作家、建築家、音樂家。像菲力普這樣經歷了一個一團混亂的童年早期，這種創造的能耐可能會被視爲後來的補償作用，問題是：像菲力普這樣的人，能夠掌握這樣的可能性嗎？他能夠帶著殘酷命運、**任憑命運挑戰**，並重新奮力爭取自由嗎？他能夠將這些可能性熔鑄成一幢意義非凡的建築、一尊雕像、一幅畫，或其他的創作嗎？

相對於他過去所失去的，菲力普在重新面對他的母親時，還有另一種好處。如果他能夠接受他一度翹首企盼的照顧已永久被剝奪，如果他能夠面對面與那份孤單對質，他就會得到一種力氣和能量，形成堅實不破的基礎，強過他過去從別處取得的力量。如果他能夠接受他命運的這一面，命運就會與他**攜手並進**，而不再**違背**他，這樣，一個人就能與整個宇宙共進退，而非與之相抗衡。

最後這些有關投入個人命運的價值之事，我保留了下來，未直接跟菲力普明說，因爲，我不想讓他**爲了**得到創造力而接受他的命運。那樣是行不通的。我只是非常強調，他必須投入並接受這些他童年背景中的殘酷之事。用我們的日常語言而非治療語言來說，我希望他不是**爲了**任何事而接受命運，而只是因爲它**如其所如**地發生，我們乃**如其所如**地接受。

面對母親

依照我的建議，在我的辦公室裡，菲力普和他已死的母親做了一場對話，透過想像，他的母親就坐在他對面的椅子上。

菲力普：媽，妳和我已經走到了路的盡頭，我不想再奉承、阿諛妳了。過去，我們小孩只要跟妳意見不同，妳就會尖叫、歇斯底里，然後跑到窗邊，作勢要跳出去。晚上，妳在樓下大聲嚷嚷的時候，我通常醒著，妳把我們嚇得不知所措。從此以後，我要直接把話講清楚、說明白。我不再害怕妳了，上帝知道，我以前有多怕妳。我也不要再說謊或支吾其詞，以免說出我真正在想的事情。記得那次我因為紐約市那幢教堂設計而受獎嗎？妳也在場。妳在看了模型後，跟我說的第一件事是：「菲力普，我四十年前就有那些想法了。」妳讓我傷透了心，我覺得好像掉進了地獄。但是，我再也不會讓妳得逞了。

他繼續談到，他小時候，是如何從未能感受過一絲平靜，至於他的母親的角色，對他而言，其實是只要她在家，他就沒有一刻停止焦慮，並在心理上遭受巨大的折磨。然後，我要求他坐在他媽媽的椅子上，爲她發言。

母親：菲力普吾兒，你或許不相信，但我其實非常以你為榮。你以前在學校參加比賽獲勝時，我會把節目單帶回家，好好收藏起來。你每次上電視的時候，我會告訴所有的鄰居。我收到一張攝影明信片，上面正是你得獎的那幢教堂，我會把它拿給所有來我們家的人看。看到模型的時候，我說了那些話，是因為我嚇壞了。身旁圍著一堆大學教授，我算哪棵蔥？別忘了，我從小無父無母，我一點自尊都沒有。我一直很不願意照顧你們兩個小孩，我心裡一直擔心害怕，你爸爸會永遠離開我——後來他果然永遠離開了我。我知道我脾氣壞……我也很高興，你現在能挺身反抗。晚上，我經常不能成眠，對我暴怒的脾氣感到後悔，並想辦法要解決，不要繼續，可是，第二天，我的脾氣又如往常般壞得可以。你是我最疼愛的小孩，關於這一點，我努力不想讓別人知道太多，但你真的是我最疼愛的小孩。我的長子，只要你設計的建築離我們不遠，即使它還在蓋，我也一定會跑去看看。只要你寫了些什麼，雖然大部分我根本不了解，但我會看著它，感到十分光榮。你身邊圍繞著一大堆知識名流，跟他們在一起，我會渾身不自在，可是，我不知道為什麼，在我活著的時候，這些事情實在很難啟齒。

菲力普（未經過我的提示，就換到另一張椅子上）：媽，我想把這份紀錄調整得準確一點，我一直在騙我自己，騙得甚至自己都信以為真。我想，我這一生都很清楚妳最疼愛我，只是我從來不承認。成為一個被拋棄的人，會讓我個好藉口，我可以告訴所有人，我是如何受到誤解，又贏得多麼漂亮。我是受到誤解的天才，沒有人幫助我，諸如此類。現在，我想告訴妳，我真的欣賞妳，妳的勇氣十足，妳也把勇氣傳給了我。雖然妳無法讓自己經常把關懷做得很好，但妳教我明白，什麼叫做關懷。記得有一次，我很小的時候，我把一個燈泡打破在石頭上，玻璃碎片濺到我眼睛裡嗎？妳帶我去看醫生，他把大部分碎片都取了出來。他要放棄的時候，妳說：「請再看一遍他的眼睛。」他照做了，然後又發現另外一些碎片，於是，我現在才不是瞎子。沒錯！妳有勇氣，妳在世的時候，從不放棄，我要感謝妳，感謝妳帶來這些特質。

菲力普回到他自己的座位，靜靜地坐著，低頭看著地毯。幾分鐘之後，他轉過頭來跟我說：「我再想一千年，也無法想像會出現這樣的局面。」

小菲力普

我拿出之前會談時我請菲力普帶來的相片，我說：「菲力普，這個小男孩所生活的的時段，你已經用牆把它隔開、打包封裝了，現在，請你召喚他回到你心裡，讓他坐在這另一張椅子上，跟他講話，也讓他跟你講話。」

菲力普與他想像中多年前的自己的這一段對話，一剛開始，小男孩訴說著他日復一日，存在於兩個歇斯底里的怪物之間，而家裡的氣氛，有多麼令人恐懼，充滿了不穩定、不可測、不安，特別是孤單。「小菲力普」（菲力普在此自稱）訴說著，他感受到多麼巨大的孤單，空氣中充滿了距離與寒意，他晚上上床時，總感覺到屋裡好像沒有別人似的，另外兩個人，好像離他有千萬里之遙。一般而言，他跟媽媽和姊姊的唯一關聯，是在他必須準備面對她們脾氣可能爆發的時候。

但是，這次會談最值得注意的事，是小菲力普的蛻變。當菲力普多數時候專注聆聽這段奇特的對話時，小菲力普似乎克服了他的焦慮，這時候，小菲力普呈現出蓮花坐姿，活像一尊小菩薩，展現著超齡的智慧。這種智慧，是來自於他已經觀照了頭兩年發生的所有事情，並且已將這些事情原封不動地持存在心頭上了嗎？

小菲力普變成了菲力普的某種嚮導、朋友，現在，他就坐在菲力普身旁。他很安靜、快樂，但並沒有笑，而是散發著祥和寧靜，就好像在長大的菲力普完全對他一無所知的這些年裡，他已然成功克服了深深困擾大菲力普的問題——害怕被女人拋棄、害怕女人的不可測、害怕被獨自丟下的殘酷處境。

我說：「是的，因爲**你**不曾屈服，又因爲你就是他，所以，他**已在過去**克服了這些問題，而你雖然有這些問題，卻在生活中功成名就。」

然後，菲力普慢慢流下眼淚，但他繼續談話。「小菲力普說：『我會跟你在一起……我們會是夥伴和朋友……你需要安慰的時候，我會在你身邊，我想要找人聊聊的時候，我會黏在你身邊。』」

我跟菲力普說，他的哭泣似乎並非來自悲傷，而是感激，感激他找到了自己這個新的部分，終於與之重新結合。他的哭泣，不正是每個人在釋放這些早年體驗時，都會有的情感流露？他點點頭。

雖然小菲力普是想像的人物，卻能帶來眞實的安慰，他隨後跟在菲力普身邊，坐飛機橫跨美國去探望妮可，也陪著菲力普到任何他需要他的地方。事實上，只要菲力普在哪兒，小菲力普就在哪兒。他與菲力普形影不離，總是準備好在需要的時候提出看法，不過，這位隨身夥伴，大部分的時間只是陪在一邊，讓菲力普的自我得到很大的擴展。

對於大菲力普來說，這一切似乎是個令人驚訝的大發現。好像他是第一個有過這種體驗的人一樣，他說：「我不再孤單了，我的孤單，似乎大多源自我自己拋棄了我早年的自我。」接下來的幾個禮拜，每當他發現有某些狀況，讓他又開始嫉妒妮可時，菲力普只需要記得這位友善的夥伴，而這位小菩薩似乎眞能讓那份空虛得到充實，否則的話，這種空虛就會變成一個洞，焦慮和嫉妒可能在其中生膿潰爛。「我再也不會被遺棄了！」菲力普邊帶著令人吃驚的愉悅邊說。

菲力普體驗到，他自我意識中的老幹正開始發出新芽。對新的可能性的覺察，終於露出一片曙光，其實，這些可能一直不曾稍離。在邁向個人自由的路上，菲力普可以說是踏出了一大步。

事實上，這正是菲力普不再執著於孤單的第一步，開始「欣然領受」一切，讓自己與早年的自我重逢，過去，這個自我，在生活遭遇不幸和威脅的時候，他將之鎖入地牢，不見天日。這次重逢，雖然無法改變自始以來所缺乏的基本信任，但至少這種缺乏已被戰勝，完全符合**戰勝**字面上的意思。

憤怒是自由的通路

關於憤怒的心理學說，大多告訴我們，它遮蔽了我們的眼光，造成我們彼此的誤會，總之，它會干擾理性而明晰的生活所需要的寧靜。很多人認爲，憤怒剝奪了人的自由，這一點都沒錯，但這只是憤怒的一面，它忘掉了憤怒也有建設性的一面。

我們這個社會，常常把憤怒(anger)與妒恨(resentment)混爲一談，妒恨是一種壓抑憤怒的形式，它會慢慢吞噬掉我們的內在。妒恨使我們不斷儲存彈藥，以便給我們的同胞一點顏色瞧瞧，卻不做任何可能解決問題的直接溝通。誠如尼采已明白宣稱，將憤怒轉化爲妒恨，乃是中產階級的病態，它使我們人類的境界向下沈淪。

有時候，我們也會把憤怒跟情緒化混爲一談，一般而言，情緒化是憤怒被壓抑後的爆發。如果是暴怒，那可能是病態的憤怒；如果是急躁，便是幼稚的妒恨狀態；如果是充滿敵意，那就是憤怒已完全融入了我們的性格結構當中，一直到它影響了我們的一舉一動爲止。

在這裡，我要談的不是這類妒恨或充滿敵意的憤怒，我要談的憤怒是，把自我的不同部分通通拉在一起，是整合自我、讓整體自我活現出來、讓我們充滿活力、教我們見識不凡、刺激我們更清楚思考的憤怒。這類憤怒，會帶來尊重自我、珍惜自我的體驗，它屬於健康的憤怒，斷然斬去我們生命中不必要的包袱，而讓自由變得可能。

菲力普告訴我，他有一回和妮可一起去千里達(Trinidad)旅行，其中一個晚上，本來兩人已計劃好了去跳舞，但是，去跳舞之前，由於晚餐時多喝了兩杯鷄尾酒，菲力普回到房間以後，便出乎意外地不省人事了。妮可一向熱愛跳舞，對此大爲光火。幾個小時之後，菲力普獨自醒了過來，意識朦朧之間，卻跟妮可做了愛。對他的不省人事，她在之前越想越生氣，就先把他的長褲給脫了，而且在他半醒半睡之間告訴他，她想要做愛。

他雖然頭昏腦脹，卻努力想把時間差調整過來，就問她，他在昏天暗地的時候，她做了些什麼。

她答道：「我走到前面的草坪上，遇到一個從北卡羅萊納來的男人，我們聊開了，然後就幹那檔事兒，他搞了我整整一個小時。」

菲力普在昏頭轉向之間，搞不清楚她的故事是眞是假。整個晚上，這種曖昧與矛盾折磨著他。到了早上，他問她說這個故事是認眞的嗎，她頓時兩頰飛紅，說她其實是在開玩笑。

羅洛．梅：這個故事給你什麼感覺？

菲力普：我被它搞得心煩意亂。

羅洛．梅：你不覺得它很殘忍嗎？

菲力普：不，我不認為它很殘忍。我只知道，我只要一想到有某個陌生人跟她搞了一個小時，就好像有一支熱得火紅的火鉗直燙進我的心臟。

羅洛．梅：想像妮可坐在這張椅子上。她剛剛告訴你這個故事，你的感覺是什麼？把這些感覺跟她說。（菲力普講了一堆妮可的渾名，有些是菲力普對她的憤怒，但大部分涉及過去她對他造成的嚴重傷害。）對呀，其實你老早就感覺到她的殘酷了。妮可看重的事情跟你看重的事情相去甚遠，這是兩套不同價值系統的衝突。就像你所說的，如果她四歲的時候爸爸就離開了，之後，她沒有一個牢靠的爸爸，那她自然不懂得如何處理跟男人的關係。她想報仇，處罰天下所有的男人，而你，你就是因為沒有娶她而遭到報復。但是，這些都不是我們在此的問題重點，你漏掉了你的角色。試問，是誰給妮可金錢，想藉此收買她？是誰談到需要保險的？是誰任憑自己經歷這些痛苦，強忍著它們，只為了再見妮可一面？是誰只為了能跟她在一起，一次又一次地羞辱自己？是誰跟著其他的傢伙排隊上她的床，為了能吸到她的奶，能跟她做愛，不惜忍受任何屈辱？（菲力普似乎非常震驚。）沒錯，妮可在千里達跟你說的故事的確殘酷，但你也注意到，你當時並不覺得殘酷，只知道這件事傷你多深。你之所以不感覺到殘酷，是因為你無法承認你自己的殘酷——對你最殘酷的是你自己。今天，你非常像那個正在乞求茱德和媽媽的小男孩：「打我耳光，揍我，隨便你怎麼對我，只要你讓我繼續活在這兒就好了！」當然，我知道，在那樣的家庭裡，你必須虛情假意以求得生存，你必須隱藏你真正的感覺和想法。你放棄了你的自由，一直想預見，在你開口說話前，別人會有什麼反應。你躲在「負責」、「孝順」、「高尚的兒子」這些冠冕堂皇的字眼背後。可是，你一定恨透了你要在茱德和你媽面前扮演的角色。

菲力普：天哪，一點都沒錯！

羅洛・梅：想像茱德現在坐在這張椅子上，她兩個月前已經過世，告訴她，你真正的感受。

菲力普：好吧！茱德，我一直很討厭來看妳，我卻從來不敢說——妳的痛苦已經夠多了。我假裝是個負責、懂事的弟弟。妳談著妳的排便問題，妳有多恨所有的醫師，妳的姪女怎麼樣偷妳的錢，以及過去所有背叛妳的人。我一直偷偷看著我的錶，盤算著還要忍受這種偏執妄想的廢話多久……

發洩這種憤怒，讓菲力普得到了部分自由，至少，他開始知道，他可以說出他的感覺。但是，這只能算是監獄裡的自由。他還缺乏波濤洶湧的怒氣，引導他改變自己的生活，欠缺了快刀斬亂麻的意願，以便把他所有的包袱和過多的顧慮丟在腦後。

他們從千里達回國一個禮拜之後，也就是妮可說了她跟前院的男人性交的故事一周之後，菲力普曾經直接問過她，她說的故事到底是真是假，她說，那當然是假的，並且很裝模作樣地問他，他認識過什麼人眞的幹過那種事的？他答道：「認識，我姊姊。」

這一問一答之間，打開了一個新向度：把茱德跟妮可等同起來，使得對妮可的某些投射可以來自他姊姊。茱德過去曾經跟男人亂交，在街頭釣男人，菲力普非常害怕自己會像茱德一樣，因此，他控制得過了頭，怕自己會失去控制。這其實是在防衛他姊姊的精神分裂衝動。

羅洛・梅：菲力普，我注意到你已表明了妮可傷害你有多深。你的反應像帕夫洛夫(Pavlov)的狗，你明明知道妮可明白你在淌血，可是，你卻不告訴她你真正的感覺。你從來沒有直截了當跟她說：「妳要知道，我愛妳，可是我不希望妳在全國上下，到處跟別的男人性交。」

菲力普：我以為我已經說過了。

羅洛．梅：我並沒有聽到。我只有聽到你說，她到處跟人家睡，讓你受傷很深，以及她在那個周末離開的時候，你有多麼傷心。

菲力普：我不想對她有什麼要求。

羅洛．梅：你認為，你把這道血淋淋的傷口給她看，不是在對她提出要求？唯一的差別在於，把傷口露給她看，可以讓你們倆人更加痛苦。我聽到你跟這個世界說：「如果我受到傷害，他們就不應該繼續做下去」，以及「讓別人哭喊，不如讓自己覺得受傷。」只要他們真的開始哭喊——你媽媽、茉德或妮可，你就投降……你總是寧願受傷，而不願照料一下你自己，即使讓別人因此而痛苦也在所不惜。

青衣少年

就在這個時候，菲力普在治療過程的想像中，出現了一位青衣少年。這個人物的年齡並不確定，差不多快接近二十歲，他是菲力普憤怒的化身。直到我告訴他，菲力普才曉得，在傳統中國，綠色代表憤怒，而青色代表恐懼。④但是，跟我們一般人以爲理所當然的生氣方式不同，青衣少年並沒有疾言厲色，而是很弔詭的，他完全不加隱晦、誠實坦白而充滿活力，不管他在談論什麼，他從來不會卑躬屈膝、想盡辦法在自己臉上穿金戴銀。最令人驚訝的是，他激發了菲力普的幽默感。青衣少年會嘲笑失敗，有點像希臘左巴。他被打倒在地的時候，會學到不屈服，用吉卜林(Kipling)的話來說，他敢「丟一次銅板來賭一切」。他似乎沒有任何因循苟且的包袱，一切自發而爲，行動好似舞蹈，隨時準備爆出笑聲。

青衣少年出現在菲力普的想像中幾個禮拜之後，菲力普在他的日記裡寫出了下面的話，他唸給我聽：

在我低潮、什麼都不想做、只能行事如儀的時候，青衣少年來到我面前。我的情緒低落，很像狄更斯(Dickens)筆下的角色尤瑞亞・希普(Uriah Heep)，唯唯諾諾，誰要我做什麼，我馬上去做。突然，青衣少年出現，感染了我，改變了我。我一看到他的臉和他精力充沛的動作，就突然變成一個堅強的男人，對麻煩與挫敗一笑置之。我的自尊獲得重生，我感到強壯，能應付一切。於是，根本就不再有什麼叫做挫敗的東西存在了，因為一切操之在我。即使有生活外在的挫折，也會是我內在的一次勝利，因為，我已盡力了。青衣少年和我，只認得「可以」這個字眼，我們只知道可能性，因為，我和青衣少年站在一線的時候，根本不存在「不可能」這種字眼。

那次會談當中，這位青衣少年第一次出現的時候，菲力普曾說：「如果妮可還想繼續像現在這樣隨便跟人上床，她就去死吧！我要跟別人過我的日子了。」

會談結束後，他帶著飄飄然的心情離開。當我們感覺到無人能阻止案主伸張其自由，也無力干涉案主掌握、改善自己的生活時，就是治療中的突破時刻之一。我從我的窗戶看著他走到街上，他整個人看起來好像長高了好幾吋。

這種憤怒出現的同時，菲力普原本惱人的嫉妒也隨之消失。雖然我知道它還會部分重返，但再也不會像從前那樣強烈、那般讓人喘不過氣了。菲力普那份被遺棄的恐懼也消失了。他已知道，如果有人拋棄他、拒絕他，卻有人不會這樣做。更有甚者，從今以後，他可以選擇他想要跟誰親近。

對於菲力普的憤怒所化現的青衣少年，以及他爲何出現在這個特定的時間點，或許會讓某些讀者感到奇怪。要了解這一點，我們必須明白，許多來尋求心理治療的人之所以失去自由，是因爲他們壓抑了憤怒，這種壓抑，多是因爲他們從小就了解憤怒會招來嚴厲的處罰。他們一絲不苟地採用菲力普所顯示出來的模式：虛情假意、掩飾自己眞正的想法、學著不要直接脫口而出，而是在說話之前，先看穿別人會有什麼反應。他們之所以缺乏整合、持續讓渡他們的自由、拋棄對不同可能的選擇，主要是因爲在壓抑之下，他們的憤怒已轉化爲妒恨。

相形之下，妒恨是全然主觀的，然而一般而言，菲力普的青衣少年所象徵的建設性憤怒，卻是客觀的。只要菲力普對他母親只有妒恨之情，他提到她，就會是一片否定之詞。可是，在治療過程中，當他開始在想像中對母親生氣時，卻反而讓他明白，對於母親對他的照顧、栽培，他私底下有多麼欽佩、自豪，這一點讓他自己都嚇了一大跳。我們記得他曾客觀陳述，在別無奧援的情況下，他母親能把這兩個小孩拉拔大，已經是心力交瘁了。這種講法，聽起來好像是「開脫之辭」，但我卻不這麼認爲。我反而認爲，這樣子說，無非是努力想找到這股憤怒的由來，找到造成這股憤怒的先決情況，換言之，**一個人是爲了反抗命運而憤怒**。

命運這個概念，會使得憤怒經驗成爲必要。我們可以確定，有些「從來不生氣」的人，也從來不會與命運遭逢。當一個人遭逢命運，一個人會發現他自動升起怒氣，但也充滿了力量。被動順從則不會有此情形。憤怒情緒不一定是消極的，我們記得，那位青衣少年充滿了幽默，意氣風發。不論與命運的遭逢是需要擁抱、接納或攻擊，跟自己的命運面對面，實在需要力量。**體驗憤怒的情緒狀態、認識命運，意味著你從自視過「高」的狀態下鬆綁，能夠把自己投入戲局，不論什麼狀況，都不會斤斤計較一些枝微末節**。

對菲力普來說，憤怒是邁向自由的通道。我們注意到，每當他變得生氣的時候，就是他得到重大洞見的時刻，他把這些憤怒很有建設性地表現了出來。譬如，當妮可把她要嫁給克雷格、並搬到另一岸的計畫告訴他時，他直說這些計畫是「我聽過最荒唐的計畫」。

菲力普的經驗，好比一艘航向大海的船。它從港區起錨收纜，在風中出航，然後，與風力、潮流、星宿共同運作，從中轉化出自己的力量，如同我們在生活中與命運共同運作，以獲得自己的力量。我們的命運就像這艘船，離開命運便不可能成行，我們知道所有的重要素材都一直在那兒，只是，它們必須被遭逢、或被擁抱。**建設性的憤怒乃是一種遭逢命運的方式**。

但是，通常水手都會發現，就像在海上會遭逢風暴一樣，他們必須跟這些重要素材奮戰。我們會發現，在這些力量交戰的緊要關頭，我們根本無法控制它們，而只能遭逢它們，就像這艘船要跟風暴戰鬥一樣，我們的自由要求我們付出所有的力量。於是，這些要素不能只是在航行時與之**共同運作**，在航行當中，還要跟大海和風暴**相抗衡**。

我們所指出的建設性憤怒，是一種運用我們力量的方法，讓我們去選擇與命運遭逢的方式。命運可能給我們以各式各樣的回應，**合作無間**是光譜中的一端，另一端則是**戰鬥**。我們的憤怒培養我們的力量，讓我們得以面對與命運奮戰的局面。誠如貝多芬(Beethoven)的吶喊：「我會緊掐住命運的咽喉！」因而才產生了第五號交響曲。

孤獨與重生

經過多次會談，至少在當時，菲力普到了最後的關頭：他感到傷心、失落、孤獨。這些心情是案主接近療程結尾時的典型狀況，它們主要是由於要跟治療師、幫助他們的人分離，而表現出的混亂和孤單。傷心難過，來自即將單飛、孤獨面對世間，油然生起的絕望。這給我們最後一次機會，深入檢查案主的絕望。

菲力普哭了一會兒，這似乎讓他放鬆不少，然後，他很隨興地談起他的絕望。「我覺得所有人都死掉了。媽媽死了，茉德死了。妮可似乎也即將死去。然而，我和你的關係也要死了。每個人都一起死掉了。」

我提醒他，我秋天的時候會在這兒，如果他想跟我聊聊的話，可以隨時來找我。更何況，我希望我們能繼續做朋友。然後，我問了他有關他的孤獨感。

「我覺得自己好像一棵孤單的北極赤松，在方圓百萬英哩杳無人煙、萬物不生的凍原上，獨自站立……在北極，一個巨大的實在敲打著我——孤獨。」他繼續說：「沒錯，我想這是一種巨大的『實在』——這種誠實無僞來自於孤獨、來自感受孤獨。媽媽無微不至的照顧已不存在。」

他不由自主的一席話，說出了某些很重要的事。某種意義來說，孤獨是一種誠實。

在誠實之中，你必須把自己跟沒有面貌的芸芸衆生加以區分，你不再人云亦云。你讓自己的個體出現，就此而言，要誠實就等於要孤獨，你掌握住成爲你自己、並單單屬於你自己的時刻。**成爲自己，必須要有這種最初的孤獨，要說出自己的重心。**

我回答他：「難道，我們所有人三不五時體驗到的孤獨，跟人類的處境不是如影隨形的東西嗎？如果你敢對自己誠實，你就會變得孤獨。**我們在保有自我意識的每一個當下，都是孤獨的。沒有一個人可能眞正走進我們的私密聖堂裡。我們會孤獨地死去，沒有人能逃。這就是最深層意義的命運。**當我們承認了這一點，我們才能超越孤獨到某種程度，我們承認，這乃是人的孤獨，換句話說，我們先得承認我們同在一艘船上，然後，我們才能選擇要或不要別人進入我的生活。一點沒錯！然後，我們才運用這份孤獨，讓自己不要太孤單。」

之後，菲力普告訴我他在伊斯坦堡羅勃學院的三年歲月。他在研究所畢業後，就去那兒教書，當時，我不明白他爲何跟我提這一段，後來，我才明白箇中緣由。在那兒的第二年，他感到讓人極度痛苦的孤單，主要是因爲異國的隔閡，而當地的英語社團既小且無聊，同時，教土耳其男孩英語並不是件引人入勝的事情。菲力普採取了他一貫的防衛方式：讓自己更不顧一切地栽進工作中。可是，他越努力工作，就感到越疏離，最後，他崩潰了，不得不在床上連躺上好幾個禮拜。他稱之爲他的「神經崩潰」。

他跟我說，然後，他改變了生活方式。他開始畫畫。他四處亂逛，畫一畫牧場上的玩偶、伊斯坦堡的老清眞寺。他放棄了嚴格計劃生活的習慣，開始接受能量流的出現。但是，一切都漫無目標、無方向感、疏離，感覺好像不是實體，因爲，過去他那些證明自己價值的老套，已通通不管用了。

羅洛·梅：請你閉上雙眼，想像你自己回到了生命的那個時期。聆聽你周遭的事物，蜜蜂在嗡嗡叫，鳥兒到處在鳴囀。你又成為那個處於「崩潰」中的年輕人……他在做什麼？

菲力普：他正站在學院的圍籬邊，感覺很空虛、失落……有一群人靠近他身邊，大部分是學校裡的學童。他稍微朝他們走近了一點……是晚飯時間了嗎？……他沒有什麼想做的事……一點方向都沒有……他像一個又聾又啞的人……他什麼都沒說……

羅洛·梅：你會怎麼對待他？

菲力普：我會走過去……我會用手臂搭著他……我會說：「我們喜歡你，菲兒。」……我會跟他一起去吃晚餐……

羅洛·梅：別人必定也會喜歡這個年輕人。我看到你已經對他很親切了……這個年輕人的哪一個部分讓你很能認同？

菲力普：我的心，我的肌肉……我用全部的自己在感受他。

羅洛・梅：你看，你能夠給他愛和溫柔。（菲力普在此又啜泣起來。）你的哭泣，是不是因為你感覺到別人可能喜歡你、愛你，而你卻被蒙在鼓裡？……那些感激的眼淚，不是正好讓你現在可以經受這些事嗎？

菲力普接著告訴我，那年春天，正當他過得渾渾噩噩、毫無目標，而且又放棄了嚴格的生活計畫時，其實已經打開了「我所曾度過最棒的夏天」的序曲。「我直奔裡海，開始過我的暑假，沒有計畫、沒有跟著固定的導遊。偶然之間，我遇見了一團藝術家，約有十四到十六個人，他們一起旅遊、創作。我陰錯陽差被他們雇用來打雜，結果，我跟他們，沿著裡海邊的村莊，一路畫素描，這就是我變成一個建築師的開端。那個夏天，我深深陷入愛情，在最大的愉悅中，我失去了童貞。那眞是個傳奇的夏季！」

菲力普口中純屬「偶然」的這個藝術團體，是否眞是命運的顯現？我正是如此認爲。當他放棄他那嚴峻而強迫性的生活要求，當他能夠「一切隨緣自然」時，意料之外的種種可能才會以難以逆料的方式打開不同的門，要不然，他永遠不會知道有這些門徑。這些正是命運的不同面貌，開始浮現在意識層面。

我們的治療學問題是：爲什麼這些關於「傳奇之夏」的連結會出現在那個特定的時刻？因爲，菲力普下意識地把那個夏季跟他的當下聯想在一起。他正以象徵的方式告訴我，他現在的狀態，正類似那年的春天和夏天，而他希望也相信，他會漸漸遠離絕望，走向喜樂，他會邁向「我曾度過最棒的夏天。」

這時候，陪著菲力普，我希望爲他的信心打氣，但卻不想消滅他的絕望帶來的力量，因爲，絕望也很可能帶來最深沉的洞見、最有價値的改變。對菲力普來說，「神經崩潰」和接下來的夏天他所謂最直接的喜樂當然是眞的，而大部分人在碰到絕望或沮喪時會退縮起來——他們會退縮到無望無力感之中，這也是眞的。我希望菲力普能夠建設性地體驗他的絕望，把絕望視爲轉機，這樣，絕望才能促使人像創世紀時的洪水：它能夠挾帶走大量的瑣碎破裂之物——錯誤的答案、虛假的浮標、表面的道理，它也能夠爲新的可能性留下開口。這正是新的自由契機。

從事心理治療的人都知道，絕望的時刻，正是案主發現某些隱而未顯的能耐與資質的關鍵時刻。那些被誤導的治療師，才會以爲他們有義務在案主感到絕望的時候，讓他們安心。因爲，如果案主從來不感到絕望，反而令人懷疑，他是否有可能感受到任何表面底下的狀態。當案主體驗到他反正已經沒有什麼好損失時，便是一個無可置疑的重要時刻，只有這時候，他才會採取必須的躍進、驟變。對我來說，這似乎應驗了一句俗話：「絕望與信心，都會趕跑憂懼。」

註釋

①約翰・鮑比(John Bowlby)，《依戀》(*Attachment*)，「依戀與失落系列」第一卷，New York: Basic Books，1969，頁223。

②傑若姆・凱根(Jerome Kagan)編，《創造與學習》(*Creativity and Learning*)，Boston: Houghton-Mifflin，1969，頁27。

③理查・法爾生(Richard Farson)，《天賦權利》(*Birthrights*)，Baltimore, Md: Penguin，1974，頁29-30。

④美國醫學與針灸治療醫師海若・貝倫(Harold Bailen)跟我說，綠色在中國傳統代表憤怒及其對立面——祥和。青色則代表恐懼及其對立面——勇猛。在中國傳統中，一個人必須經歷過這些，以獲得喜悅。紅色是苦難的顏色，也是代表喜悅的色彩。

3 自由的動力

The Dynamics of Freedom

我不必看，也不必試，以便讓自己自由自在，即使是在辛苦勞役、頭腦一片渾沌之中，我也自由自在。我享受著未來的自由，享受著尚未到來的世代。有一天我若死去，也要死為自由人，因為，我已經花掉了我的整個生命為自由奮戰。

——尼可・卡山札基(Nikos Kazantzakis)

《不自由毋寧死》(*Freedom or Death*)

以人具有反對自己、反對自身本性的能力來說，人是自由的。人甚至有放棄自由的自由，換言之，他有能力拋棄他的人性。

——田立克

自由的本性，實在讓人難以捉摸。自由這個詞彙之所以難以界定，緣於其善變的特質：自由總是變動不停。你可以說出自由**不是**什麼，你也可以說出你**不想受**什麼事情**牽絆**，正因如此，「免於……的自由」這組措辭才讓人無法視而不見。但是，我們卻很難講清楚自由**是**什麼，因而，我們經常聽見的是**爲了**自由而奮戰、鬥爭。不過，當某人告訴我們「我如何發現自由」時，我們會覺得裡頭有些虛矯的成分。卡山札基說得好，「最偉大的德性不是活得自由，而是爲自由奮戰不懈。」

自由就像一群白蝴蝶，當你走進林子裡，驚擾了路上的牠們：牠們成群起舞，卻一哄而散，各往各的方向分飛。羅倫・艾斯里(Loren Eisley)寫道：「一旦用了『自由』這個字眼，反而直接解消了它本來要描述的東西。」換言之，一旦你的自我意識確認了你的自由，你卻已經失去了自由。

因此之故，我們發現我們描述的幾乎都是自由**不是**什麼，而非自由**是**什麼：「我明天有空(free)」意謂我不必工作；「我有一段空堂時間」，意思是我那段時間沒有課。馬淩諾斯基把這點講得很明白：「自由經常而持續地以其消極的特質被認知，這很像健康、德性或天眞無邪，我們總是在失去了以後，才強烈感受到它的存在。」①字典並沒有減緩我們的挫折。在《韋氏大辭典》十八條不同的意義裡，有十四條以消極的方式來呈現，譬如「不處於奴役束縛中」或「不屈從於外在權威」。至於剩下來的四條，其中之一是「自由權」(liberty)——講的是政治上的自由，其他的就只是同語反覆了，如「自發、自願、獨立」。②

自由不斷在創造它自己，誠如齊克果所言，自由就是可以伸展、擴張。自由具有非限定的特質，正是這種不斷推陳出新的可能，讓心理學總想逃避這個議題，因為，自由無法像心理學者所想的那樣明確不移。

在心理治療的過程中，**我們能夠確認自由的最貼切時機，就是一個人體驗到「我能夠」或「我將要」的時候**。一旦治療中的一位案主說出其中任何一種意思，我便會確定讓他知道，我聽見了他所說的；因為，**「能夠」和「將要」都是個人自由的措辭，即使事屬想像亦然**。不論其意指當下或長期，這些動詞指出了未來的某些事態。它們也蘊含了運用這些詞彙的人感受到了某些能力、某些可能，並覺察到他能夠運用這種能力。

行動的自由，存在的自由③

雖然我們知道我們難以捉摸**自由**的終極意義，讓我們還是盡力想辦法來界定這個詞彙。第一種定義，出自於日常行為領域的心理層面：

自由，便是在面對四面八方同時湧至的刺激時，那份稍安勿躁的能耐，同時，在這種稍許的猶豫中，能夠依據個人價值做出某種回應，而不是另一種回應。

這種自由，便是我們在一間商店裡買領帶或上衣，稍微遲疑猶豫時的體驗。我們喚起種種形象，想像我們穿這一件或那一件時看起來怎麼樣，某某人看了會怎麼說，穿什麼顏色可以搭配哪一套衣服。接下來，我們會買下這條領帶，或者繼續找別的領帶。這就是**行動的自由**(freedom of doing)，或存在的自由(existential freedom)。

這種自由最有趣的展現，就是在超級市場裡，我們推著手推車，在一排排琳琅滿目的罐頭、貨架中間穿梭時，這時，每一包東西都透過它光鮮亮麗的商標靜靜吶喊：「買我吧！」我們看到購物者臉上猶豫不決、發呆、納悶、遲疑的表情，要找到某些靈感，希望這些食品讓今天的晚餐更棒。購物者似乎陷入恍惚、迷咒、附身狀態中。就像在精神病院病房裡的病人，我雖然直接走過他們的視線，他們卻視而不見。其實，這種發呆而猶豫的表情是面對開放貨架上某種刺激的一種準備、一種邀請，他們等著被說服去做不同的衡量，然後決定其選擇。

我們每個人每天都會體驗到這第一種的自由，當我們在心理學課堂上討論到自由時——如果我們有可能在心理學課堂上討論自由的話，它通常會以像**決定**／**抉擇**這類相關的詞彙面貌出現。

這類自由的最深刻例證，就是我們問問題的能力，譬如，我在聽了一場演講之後會提出問題。光是問題出現在我心思裡這個事實，本身就蘊含了答案不只有一個，否則，就不會有什麼可以提問題的立足點。這就是自由，它蘊含了在我提的問題中，存在某些不同的可能、某些選擇的自由。待我問完之後，接下來，演講者會稍微停頓幾秒，把他的心思轉向可能的答案。

在問答之間，我們感覺到有很多很多更豐富的東西出現了，而不同於只是在面對種種刺激時，選擇某種應答的方式。提問題已蘊含了某些價值判斷，某類個人生命的焦點投注，某種彼此分享、接觸的邀請，某項思考新觀念的挑戰。

在此，我們必須邁向我們的第二層定義。索忍尼辛看見了一種趨勢，任何對自由的定義若只包含行動的自由時，就會走向膚淺。他接受胡佛中心的美國友誼獎時，在史丹佛大學演講指出：

> 遺憾的是，跟從前比起來，近幾十年來，我們的自由觀念日趨澆薄、每況愈下，而幾乎被貶低至特指沒有外在壓力、沒有國家鎮壓的自由，亦即只由法律層面來看待自由，此外無他。

生命的自由，本質的自由

「行動的自由」指涉的是行爲，而「生命的自由」(freedom of being)則指沒有特定行爲傾向要做的**生活脈絡**。它涉及了吾人態度更深的層面，而且是孕生「行動自由」的泉源，因此，我把這第二類的自由稱爲**本質的自由**(essential freedom)。二次大戰時，貝多漢被囚禁在集中營兩年所做的證言，很可以說明這一點。那時候，他一點行動的自由都沒有，也沒辦法改變黑衫隊的行爲。但是，他卻擁有他所謂的「終極自由」，他有自由選擇用什麼態度去面對抓他來的人。這種生命的自由或本質的自由，涉及的是反省和權衡輕重的能力，有了這種能力，才會有提出問題（不管有說還是沒說出來）的自由。

聖昆丁監獄的一位囚犯，在接受菲力普・辛巴多(Philip Zimbardo)採訪時，爲我們提供了整個問題的出發點。這名囚犯是墨西哥裔的美國人，也是一位詩人，他無法忍受監獄裡的待遇，因而，有五年之久，他都被關在獨囚間裡，很諷刺的是，這種獨囚間在聖昆丁被稱爲「頂級調適中心」。我引用他在採訪中所說的話：

他們讓我遠離家人，使我沒辦法觸摸到我的小兒子。他們把太陽、星星、月亮都藏了起來，讓我看不到，泥土和花朵，所有溫暖輕柔的東西都不見了，取而代之的是水泥和鋼鐵。

我耳中縈繞著他們訂的規則，掩蓋了輕拂過我髮絲的風聲。

行列之間，禁絶任何一行眼淚。我肌肉中的力量，禁錮在鎖鍊和腳鐐手銬之間。

他們一直試著否定我的存在，也幾乎就要得逞。

他們讓我一無所有，但是，他們卻仍無法找到一個地方，一個內在之核、一個私密的所在。

說出這些話語的人，顯然意不在「種種刺激」之間做選擇。這顯然是一種截然不同的自由，也就是「內在之核」、「他們仍舊無法找到的……私密的所在」所表達的意涵。他繼續說：

> 就在這個所在，我思考著我是誰，我試著了解我的敵人是誰、他們為何如此做，同時，也就是在這個所在，我保持自己意志的活力，讓我能夠在被視為草芥不如、充其量被視為動物、被視為困獸的地獄裡，繼續活下去。

我們注意到，他並沒有說「我要**做**什麼」，而是說「我想要了解」。他沈浸在自己思想念頭的連續飛躍之中，這些飛躍蘊含了他跟自己的關係，正朝向嶄新向度有所突破。這很顯然不是**行動**的自由，而是**生命**的自由。

最重要的是，他也告訴我們，讓他有生存意志的所在究竟在哪裡。這種自由讓他振作精神、鼓舞力氣，他也很恰當地詮釋它，視之為獨囚間中苦悶孤絕的活力泉源。他的結論：

有時候，雖然我心情沮喪，一度想放棄，我的思維發現卻帶給我喜悅。因為，這些思維一旦找到門路，把我的想法帶走，我就自由了。

知識便是自由，也正是此一絕望之地的希望之源。

沒有自由權的人，可以活下去，但失去了自由的人，便無法再活下去。

在那直指人心的最後一個句子裡，他用了我在這本書裡選用的語彙，「自由權」(liberty)指涉的是政治的情境。如果我們必須在法西斯主義或監獄裡過活，雖然我們對之痛恨不已，但我們可以活下來，然而，基本上，自由(freedom)指的卻是內在狀態。這個「核心」、這個「私密的所在」對我們作為人類而活下去，乃絕對必要的條件。它讓人有了活著的意義，讓人有了自律、認同的體驗，讓人擁有運用「我」這個代名詞全幅意義的能力。

我不想把這種內在的自由與感性的主觀陳述混為一談。描繪內戰的戲劇《謝南多厄》(*Shenandoah*)裡，有一個黑人小男孩的歌舞表演配著一句話「自由與否，存乎一心。」對馬丁·路德·金恩(Martin Luther King)來說，自由與否，其實只是存乎一心嗎？對抗議種族隔離的自由行示威者來說，自由只存乎一心嗎？對華盛頓和福吉谷(Valley Forge)

操演的殖民地軍人而言，自由只存乎一心嗎？對於婦女解放的運動者而言，自由也只是一種心智狀態嗎？

只要是眞誠的內在自由，就遲早會影響或改變人類的歷史。這包含了貝多漢所謂的「終極」自由，它對於歷史的影響，來自於集中營結束後貝多漢書中所抒發的睿見；也包含了聖昆丁監獄囚犯所描述的自由，它不斷在影響歷史發展，譬如，我們在這本書引用它就是一例。自由的主觀和客觀層面從不可能須臾分離。

我會認爲，我們引用其詩句的聖昆丁囚犯，會比他身邊的獄卒更加自由。在他所寫的一首詩裡面，我們發現這樣的字句：「我們雖身陷囹圄／獄卒卻並不自由！」沒有人能否認，身爲羅馬奴隸斯多噶派哲學家的愛比克泰德(Epictetus)，比他的主人和領主自由多了。這兒所說的囚犯，他所體驗到的生命內在處境的自由，成爲他的人性尊嚴、寫詩力量之泉源，「從我的單人牢房裡，用一枝禿掉的鉛筆，把監獄的柵欄一筆勾銷。」

這位囚徒說：「我思維上的發現，讓我得到喜悅」，實在是深切的說法，而其中之深意，對我們的生命亦復有深遠的提示。他的自由，不是有安全保障的自由，而是有探索發現的自由。發現自己思想的喜悅，乃稀世之聲，我們只有從那些經年忍受孤獨、經過千錘百鍊的人身上才能聽見。

聖昆丁囚徒也告訴我們，他的「知識便是自由」和他的「希望泉源」。對生命的自由來說，各種可能會不斷浮現，對自己新發現的種種可能，想像力飛向嶄新的方向，對世界和生活的可能出現新看法。塔拉曼帖(Talamantez)從來不說「希望**擁有**」什麼東西，他要求的是擁有認識上的自由，不論有沒有具體的事件發生，這種自由**本身**就充滿希望。

我認爲，我在這兒所謂的**生命自由**或本質自由，相應於聖奧古斯丁(Saint Augustine)所謂的「首要自由」(freedom major)，而他所說的「次要自由」(freedom minor)則相應於我所謂的**行動自由**。本質自由乃是其他形態自由所從出的根源。

謝林也寫道：「在自由的概念裡面，我們可以發現阿基米德沒有發現的東西，理性可以藉這個支點架上其階梯，但是，並不是把這理性之梯架在當下或未來的世界裡，而只是以**內在意義的自由**來支撐它，因爲，這種自由在自身中統合了當下與未來世界，因而也必然成爲當下與未來世界的解釋原理。」④

聖昆丁的囚徒已經在他的訪談中向我們闡明，這種本質的自由，乃是他喜悅的精神的源頭活水。關於他的喜悅，他已在「它帶給我喜悅」這樣的語言間表露，至於精神，則顯現在他的勇氣、希望，以及他努力活下來、保持泰然自若，並時時在他的處境中感受到各種可能，換了別人，這種能力早已在絕望中被拋諸腦後，甚至可能變成精神病。他在一首詩裡寫道，在獄中，瘋狂跟他形影不離，只不過他透過專心寫作來避開瘋狂。

對於這種本質自由，集中營的生還者也提供了相似的證詞，事實上，不同的牢友會選擇用不同的態度來面對黑衫軍，他們在精神上的確可以免於被奴役。如果有此必要的話，這都是很實用的證據，證明這些人的本質自由眞實存在。

畢卡索爲我們提出了一項例證，對比出生命的自由和行動的自由。一九〇四年，塞尚(Cézanne)曾建議其他的畫家「運用圓柱、圓球、圓錐來詮釋自然。」當年，年輕的藝術怪才畢卡索，在繪畫方面已經吸收了衆多技法和原理。他可以畫得很美，也對透視和比例的法則十分嫻熟。所有的這些都是「已知的、既成的」，而我會視之爲命運。畢卡索跟他的訓練達成了協調：在他早年的藍色時期，特別是關於西班牙農夫的系列作品中，每一筆都畫得極爲細緻精美。然而，這仍舊是屬於**行動的自由**、存在的自由。

但是，畢卡索這樣一個勇氣十足、熱情洋溢的藝術家，卻一直尋求打破束縛。有沒有什麼方法可以超越老窠臼，可以推陳出新、別開生面的？

一九〇七年，他在畫作《亞維儂姑娘》(*Les Demoiselles d'Avignon*)中獲得突破，標誌了立體主義(cubism)的誕生。問題不再是像學院派那樣，精確描繪出胳膊或腿脛；重點不再是讓手指頭的姿勢畫得栩栩如生。新的挑戰是，把人體看成自然界的形狀組合，畢卡索以繪畫把這一點做到前所未見的極致。現在的問題是，如何把畫中女人手臂和腿部的線條在空間中連結起來，如何在畫布上相互搭配。所謂的「圓柱、圓球、圓錐」，至此呈現在我們的眼前。我們注視山岳的時候，會看到圓錐；弧形曲線，在沙浪襲捲時出現；原野裡，凸出於地平線上的樹木，則形成了與水平直交的垂直。所有這類的線條，都在我們身體和自身經驗當中，而顯現在我們走路時的神奇平衡中，顯現在我們呼吸的韻律和心跳的節奏當中。⑤

立體主義的突破，在梵谷和高更時就已出現徵兆，當然，到了塞尚和馬蒂斯更是旗幟鮮明，這種突破證明了生命的自由，而不同於行爲上的自由。這種「飛躍」指向了一個全新的脈絡，讓繪畫以不同的方式被看見。它改變了我們據以看待繪畫的態度，也改變了藝術家據以質問其作品的問題。它讓我們跟自然的關係煥然一新。

立體主義開拓了一片新的可能，爲我們自身與宇宙獲得了新的統合。在本世紀的最初十年，這些藝術家與空間建立的新關係，譬如，預言「太空時代」的來臨，到了一九六〇年代，開始被知識份子和科學家所正面處理和表達。這表明了一位藝術家如何在爲他的同胞社群發言時，同時也爲他自己和他的文化發言。

行動自由和本質自由之間有衝突嗎？

在這裡，我們碰到了一個有趣的問題。行動自由和本質自由彼此相矛盾嗎？爲什麼有些人要在實存世界一切都變得不自由的時候，才會得到本質的自由？這似乎正是集中營生存者的體驗。索忍尼辛證明，同樣的事情也發生在蘇俄的勞改營，當所有的行動自由都被剝奪時，他感到自己被迫回到本質自由的境界。更有甚者，這也正是反種族隔離自由行示威者的入獄經驗，就像許多示威者在出獄後所用的書名一樣：《我在牢裡找到我的自由》(*I Found My Freedom in Jail*)。當基督徒的奴隸地位被解除以後，聖保羅也說過同樣的話，這個句子乍看之下令人覺得弔詭難解，但我們越思考其意義，它就越顯得意味深遠。

那麼，只有當我們日常生活所有習以爲常的一切都被打斷，我們才會得到本質自由嗎？依據大宗教裁判長的說法，既然大多數人類都爲了麵包和安逸而掙扎，他們理當如是。但是，當麵包和安逸不再唾手可得，那時候，一般人會被迫轉向其體驗的本質深處嗎？如果我們對此回答「是的」，我們就忽略了一種流行的觀念，這類觀念認爲人類的需求層級，是由生物層面漸次上升至心理層面、精神層面的。這毋寧是在告訴我們，人類是在矛盾和鬥爭中漸次演進，而根本不存在有從低層到高層需求的簡單穩定演化。當較低層的需求未被滿足，它們便被迫轉變成較高層面的需求。這方面，齋戒禁食就是一個求取宗教眞理的例子。理查・法爾生所闡釋的「生於憂患說」，是另一個例子。誠如我們在上文已指出，它要說的是，在苦難困阨之中，許多人被迫轉向注意內在層面，而必然會採取朝向較高境界的躍進。

難道，要體驗到本質自由，非得要有閉關——至少不缺時間思考——這一項條件嗎？當然，塔拉曼帖是在獄中。約翰・李力(John Lilly)也認爲，在他水槽裡與世隔絕的實驗裡，閉關是一個根本要件：個人漂浮在一個完全黑暗的水槽裡，他在裡面失去了重量，也失去了來自外界的任何刺激。然而，對某些人來說，顯然他們所感受到的本質自由當中，發生了極爲徹底、而通常是高度正面的事情。**當人類不再能夠逃避，不再能夠四處遊蕩**——看看電影、滿足電視癮、用各種遊樂方式殺時間，當這些逃避的管道不再開放，**人們就不得不聆聽自己**。

可是，我們在此碰上了一個極其有趣的問題：**我們的命運本身不就等於是我們的集中營嗎**？命運衝擊著我們，不正是在強迫我們看淸自己的束縛嗎？身陷有涯生命的命運之中，恰似身陷囹圄，然而其中之限制，甚而經常是殘酷，不也迫使我們的眼光超越出日復一日重複行爲的局限嗎？不論我們正值年輕或垂垂老去，面對死亡之不可逃，不正是人人的集中營嗎？生命同時俱有的喜悅和局限，不正足以驅使我們認眞思考存在的較深向度？這正是梭羅所謂，生命的偉大和吾人「在暗中拚命」是同一回事。

詹姆士·法默倡導種族平權國會運動(CORE)，將林肯致力解放黑人運動的主張、對黑人自由的單純宣言，轉化爲白紙黑字、具體實際的自由。在鬥爭的過程中，他和他們的夥伴不得不承受一些暴力。法默寫道：

> 在為了徹底自由的非個人原因而奮力行動時，幾乎像是恩寵，一個人會體驗到極大的私人自由，我們也可以稱之為對自己身分認同的脱胎換骨，直觀到自我界限的豁然開朗。⑥

他認爲這就是自由的「終極源頭」，而我稱之爲生命的自由。他描述了在一次事件當中，他和他的夥伴遭到警察的粗魯對待，「經過了那暴力相向的兩天，漸漸的，站在我和被視爲暴民中間的男男女女決定要採取行動，不再任人宰割。」

在自由中成長

人類所特有的能力，想像、思考、驚奇和意識，都是自由的領先指標。羅素說：「心靈的領域，無遠弗屆。」透過我們的想像，我們可以當下把自己傳輸回三千年以前，圍坐在馬其頓的營火邊，聆聽眼睛已瞎掉的老荷馬述說各種傳奇。或者，我們也可以當下進入古雅典戴奧尼索斯劇場的石椅上就坐，陶醉在索福克里斯(Sophocles)和艾斯奇里斯(Aeschylus)的戲劇裡。再不然，我們也可以把自己投射到未來任何一個年代裡去。因爲這些行爲都可以隨時在當下達成——我們可以**同時征服時間和空間**，因而，這個事實本身便標示了自由的特質。

我們可以在生命所採取的行動可能**變化幅度**中，了解到何謂人的自由。湯瑪士・阿奎那(Thomas Aquinas)曾說過，世界上有四種存在。第一種是遲鈍之物，如岩石，它只是單純的**存在**那兒。第二種事物既**存在**又會**成長**，像各種植物和樹木。第三種事物，除了**存在**和**成長**之外，還會**四處移動**，像動物便是如此。第四種生靈，除了**存在**、**成長**、**移**

動之外，還會**思考**，譬如人類。（對我們來說，**意識**這個詞會更精確。）這些不同的階段，其實代表了自由度的漸漸增加，彰顯於行動的變化幅度越來越大，超越了前一個階段。

瑞士生物學家阿道爾夫・波特曼(Adolf Portmann)曾說過，就嬰兒有運動移行的潛力來說，我們生而自由。「肢體的自由活動，讓人類嗷嗷待哺的嬰兒具有如此豐富的可能，遠遠超過新生的猿猴，這個事實提醒我們，我們自己的初生狀態除了無助之外，還充滿了自由的深遠意涵。」[7]當代的實驗已經證實，這種動作上的自由，甚至在子宮裡頭即已展開，而當臍帶被切斷之後，更促使它升高，持續發生於新生嬰兒的成長過程中。能夠爬行，是嬰兒動作變化幅度的一大躍進，學會走路，是另一次的飛躍，等到他或她能夠去上學，那又是一次躍進。在這些不同的變化階段，人類小孩的動作幅度都有定量增加，用海事的術語來說，其「巡航範圍」不斷增加。動作也隨著身體上的連結，越來越跟心理緊密連結，而在小孩學會講話的時候，這個大躍進已經包含了心理上的根苗了。

這些從出生即已展開的「躍進」，這些讓我們能夠把自己跟父母區分開來的一次次事件，可以視爲心理上的重生經驗，因此，它們在帶來挑戰的同時，也帶來了焦慮。就青少年而言，其增進個人移動幅度的定量躍進又有所不同，最顯著的表現就是在性的領域。誠如齊克果所言，一個人體驗到「能夠觸及各種可能時的憂懼。」去念大學、結婚、謀生問題、搬到新城市，這些事情都可以視爲在增加個人的自由變化幅度。

自由就等於搬**出門**，同時跟一些**在家**的人維持人性的聯繫，特別是媽媽。在這兩極之間，存在著微妙的平衡。如果太少出門遛達，過度依賴家庭，自由就會臣服在安全感之下，這種作法反而是在逃避自由。而如果太常往外跑，過於缺少家庭的安全感，這個人就可能會變得有病態的焦慮，可能轉化出別的方式來使其自由窒息。這些新的移動境界，每一個層面都藉由縮減與家庭和父母間的生物鏈結，而增大了個人的巡弋範圍，並建立了心理和靈性鏈結的地位。以菲力普的個案來說，在他跟母親傾訴，而與其過往和當下達成和解時，他便不再談到她過去應該爲他做些什麼，而是提到了她過去爲他**做了**些什麼，他讚美她、重視她。顯然，他媽媽的過去並沒有什麼改變：在回憶當中的變化，其實源自菲力普態度的改變。在他的生命舞台上，動態的問題很少出現，他常問「發生了什麼事？」而不是「你**面對**所發生事情**的是什麼態度**？」如今，自由的成果讓菲力普**改變**了看待他母親的**脈絡**，而這正是生命的自由。

這種動作的成長旅途中，最後、也是最終極的躍進，會發生在一個人的臨終床上，如同奧圖・蘭克(Otto Rank)所言，我們在那時經歷到差異分化的最終階段。

我曾經說過，就心理治療而言，其最重要的目的無非是幫助案主發現、建立並運用其自由，而我發覺有一點很重要，當案主完全無力辯解時，我們要提醒他，要勇於走進我的辦公室，同時，他也**可以**離開。就這樣似乎微不足道的自由幅度來說，正是我們可以一點一滴打造自由的起點。

相應於每一步差異分化的成長，一份新的責任(responsibility)隨之而生。所謂責任(response-ability)，就我們對這個詞彙的了解，它涉及我們生活在家族或村里社群中時，覺察到他人的需要，同時有能力回應(response)這些需要和自己的需求。我們的自由要得到發展，無法排除別人所形成的脈絡，而我們選擇了回應別人的方式。而弔詭的是，在自由的每一個關鍵之處，一個人只有負起責任，才能得到自由。但反之亦然：一個人只有足夠自由，他才能負責任。這也就是爲什麼若主張我們是完全被決定的，將會造成不負責任。你必須警覺到，你的決定完全**取決**於你是否要爲它們負責。

責任感開始於嬰兒與母親的關係：當他漸漸長大，嬰兒便了解母親也有她的需要。並不是他一哭媽媽就會過來，而只要他一咬媽媽的奶頭，就會引發她臉上一陣痛苦的表情。因此，**成長一直同時具有兩個層面：自由與責任，兩者同等重要，兩者也相互需要**。我們不會讓我們三歲大的小朋友獨自涉足紐約的百老匯，因爲，他還沒有發展出足夠的責任來接受這份自由。

亞伯特・卡繆(Albert Camus)說得好：

> 藝術的目的、生命的目的只在於增進可以在世間、在每個人身上發現的自由與責任的總量。⑧

既然責任會對自由有所限制，它便是隸屬命運這一端的向度之一。而既然我們是由女性所生（相較於無性生殖），我們跟母親的關係就不應該只把她當做食物的來源，而必須漸次視之爲承載著自身命運的一個人。一個人越能覺察到別人的命運，他的自由程度也就越高。

值得注意的是，跟自由動作有關的新能力，已被落實爲一種藝術形式。人類的舞蹈——從芭蕾、民族、爵士、交際舞到太極，都是美感可能狀態的表現。每一種藝術形式的發展，都是表達一個人愉悅與自由的一項儀式。艾倫・歐肯(Alan Oken)在《寶瓶世紀》(*Age of Aquarius*)一書中寫道：「我們認爲，搖滾樂代表自由……自由地感受一切，跟更高的集體力量合而爲一，在一種宇宙的韻律裡一起擺動。」一個人「因喜悅而舞動」，或表達性欲，或是像回教托缽僧侶的旋轉舞，表現宗教感受，或像美洲原住民的戰舞，爲了戰鬥來「鼓舞」士氣。

動作與自由的伸展，乃是個體從生到死整個歷程的象徵表達。

註釋

①馬凌諾斯基(Malinowski)，《自由與文明》(*Freedom and Civilization*)，New York: Roy，1944，頁74。

②以撒・柏林(Isaiah Berlin)在他以自由爲題的專著中，試圖將自由分爲兩個範疇，「消極」(negative)與「積極」(positive)自由。見以撒・柏林，《自由四論》(*Four Essays on Liberty*)，New York: Oxford University Press，1969。

③我用「存在的自由」這個詞，意指發生在我們日復一日存在中的自由，我不想把它跟存在哲學混爲一談。雖然我從存在哲學的學說受益良多，但這兒所提出對自由的特定觀點是我自己的說法，不應該跟擁有相同名稱的哲學視爲同一。

④謝林，《作品集》(*Works*)第一卷，頁34。

⑤我們並不是說立體主義是藝術的最高形式，也沒有說每個人都應該讚賞立體主義，我們要說的只是，立體主義呈現了對當代而言十分關鍵的發展。

⑥詹姆士・法默(James Farmer)，《自由幾時有?》(*Freedom—When?*)，New York: Random House，1965，頁17-18。

⑦羅洛・梅，《心理學和人類兩難》(*Psychology and the Human Dilemma*)，New York: Norton，1979，頁21。

⑧亞伯特・卡繆(Albert Camus)，〈不信者與基督徒〉(The Unbeliever and the Christians)，收於《反抗、反叛與死亡》(*Resistance, Rebellion and Death*)，J. O'Brien 譯，New York: Knopf，1963。

4 自由的種種弔詭
The Paradoxes of Freedom

看看萬事萬物如何在轉瞬間造出了自己的對立面！一片昇平之中，戰火延續不已。豐饒多產之處，匱乏感應運而生。同樣一間實驗室，同樣一群人，有人追尋殺戮之道，有人追尋療癒之道，善與惡同時滋生……

——保羅・梵樂希(Paul Valéry)

我們已在前面說過，由於自由獨一無二的特質，使得它充滿了各種弔詭。譬如，在能夠自由在街道上行走、自由在邊城養牛之前，我們需要法律和法規。自由的對立面是安全措施，然而，如果自由要能夠安然確立的話，某種程度的安全措施確屬必要。史賓諾莎認爲，政府的目的在於做好充分的安全保障措施，讓每個人在日常生活不必害怕他的鄰人。人類學家桃樂絲・李(Dorothy Lee)提出了一個弔詭的說法：「奇怪的是，**不得不做**，反而讓人覺得**無所忌憚**、**自由自在**。」

我用**弔詭**(paradox)這個詞彙來描述兩項對立事物間的關係，它們雖然是對立面，而且似乎有摧毀彼此的傾向，但其存在卻不能沒有對方。上帝與魔鬼，善與惡，生與死，美與醜——這些對立項表面看來都勢不兩立、容不下對方。但弔詭之處在於，透過雙方的當面對質，一造卻讓另一造生機盎然。我們一旦覺察到死亡，生命就變得更加有活力、有熱度；而死亡之所以意義重大，乃是因爲生命的存在。上帝需要魔鬼。只有我們在面對命運時了解到自由，自由才顯得生氣蓬勃，也只有我們面對了自由的可能，命運才顯得意義深遠。對立的兩造彼此豐富了對方：每一方都爲對方提供了動力和能量。

遇上了弔詭，會引發我們訝異和驚奇的情緒反應。上帝要存在，就不能沒有魔鬼，類似這樣的主張，會讓那些相信生命是直通天堂的人士感到不知所措。男性和女性需要彼此間的差異，也會讓一廂情願沈浸在未來美好的兩性合體願景中的人，不得不稍事停頓。

赫拉克利圖宣稱，人們「不明白，跟自身不同的事物其實並無二致：就像琴弓與琴的關係，和諧成於對立的張力之間。」①他以琴弓與其絲弦爲例，一個人之所以能用琴弓拉琴，是因爲琴弓上的絲弦固定在兩端後產生的張力使然。琴身框架和固定在內的琴弦是另一個例子。這些對立面都有助於我們了解，兩種力量拉扯間產生的張力是什麼。

我們在這一章所要面對的弔詭，乃是自由與命運間的弔詭。它可以用許多方法來說明。其中之一，是指出自由要經過與命運交錯並作，才能獲得活力和眞誠；而命運之所以與我們休戚相關，是因爲命運永遠在威脅著我們的自由，譬如談到死亡，死神永遠站在我們選擇的任何路途彼端。然而，不論我們的自由稀薄到了什麼樣的程度，我們的夢境、抱負、希望和行動裡所透露的新可能，永遠在向我們招手，這種可能迫使我們去承認、去遭逢、去面對、去投入、或去反叛我們的命運。

在心理治療裡面，弔詭更是根本要素，但大部分的治療師對此卻不甚明瞭。譬如，只有在菲力普跟他生命中的種種弔詭建立關係之後，他才能獲得個人的自由。其中最主要的一個弔詭，就是他與母親的愛／恨關係。不過，還有另外衍生出來的種種弔詭，例如，他與妮可之間的依賴／愛戀關係。出生、死亡、愛戀、焦慮、罪惡感這些主要的體驗都不是需要解決的問題，而是種種的弔詭需要被面對、被承認。因此，在心理治療當中，我們所謂的解決問題，其實只是使生命裡的種種弔詭能夠清楚浮現、得到釐清罷了。②這就好比如果我們要能讓自己釋放掉精神官能上的焦慮時，首先就要接受一般的焦慮是必要的一樣，如果我們要從自己的強迫性、精神官能狀態中解脫出來，獲得自由，我們就必得要接受生命中的正常弔詭——愛與恨、生與死。

至於當代對自由的誤用，乃源於我們以爲自由像一把琴弓，上頭卻沒有撐開任何有張力的絲弦，或者一把琴上面沒有任何框架可以產生張力，因而無法創造音樂。美國獨立宣言告訴我們，我們生而自由，我們卻因而以爲沒有任何限制存在。自由在此失去了它的發育能力，它就像壁爐裡面的火焰，正當我們需要它的時候，它卻消逝無蹤。

大宗教裁判長

只要經過教會的允許，任何的罪都將得到救贖。如果人們夠順從——現在服從已經變成至高的德性，他們就可以擁有自己的小孩。數百萬的群衆，沒有人不感到幸福，換言之，除了指導這個偉大計畫的人之外，沒有人不快樂的。宗教裁判長說，只有我們，「我們這十來萬統治他們的人」不會感到快樂，只有那些「守護著這個秘密」的人、承擔「是非善惡知識的詛咒」的人不會感到幸福。

最後，他直視耶穌的臉，挑釁他：「如果你能的話，如果你敢的話，儘管來審判我們啊！……我也很重視你爲人類祈求的自由……可是，我覺醒了……加入了**糾正你工作的衆人**行列裡……由於你的到來會妨礙我們，我將把你燒死。如果有任何人眞正値得我們的火刑，非你莫屬。明天，我就要把你燒死。」

讓我們最膽寒的一段，莫過於宗教裁判長心目中輕蔑的人性形象。人類如此的脆弱、卑鄙、惡毒、可恥、不幸、可憐、無助、罪孽深重，而且，如果不對他們持續地嚴加限制之外，他們就會造反。對這樣的生靈來說，最高的道德原則——亦即教會所教導的原則，即是絕對的服從。這樣，在教會的統治之下，人類才會表現出童稚的歡樂、滿足和其他情緒。宗教裁判長對耶穌咆哮道：「我發誓，人類天生即是奴隸。」他們無法運用自己的能力，面對「是非善惡的知識詛咒。」因此，宗教裁判長把人類推回伊甸園中，回復天真無邪的前意識狀態。這反而強力證明了，自由是我們可以想到人類高貴的象徵，沒有自由，人類顯得多卑微。

大宗教裁判長的傳說，向我們每個人提出了非常尖銳的問題。我們是否寧取安逸，而不願冒險，寧取腐敗的安定狀態，而不願身陷創造的疑慮之中？我們是否寧願選擇一個單調乏味的工作，只因它讓我們收入穩定，或者，我們是否寧願接受一樁毀滅性的婚姻，只因爲害怕分手後的孤單，或者，如同易卜生提醒我們的，我們寧願選擇依附著玩偶家屋給我們的安全感？我們是否寧願選擇對婚姻中的困擾視而不見，而不願面對難免的誤解和對我們自戀的衝擊，以便解決這些問題？

大宗教裁判長的告白，象徵了他對自由所帶有的弔詭知之甚篤。即使教會的官員能夠保護人類免於這個弔詭的困擾，他們自己卻不得不面對這個弔詭。他在隱約中已經承認，任何人想要了解自己的話，就一定會碰上這個弔詭。但是，教會保護了人類，使他們完全免於自我實現，也不用經歷自由所帶來的危機，這些危機是每個人成長過程中一定會遭逢的危機。他們會讓人類永遠像小孩一樣，不必嘗到失敗、掙扎、熱切想望、背叛造反之苦，也無法得到來自人性尊嚴的生命喜悅。他們永遠不會了解，在赫胥黎(Aldous Huxley)的《美麗新世界》(*Brave New World*)中，有一個迷人的印第安角色，他經常引用莎士比亞的詩句，並到處尋找受苦的機會。而大宗教裁判長的「孩子們」，將永遠不會因《李爾王》(*King Leer*)的劇情心弦緊扣，也無法體會《仲夏夜之夢》(*A Midsummer Night's Dream*)中的喜樂，更不會被貝多芬的第九號交響曲所震撼。

自由與反叛

讓大宗教裁判長最感困惑、也最能威脅他不可一世的自滿之事，莫過於人類的反叛精神。他對此深感困擾，不斷回到這個問題上面來。他說得頗帶歉意：「人類製造了反叛，但反叛能帶來什麼快樂？」又說，「雖然他（人類）到處反叛我們的權力，但他搞造反究竟有什麼好得意的？那種得意洋洋，跟小孩、學校小朋友沒兩樣。」他再度保證，「當然，雖然造反是人類的天性，但他們終究只是奴隸。」他鄭重發誓，「雖然人可能是百折不回的叛徒，」但這類的反對力量終將罔效。③

他的憂慮的確抓到了重點，亦即大宗教裁判長認爲人類「奴性難改、卑鄙齷齪、不堪一擊而懦弱。」

人類的倔強、對立傾向讓我們不禁要問：反叛是否可能是人類自由的必要而不可或缺的條件？我的答案是肯定的。我們已經明白，只有當某些事情妨礙、剝奪自由的時候，自由才會被認識到。因此，**自由**這個詞彙的存在，永遠跟**抵抗**、**妨礙**、**造反**這些動詞如影隨形。我所謂的反叛，並不是耽溺在幼稚的挑釁行爲模式裡，也不是爲了破壞而破壞，更不是單純爲了自己好或爲了謀取一小部分生活中可以得到的暫時興奮，而對另一部分的義務視而不見。

我的意思是，反叛的能力其實是保留了人類的尊嚴和精神，我認爲，**反叛的行動等於是在跟自己的自主性建立關係，學習尊重自己的「不」**。就此而言，反叛的能力乃是獨立的支柱、人類精神的守護者。反叛護衛了生命的重心，**讓自我意識到它作爲自我的存在**。反叛能力讓人的合作意願有了效用，要不然，人只是空有人的壓力，而無法變成懂得互助合作的人。一旦一個人感受到這些特點對他自己的重要性，那麼，爲了維持他自己心理上的整合，他必定也會同意，世界上的其他人對於尊嚴、受尊重的要求乃理所當然。羅素說：「沒有反叛，人類就會腐敗，不義的事便無法挽回，因此，在某些環境裡，如果不服從具有社會動機，而非個人動機的話，拒絕服從權威，的確具有正當的功能。」

美國的獨立宣言從政治的角度說明了這一點：「只要任何政府體制危害到這些目標（生命、自由和對幸福的追求），人民就有權改變它、或廢除它。」我們的國家，是在先烈們的暴動精神下，誕生於一七七六年的。

這種反叛的質地，正是菲力普治療時的轉捩點。他咆哮道，「如果妮可想要繼續她現在這樣子，到處跟人家上床，那她就去死吧，我要跟別人過我的生活」，邁出這關鍵的一步，他伸張了自己的自由，掙脫了與她的神經症束縛。

即便是以創造性來說，「反叛」亦呈現了不同的意義，誠如畢卡索很喜歡說的，每一個創作行動，之前都伴有破壞行動。在此，科學上的創造與藝術家的創作並無二致，締造新猷的基本特性，便是它超越了先前的經驗、並包含了對它的反叛。對於內在的價值而言，尤其對藝術家來說，更經常呈現了這種以暴動來保留個人自由的能力。亨利・米勒(Henry Miller)說得很妙：

當我反思藝術家隱然為自己設定的天職，不外就是顛覆既存價值、為他自己特有的渾沌理出個頭緒，散播衝突和動亂，以便透過情緒的釋放，讓那些死氣沉沉的人恢復生氣，因此，我才會樂於奔向那些偉大和不完美的人，他們的迷惑滋養著我，對我來說，他們支支吾吾的言論就像聖樂般動聽。

藝術家在發揮顛覆既有價值的功能時，同時也在建構新的價值，他散播騷動，讓情緒如死水般的人變得生氣蓬勃，這種行徑，多麼值得讚佩！無怪乎喬哀思(Joyce)宣稱，藝術家創造了民族亙古不變的良心。

在心理成長的點點滴滴過程中，反叛可以在我們經受的重生經驗中獲得確認。當然，最明顯的「正常」反叛，可以在青少年身上看到，他們反抗父母，代表他們正要創造自己的新世界、自由世界。對心理治療來說，當某個年輕人還沒有發展出足夠的勇氣來伸張自己的獨立自主、開始爲自己的生活負責時，治療師的功能經常是支持青少年反叛其父母。

法蘭茲・法農(Frantz Fanon)寫了兩本鼓動人心的書，論證非洲黑人一定要經歷反叛，才可能掙得(earn)自由。④這些黑人若要打造出伸張「我能夠」、「我想要」的能力，反叛就是他們需要的鐵砧。儘管過去的主人宣佈了獨立法令、然後離開，但自我主宰的自由，不能單單從此獲得。（卡山札基說：「**自由不是一塊蛋糕，會掉到嘴巴裡，可以讓你一口吞下去，而是一座要塞，要用武力猛攻下來**。從外人之手取得自由，並不能改變其奴隸心態。」⑤）

法農是一位在法國接受精神醫學訓練的非洲人，他認爲非洲人必須經歷這個階段，讓他們全都投入某種理想，這比他們的生命本身重要多了。法農說「掙得」(earn)的時候，他的意思是發展出尊嚴、相互依存感，以及在築壕防衛時所體驗到的共同神話，所有的這些心理經驗都在形構出一個結構，依據這個結構，一個由自由個體所組成的自由國族才有了立基。這個反叛最重大的意義在於內在層面，**改變獲得自由以後的人民性格，這個過程，是要把人性尊嚴鑲進每個新的自由人的內裡**。

現在，這個社群所有成員的團結士氣和集體意識，被導向整個社群的自由，對於曾經受到奴隸的人民，要重新組成一個有自覺的國族，此乃必要的凝聚力量。某些女性主義者認爲，在其運動過程中，保持刺耳的音量乃絕對必要之事，而解放運動不可能逃避對立的態勢，因爲，它必須向對立的的力量宣戰，這種鬥爭，或許是婦女掙得其自身自由與平等的方法。在易卜生的劇本《玩偶之家》(*The Doll's House*)裡面，當諾拉最後走出了她的家庭和婚姻，我們不禁深深爲之動容、釋懷。因爲，她終於能夠反叛那段毀滅性、毫無意義的糾纏關係。

如果我有反叛的可能，那同時又意味著我不一定要反叛，我反而可以選擇合作，這時，我的合作就有了眞實和眞誠感。如果我是被迫要合作，亦即我沒有反叛的可能，就完全不是那麼一回事了，一個奴隸的合作，一點都算不上什麼合作，而是奴隸的活計。我也可以採取非暴力的反叛。不論我們對甘地的非暴力有何看法，其作法的確不失爲一種反叛形式。馬丁・路德・金恩在一九五八年寫道：

> 面對不義，我們將採取直接行動，而不會等待其他代理者的行動。我們不會遵守不公平的法律，屈從不公平的制度。我們的行動會保持和平、公開、愉悅，因為，我們的目標是勸服。我們採取非暴力手段，因為，我們的目標是一個和平自處的社群。

金恩知道，這樣做要付出很高的代價，但是，這樣做也會讓黑人得到尊嚴、重生、自重的感受，他的人民將藉此掙得自由。他稍後又說：

> 非暴力手段之路，乃是受苦與犧牲的意願。它可能會讓人入獄坐牢。如果真得坐牢，反抗者必得願意被塞滿在南方的牢房裡。它也可能意味著肉體上的死亡。**但是，如果肉體的死亡，是一個人要解放他的小孩和他的白人同胞、讓他們的精神免於永遠受到禁錮必得付出的代價，那麼，死亡便是最高的救贖。**⑥

在一個人堅持抵抗時，究竟什麼是內在的尊嚴、重生的經驗呢？讓我們看看兩個例子。

派特・柯錫克(Pat Cusick)說，當一個人第一次被逮捕的時候，他的內在便發生了一些狀況。他超越了一道界線。這是一種情緒的經驗，讓他百感交集、五味雜陳，過了一段時日，當這種情緒的衝擊漸漸退去，他便**只有自己已成爲公民的新感受**。至少，派特感受到這一點，並懷疑是否別人也會這種感受。那時，他們都觸犯了某個法條，而堅決主張自己遵守的是一條更高的律法。就表面上來看，他們觸犯了某一條社會的、城市的律法；但與此同時，他們也跨越了一道柵欄。現在，他們都有了官方的前科紀錄，記載著他們從來不曾如此自由，遵從著自己良心的命令。⑦

詹姆士・法默寫道，那些黑人拒絕再成為騎馬警官的犧牲品，已經變成了一個人的社群，雖然有嚴苛的條件限制，卻能夠採取自由、甚至是英雄式的行動，他們在各個投票所的後續行動，並成功鼓動各個學校的聯合抵制行動，已明白告訴我們，這種自由雖屬於個人，卻必然促成社會行動，而這種自由一旦被贏得，就不會再輕易被讓渡。

法默再次以其經驗，現身說法：

如果我們不鼓舞窮困的不同社群加入直接行動的警戒線、聯合抵制、罷繳稅款，那麼，世界上所有的錢和愛心照顧都不可能用在他們身上，使他們的生活過得有尊嚴。……我們的人民必須感受到，**他們正在塑造他們自己的生活**，他們已經迫使有權勢者不得不在政治上有所改變。你不可能操縱自由，**一個被釋放的人，還不算是自由**。⑧

因此，人民的自由權利眞是自己掙來的。他們體驗到自己脫胎換骨，塑造著自己，也體驗到一個獨立人類的尊嚴。法默繼續刻劃這個內在的改變，如同宗教儀式的經歷。

我們可以這樣想，示威遊行好比一個啟蒙儀式，透過這樣一個儀式，黑人被召集起來，形成自由的神聖秩序。也因為這個儀式，整個國族必須忍受種族仇恨的驅魔過程。如果這些儀式會引發不快、冒犯文化高尚品味的典律、擾亂了生活優渥者的清夢，我想，這些解放後層出不窮的痙攣現象，是可以寬恕的……當一個國族在解消歷史錯誤時，亂象叢生和……種種不快只是必須付出的小小代價。⑨

自由是一種需要勤訓精練的藝術，我們有太多人不善此道、缺乏經驗。⑩自由不是目的，它只個開端，一個過程。現在，我們回首來時路，更能感受到十年以來的長足進步。……這印證了自由從不是靜態的、也不是一蹴可幾、一勞永逸的，因為，本質的自由是一種內在狀態，必須在每一個行為當中不斷被重新確認。⑪

在此，我們需要強調，貫串本書的重點是，命運總是呈現爲限制因素，它讓人得奮力去掙得自由，要比他乍見自由之初克服更多的困難。這當然也適用於婦女運動，其成員腳跟都還沒站穩，又要去面對接踵而來的衝擊。

法默極爲正確地指出，**本質的自由是一種內在狀態，必須在每一個行爲當中不斷被重新確認**。他寫道，這種奮鬥遠比我們所乍見之時來得複雜，但這種「複雜度造成了多采多姿，或許這也是自由。」只有在一個人能夠用自己的肌肉、用自己的心、自己的冒險、自己的「躍進」感受時，他們才算得到存在的自由，他們也才算得到眞實自由經驗所必要的尊嚴感。這樣，他們才會發展出他們的集體神話，就像我們在一七七六年發展出來我們的神話一般。用前黑奴弗烈德利克・道格拉斯(Frederick Douglass)的話來說：

> 那些自稱熱愛自由，卻反對社會動盪的人，乃是只願坐享其成的人。他們只希望普降甘霖，卻不願見到打雷閃電。他們希望有廣闊的海洋，卻不願見到巨浪洶湧。鬥爭可能發生在精神層面，也可能發生在物理層面，也可能同時發生在精神和物理層面，但無論如何鬥爭都必須存在。**沒有要求，權力就不會有任何讓步，它過去沒有讓步過，未來也不會主動讓步。**⑫

自由即參與

自由是一種物種現象，換言之，所有的人類都對它有某種程度的經驗。但是，自由也是文化創造的產物，因此，世界上有各式各樣對自由的不同界定與說法。近年來，最重要的區分，就是東西方對自由的不同看法。

我們在西方世界所經驗的自由，乃是個人的自我表現。另一方面，東方的自由則是一種參與的經驗。東方世界裡，一個人的生活跟社群脈絡密不可分，一個人的自由來自對群體的參與。⑬

雪莉・麥克蓮恩(Shirley MacLaine)跟一小團美國人參訪中國的節目在電視上播出時，其中有一段對藝術的精彩交流。節目中有一位毛派的嚮導，這位仁兄顯然十分友善，希望盡其所能地回答所有問題，麥克蓮恩問他，如果某位公民想透過詩或畫，來表達其個人的內在觀點時，會發生什麼情況？這位嚮導立刻答道，他們會把他放到一個團體裡面再教育，讓他在路線上更能與毛主席的思想一致。麥克蓮恩趕緊回應，說她的意思不是說這位假設的人物犯了什麼錯誤，而只是他有某種自己的觀點。最後，這位略顯困窘的嚮導的回答，仍不出他前面所說的思路。我覺得這其中最吸引人之處，在於這位嚮導顯然很困惑，並沒有眞正能了解這個問題的意義。

在東方社會裡，自由是藉由傳統來媒介，自由是一個集體現象，個人參與在集體之中。⑭跟亨利．福特聲名狼藉的宣言「歷史是一片謊言」比較起來，東方社會較尊重傳統和前輩，他們的自由是透過傳統存在，不能脫離傳統。換言之，當西方世界的大學生拋棄了傳統，擁護現代主義的同時，他們感受到的困擾也比較大。在尋求自由的同時，他們很可能失去了自由，因為，對團體和傳統的參與，也屬於自由的一部分。

今天，自由在全世界各地都是一個迫在眉睫的問題，西方更甚於東方、女人更甚於男人。有人會認為，我們對個體自由的觀點，根本不適用於印度，這樣說其實是離題甚遠。東方人雖然有不同類型的自由，這個事實並不意味著他們根本沒有自由的問題。人類學者桃樂絲．李指出，雖然**自由**和**自由意志**這些詞彙只有在西方文化裡才被廣泛使用，但其他文化卻以不同方式追求著同樣的東西。他們可能以珍視個人的自主活動、強調人格價值、護衛每個人獨一無二的特質來表達他們的自由觀，或者在他們的文化裡推動不同模式的行事方式，其結果卻跟我們西方所強調的自由有異曲同工之妙。

東方社會傾向於引發更溫暖、更共通的情感。在努力尋找為何日本工廠能夠高效率地生產汽車時，最後的答案告訴我們，因為日本的員工更能享受某種社群的一體感。一旦這位員工在某個工廠開始投入工作，他就得到了終生職的保障。如果這項產品停產了，他就會被安排到另一個位置去。當經理和員工早上到達工作崗位時，他們會一起做早操，然後高聲齊唱一首歌，描述他們對工廠和優質產品的忠誠。松下(Matsushita)的一位主管說：「對西方人來說，這樣做好像很蠢，但是，每天早上八點整，全日本有八萬七千人在背誦同樣的價值規範、一起唱同樣的歌，就好像我們是一體的。」⑮

日本員工從受到重視的感覺獲得自由，員工經常被諮詢，會社的文書全時間對公司上下保持公開。在本書稍後的章節裡，我們會指出人類精神與人類自由之間的緊密關係，這一點跟巴斯卡(Pascale)和艾多士(Athos)所寫的佳作《日本管理的藝術》(*The Art of Japanese Management*)很有關係，這本書認爲松下企業乃是日本態度的表率，書中寫道：「談到企業生命時，精神這個詞彙似乎全不搭調，但是，還有哪一個詞彙這麼適合用來捕捉松下哲學底層所蘊含的強烈信念系統。」松下說：「利潤不應該反映公司的貪婪，而應視爲社會對公司信心的贊成票，這種信心來自公司對社會的重視。」⑯我們在前文曾提到李察・托尼對放任制度的批判，就此而言，松下強調「他的企業管理是在養成人才，而不只是剝削人力資源。」⑰

但是，當傳統——也就是社會秩序破碎時，東方國家傾向於訴諸暴力，以盡力維持住社會結構的穩固。因此，東方社會對馬克思主義的態度強調的集體性比較開放，也較能接受它對個人主義的生活觀毫不留情的攻擊。列寧曾說：「貴格派教友叨叨絮絮談什麼個人權利。」而毛澤東主義是最明顯的例子，說明了馬克思主義與東方的參與式自由概念是多麼的一拍即合。

俄國詩人葉夫圖申科(Yevtushenko)向我們闡明，這種共通的情感，跟共產主義本身沒有什麼關係，而是對社群中唇齒相依的強烈關懷。他有一首題名爲〈論自由問題〉的詩：

你跟我談自由？空洞的問題
在天空的核子傘下
不受你自己的時代影響真是可恥
比起受時代奴役要可恥一百倍

沒錯，我受到塔什干婦女的奴役
達拉斯子彈的奴役、北京口號的奴役
越南寡婦的奴役、俄國女人的奴役
她們帶著鐵軌邊的十字鎬，以及掩住雙眼的手帕

沒錯，我沒法不讀普希金和布洛克
沒法不想馬里蘭州和西麻車站
沒法不在意魔鬼與上帝
沒法不看地球的美麗與狗屁

沒錯，我受到一個渴望所奴役，拿一支濕拖把
甩到世界上所有爭吵與屠夫的頭上
沒錯，我受到一種榮譽所奴役，打擊暴徒
逮捕世界上所有的混蛋

或許這樣我就會受人愛戴
我要把生命花在
（在這個鐵幕時代不是沒有前例可循）
藉著自由的眞實鬥爭
爲不自由添上榮光⑱

但是，在葉夫圖申科此詩中一開始提到的俄國詩人布洛克，曾抨擊蘇維埃，說共產主義早在一九二一年就連根拔除了「**創造性的平靜**……它不是開明運作的自由，而是創造的意志——私密的自由。詩人瀕臨死亡，因爲，已沒有任何新鮮的東西可供呼吸。」⑲這種「**創造的意志**——私密的自由」聽來頗類似西方的自由概念。由這兩位詩人的看法中，顯見東西方自由進路之不同所形成的張力。

在個人自我表達的自由和參與的自由兩種自由觀之間，一直存在著張力。生活在美國的我們，十分依賴體制化允諾的多樣自我表達形式，作爲經濟與工業放任原理中的一部分，任何人只要「勇氣」十足，就可以勝過他的對手，娶到老闆的女兒。我們的座右銘是自己創造自己的路、「自己照顧自己，魔鬼照顧最後一個」、以及自我心理學。這種自由觀甚至出現在獨立宣言的字裡行間：「我們認爲……所有的人生而平等，他們被造物者賦予了某種不可讓渡的權利。」

特別是在美國，這片個人主義的**樂土**，讓我們低估了社群的意義。東方可以提供我們借鏡，而這也正是佛學、禪學、道家思想登陸西方帶來的修正效果。雖然，這可能可以讓我們跳出自己的小圈圈，進入別人的世界，但這並不代表拋棄我們自己的傳統。

我們需要從我們自己的本性流露當中，發展我們西方人自己的社群形態。彼得・史帝爾曼(Peter Stillman)在一篇文章題名爲〈自由即參與〉的文章中認爲，黑格爾和漢娜・鄂蘭(Hannah Arendt)都相信，「爲了獲得自由，個人必須主動、持續而直接參與」在公共領域當中。⑳他又說：

> 對黑格爾和鄂蘭來說，只有把革命目標放在視自由為參與、同時看到已結構好的參與機制的價值，革命才可能成功獲取權力、保留值得留存的理想、並成功改造政體。㉑

我們西方的自我實現傳統，乃是我們偉大的觀念之一。它已經帶來了許多重大的創造果實——當然不只是西方科學而已，只不過儘管有衆多批評，西方科學依然是其中最具戲劇性的成果。東方的風景畫裡面，人通常很小，而且完全不起眼。但一個人只消多看幾眼希臘雕像或文藝復興繪畫，就會明白個別的人在其中有多麼重大的意義。我們西方的自由理想，誕生於希臘—希伯來的源頭活水，爲個人的價値、尊嚴提供了嶄新的觀點。這些頗具發展性的概念，不應被忽略，譬如：希伯來傳統認爲，在上帝作用於人類歷史的過程中，人類跟上帝攜手合作；而希臘傳統對個人智慧的愛好、並尊崇置生死於度外的勇氣。東方文化中的有識之士，不乏對這些西方精神的貢獻抱有孺慕之情，他們的這份孺慕之情也間接證明了這一點。

註釋

①凱薩琳・弗莉曼(Kathleen Freeman)，《先蘇格拉底時期哲學家補遺》(*Ancilla to the Pre-Socratic Philosophers*)，Cambridge, Mass.: Harvard University Press，1948，頁29。赫拉克利圖還說：「對立之中有和諧，從差異的事物之間產生最美麗的和諧。」頁25。

②英國最敏銳、老練的精神分析師之一韋尼可(D. W. Winnicott)頗具洞見地寫道，他希望把「注意的焦點放在弔

詭……我努力於要求某個弔詭能夠被接受、被容忍、被尊重，並要求它不必一定要被解決。如果很快跳到理智分裂作用的層面，很可能會解決這個弔詭，但這樣一來，我們反而失去了弔詭本身的價值」（《遊戲與眞實》(*Playing and Reality*, Harmondsworth: elican, 1974.)斜體字爲韋尼可所加。）他又說：「我想在此提醒一下，過渡客體與過渡現象(transitional objects and phenomena)這個概念的根本特質……就是弔詭，以及對此弔詭的接受。」（同上揭書，頁104）

③就像心理學家史基納(B. F. Skinner)，他沒辦法承認人類有任何深沈的反叛特質，他抨擊杜斯妥也夫斯基是個「精神官能症」作家。杜斯妥也夫斯基在《地下室手記》(*Notes from the Underground*)一書中，極盡能事地描述了人類命運中揮之不去的這種冥頑不靈、自以爲是：「出於純然的背恩忘義，人類會跟你玩下流的把戲，只爲證明人還是人，不是鋼琴鍵……即使你可以證明人只是一只琴鍵，他也會搞一些名堂，純粹出於倔強，他會弄得狗屁倒灶、人仰馬翻，只爲了突顯他的論點……如果這些把戲可以依序分析，並透過預測來防止它的發生，那麼，人類會抵死不從，發了瘋似的要證明他的想法。」

史基納引用上面這一段話之後，接著說：「這是個可以理解的精神官能症反應……或許很少人表現出來，但許多人之所以耽讀杜斯妥也夫斯基，是因爲他們有精神官能症的傾向。然而，說這樣的冥頑不靈，基本上起於人類官能想完全掌控制約條件的反應，這根本就是異想天開。」

史基納的工作主要對象是老鼠和鴿子，或許，對老鼠和鴿子而言，上述說法或許是「異想天開」。就我一輩子跟人一起工作，擔任心理治療師的經驗來說，人類非要藉由上述的叛逆、冥頑不靈、自以爲是一下子證明他「還是個人」，其實是再眞實不過的說法。這不僅跟精神官能症沒有關聯，它還是人類心理健康的重要判準，也是人類尊嚴的根本源頭。

④法蘭茲・法農(Frantz Fanon)，《塵世受苦者》(*The Wretched of the Earth*)，New York: Grove，1965。及《黑皮膚，白面具》(*Black Skin, White Masks*)，New York: Grove，1967。

⑤尼可・卡山札基(Nikos Kazantzakis)，《不自由毋寧死》(*Freedom or Death*)，New York: Simon and Schuster，頁 278。

⑥約翰・艾爾(John Ehle)，《自由之子》(*The Free Man*)，New York: Harper & Row，1965，頁 81-82。

⑦同上揭書，頁 86。

⑧詹姆士・法默(James Farmer)，《自由幾時有?-》(*Freedom—When?*)，New York: Random House，1965，頁 35。

⑨同上揭書，頁 36。

⑩同上揭書，頁 170。

⑪同上揭書，頁 197。

⑫同上揭書，頁 73。

⑬自由即是參與，這個觀點是由李察・佛克(Richard Falk)提示我的，他談了他長期以來在特別是近東地區廣泛參訪接觸的個人經驗。在討論近東地區清眞寺的典型宗教生活，譬如，團體圍成圓圈而坐時，其中便有了自動的參與。每個人都可以暢所欲言，每一個參與者若看到自己適合加以澄清或加深宗教領袖的觀點時，都可以幫忙澄清。沒有人會因爲自己提出的觀點而得到什麼好處，而純粹是希望有助於團體好好進行下去。這當

中並沒有西方意義下的階級問題。

⑭馬克思主義思想中的歷史經濟決定論，也與東方對傳統的尊崇不謀而合。

⑮巴斯卡(Richard Tanner Pascale)和艾多士(Anthony G. Athos)，《日本管理的藝術》(*The Art of Japanese Management*)，New York: Simon and Schuster，1981，頁50。

⑯同上揭書，頁49。

⑰同上揭書，頁50。

⑱羅倫思・費林桂提(Lawrence Ferlinghetti)與安東尼・卡恩(Anthony Kahn)譯。

⑲羅洛・梅，《創造的勇氣》(*The Courage to Create*)，New York: Norton，1975，頁75。

⑳彼得・史帝爾曼(Peter Stillman)，〈自由即參與：黑格爾與鄂蘭的革命學說〉(Freedom as Participation: The Revolutionary Theories of Hegel and Arendt)，收於《美國行為科學家》(*American Behavioral Scientist*)，二十卷，第四期，一九七七年三至四月號，頁482。

㉑同上揭書，頁489。

5 論人的命運
On Human Destiny

自由人不以自我意志武斷行事……他相信命運(destiny)，相信命運需要他來確立……他那微弱且不自由的意志，受制於事物和本能，必須奉獻給他的大意志，這大意志不受命定之人定義。

——馬丁・布伯(Martin Buber)

如同自由與命運，武斷的自我意志與宿命(fate)同在。但是自由與命運莊嚴地彼此相屬，在意義上環環相扣。

——馬丁・布伯

做個比喻，自由，在本質上是接納了量身定做的鎖鍊，也接納了命運的鞍轡，在其上有著自己選擇並衡量過後引來的結果，並非由外界強加在自己身上。自由不會也不能欠缺節制、責任、義務與規則。

——馬凌諾斯基

自由與決定論(determinism)的關係爲何？這兩者在我們日復一日的生活中運行著，如果我們拒絕了自由或是決定論，就削減了生命的種種可能。舉例而言，沒有確定及可預測的日程，我們的生活就會迷失在一片混亂之中；但是沒有自由與伴隨而來的豐盈，沒有想像的詩意與翱翔，我們就會被冷漠所吞噬。

在所有的閱讀中，我思索著以上的問題；但是情況就如同波斯詩人奧瑪・開陽(Omar Khayyám)所形容的：「長久以來，我從同一個門出入。」

一天早晨，爲了進行研究工作，我起得很早。當我走出家門去拿被丟在前院人行道上的早報，到第十五步時，在一種放鬆，要進入工作前的情緒裡，一個句子在我腦中響起，淸晰得如同有人在我耳邊大聲宣告：**自由與決定論彼此相生。在自由中每前進一步，就誕生一種新的決定論，而在決定論中的每次前進也誕生了新的自由。**自由是在決定論的大循環中的小循環，而決定論的大循環又被更大的自由循環所包圍，如此相生相伴，永無止境。

很快地，與此假設相關的陳述湧進了我的腦中。舉例來說，有弗洛依德的潛意識理論，在這個心智決定論中，他陳述了我們的需求是受潛意識中的童年經驗所決定；而所謂的理性價值事實上是非理性的，只是我們潛意識衝動的代償物而已。弗洛依德看來是把我們的自由排除在外了。

但是我們很快可以看到弗洛依德決定論的眞正影響，是在增進人類心智的活力與深度。以現代的詞彙來說，他闡明了命運的一個面向，因爲心智不僅包括了意識與理性，也包括了下意識、前意識與潛意識，榮格(Carl G. Jung)還加上了集體潛意識。仔細注意，弗洛依德理論中的決定論，確實給出了自由在自我發展中能達到的最大可能，自由能引導我們的心智到多遠的地方，以及自由能讓我們享受智性探索的狂喜到什麼地步。

另外一個例子是達爾文的進化論。《物種源始》(*Origin of Species*)遭到強烈的抵抗與咆哮，達爾文難道試圖讓他的決定論把我們歸於猿猴一類？但在憤怒平息下來後，我們開始去思考達爾文的理論，《物種源始》給予我們智識上的自由，讓我們了解自己的過去以及我們會有的可能，特別是在二十世紀如何控制及引導我們自身的演化。

在數秒內，這些例子閃過我的腦際。在一陣思潮過後，我拾起報紙，然後開始走回屋子。然而在數秒鐘內我的腳步躊躇，清楚地意識到有些詩句的片段流過我的腦中：

……朋友們如水流過
在明天早晨他將離我遠去……

我不知道這突然而讓人驚喜的詩句從哪裡冒出來，在此同時我一點也不知道它到底意味著什麼。

但是我清楚地意識自己立刻充滿焦慮。驚懼的心完完全全充斥著某種思想，而迴異於幾分鐘前的愉悅。我開始認出了古老的影子，敵對的朋友，他總是在此際投給我那冷睨的眼神。我腦中的詩句要表達的是不速之客所投下的焦慮，他的聲音如此刺耳讓我不得不聽到。他正在說：「擺脫它吧！忘了這些你剛剛所得的新思想，這些你歡歡喜喜想到的東西自古以來就有了，人們幾世紀來早已得知。忘掉它們，進去享用你的早餐吧。」

此際依舊焦慮但卻是欣喜的，我衝進屋子裡，但卻不是享用早餐，而是在這些思想迷失在焦慮所造成的一團混亂之前，潦草地將它們寫下。

稍後我想出了當時的詩句來自哪裡，它是艾倫・坡(Allen Poe)那首〈渡鴉〉其中一段的最後兩行。每一個學生都知道（雖然我們後來全忘了），這首詩的場景是在半夜艾倫・坡的房間裡。在孤獨與疏離的逼迫下，也許還有藥力的作用，艾倫・坡與一隻飛進房間並停棲在窗楣上的烏鴉，展開了一場對話。他慢慢地感受到了對這隻奇異鳥類的感情，並恐懼牠會棄他而去——「天明時牠將離我遠去……」。但是這隻烏鴉卻回答：「永不再」。

作為一個心理分析家，我不能不去思索這句「永不再」的重要性。這句話難道是意味著我們「永不再」能逃脫人類命運的弔詭？是否當我們獲得了足夠的自由，開拓了新的視野，就注定受到焦慮如影隨形般的襲擊？我們也許能藉著冷漠與教條阻隔新思想，緊緊抓住不會讓任何人失望的想法。但是不論我們選擇了哪種否認的形式，這個「永不再」說明了我們不能完全脫離人類命運的弔詭：在每一個新思想所預設的自由之中，總有同等的焦慮侵襲我們。**這是賜予人類的詛咒與祝福——我們是自由的，但同時也是受命定的**。命運，這隻黑色之鳥正說著某些有幫助的事情：就如同艾倫・坡所經驗到的，他的出現就顯示了，他永不離棄我們。

從決定論到命運

自由與決定論是相互生成，這樣的假設是眞實且有用的。但是我開始意識到其中的嚴重難關，就是**決定論**這個詞彙的性質。在極端的例子中，決定論難道不會限制了我們必須處理的現實世界？這個詞是否忽略了由我們「敵對的朋友」所傳遞的豐盈、希望、恐懼與人性的焦慮？

決定論借自物理學，特別用來描述撞球形態的物理運動：當一顆球撞到另一顆，就決定了可預測的方向與行動。在一定程度上，人們對自己物理性與神經性的反應是無感無覺的，**決定論**也適用於這個範圍。更進一步來說，也適用於描述帕夫洛夫的狗以及史基納(B. F. Skinner)的鴿子所表現出的制約反應。但是當我們將人類意識放入這個描述之中時，就感受到非要找出一個更廣泛更深刻詞彙的壓力，這個詞彙要能適切表達人類經驗中形形色色的差異。

決定論因其自身的有限，也逼迫著我們進入有限的自由。自由的觀念之所以變得這麼混亂，理由之一是我們要是牽強附會地將自由與決定論等量齊觀，要彼此相互吻合，導致自由的唯一種類只能是選擇，並做出行動。這在心理學課堂上被稱爲「判斷—選擇」(decision-choice)，它可以被簡化爲幾個個別的選項。但是，畢竟沒有所謂的終極自由，像是貝多漢在集中營裡所稱的自由，或者是我在本書中所說的本質自由或存在自由。

決定論這個詞的不足之處就在於，它沒有爲神秘經驗留下空間；它沒有任何一個觀點可以處理「神秘」這個人類經驗。我們每個人的誕生就是一個謎，特別是對我這個半夜十一點生在俄亥俄州一個小村落的人；我們有時會愛上一個獨特的人是一個謎；我們最終會以出人預料的方式死在一個莫名的地方，也是一個謎。「**神秘的意義誕生在眞實與科學的搖籃裡**」，愛因斯坦(Albert Einstein)如是說。

探討神秘不意味著否認凡事皆有因果。但是很快地我們就會發現，找出神秘事件的決定性因素無濟於事，因爲神秘經驗是由彼此相關的各元素交織而成的圖像，並不是單單只找出這些元素是什麼就行得通的。在某個處境中自由混雜了許多因素，而一個人在這處境**作何**反應，這就是弗洛依德所稱的「多元決定」(overdetermined)，在同一時刻被多種因素所決定的狀態。戀愛，也許同時被一個人的慾力、文化、早期經驗、個人生涯規劃所決定，也可能受當中的某幾項一起影響。一個模式(pattern)意味著不同的事件或者因素以某種特定形式結合起來，像是雪花以結晶狀組成。畢達哥拉斯(Pythagoras)曾說，這個形式不能被割裂成好幾個部分來分析，因爲它是由各部分**彼此的相互關係**所組成的。我們需要新的詞彙來對這種人類現象作適切的描述，這個詞彙必須足以表達此現象的豐盈、複雜與神秘。

我將**決定論**保留給像是撞球這類沒有生命的東西，而對於活生生的人，我們使用**命運**(destiny)這個詞來表示。田立克這樣描寫人類自由：「**有限的自由，它所有的潛在可能性……都被它的另一極，命運所限制**」。①

決定論是命運的一部分；我們必死，會受制約，輕易地就像機器人一般行動，這些難道不是吾人命運的一部分嗎？我們反省生命，焦躁不安地與死亡相伴，並意識到永遠無法得知死於何時何地，這些不都得歸因於命運？

從決定論到命運的轉換，個體對所遇到的種種產生了自我意識，自我意識的出現開闢了人類回應命運的場景。卡繆在《薛西弗斯的神話》中這樣描寫了意識與命運間的關係：

> 此際是意識的時刻，能讓人透一口氣的時刻，就像他所身受的苦難一樣會去而復回……人比他的宿命更高強。他比宿命巨岩更壯大……如果人有自己的宿命，就沒有能高過它的命運……薛西弗斯的真理是更高的真實，否認衆神，並

舉起了巨岩……這岩石的每一個原子、這黑暗山頭的每一抹岩片，自成一個薛西弗斯的世界。高處的掙扎充塞著人的胸臆，我們必能想像薛西弗斯有多快樂。②

何謂命運？

拿菲力普做例子，看一個人如何與自己的命運照面。他一直在尋覓是誰該爲他降生在這個不幸的人間負責，他的生命由一個令人困擾的母親和一個精神分裂的姊姊組成，這是他毫無選擇餘地的命運。到目前爲止，他一直試圖掩飾、補償並有意地否認這個原生的背景——他用盡一切方法以避免直接面對自己的童年。但是這些努力只帶來了憤怒，一種他無法了解的渴求，像唐吉訶德般徒勞地攻擊風車。

只要否認過去一天，他就一天被母親所束縛，他的憤怒只會加強這束縛。他也會加倍攻擊受苦於妮可的外遇；永遠地被同樣的問題所困：「爲什麼這個帶給我平安並撫慰過去傷痛的女人，會一直不斷地將我的心撕裂成兩半？」但是當他開始將命運視爲不可改變的事件，無論多麼痛苦也都必須接納，他體驗了奴隸到自由人的解放。

能有多少自由，端看我們能夠面對命運到什麼程度，以及能與它建立什麼樣的關

係。

不幸的是，**命運**這個詞被好萊塢電影濫用和誤用，現在它只能影射無可逃避的災難、陰暗的厄運和不可挽回的破壞——所有這些給電影增添一抹情色氣氛，就像是僞裝成公牛的宙斯一出現，就代表我們潛意識裡的性衝動一樣。

誠然，命運的定義包含了「不可挽回的宿命」，但是還包含了更多。這個字的動詞形式意味著「注定、奉獻以及犧牲」。命運與**終局**(destination)這個詞同源，表示朝向某個目的前進。我們在這當中辨認出兩種不同的意義：一個是方向，另一個是要達成目標的計畫。這就是人類的生存處境；然而這卻是撞球運動無論如何都無法比擬的。

我將**命運**定義爲人類的極限與能力的模式，這模式將生命中「命定」的種種組構起來。因此它大到可以論及生死，小至可以用在石油短缺的解釋上。我們將會看到，與這些極限相遇時，人類的創造力從交界處爆發出來。**命運是不可能被抹消的；但是我們可以選擇如何回應，如何活出自己的能力**。**命運**用以形容**優先於**社會與道德判斷的人類狀態，是原型化與本體性的詞彙，指涉人類在每一個時刻的原初經驗。**它是藉著每一個人的造化所呈現出的自然造化**。

命運與我們在不同的層面上相互照面；在**宇宙**之道上，就像是生與死。我們也許可以延後死亡，像是經由戒煙；或者可以讓他提早到來，像是自殺；但是時時刻刻，死亡總在那裡等著。狄倫·湯馬斯(Dylan Thomas)悲嘆父親死亡的詩篇是如此熱切而動人，但是還是不能抹消他父親已死的事實。

宇宙之道的層面還有地震與火山，保險業傳神地形容爲「上帝意旨」。我們可以選擇逃離地震或者火山的鄰近地區，或者也可以把握機會留在爆發的地區。但是我們都不能逃避這個事實，這樣的天地震動完全無視於人類的存在。但在承認了命運的破壞性時，我們也看到了命運的積極面，像是「萬徑人蹤滅」的喜悅以及「獨釣寒江雪」的自得一般。

第二種「命定」之事是**遺傳**。我們的宿命表達在身體特徵上，像是眼睛與皮膚的顏色，無論是男是女，偶然間我們生來都有所屬的種族。弗洛依德說，「解剖構造就是宿命」。一個人的天份——像是對音樂、藝術或是數學的能力——都在這個層面上，總有人有著無可否認的天份，感受到被這恩賜所占有，即使有人會帶著否定的態度說這些人瘋了。

宿命還有著**文化**的層面。借用海德格(Martin Heidegger)的術語，我們一出生就被「拋擲」(thrown)到沒有選擇餘地的家庭、文化之中，對這些我們一無所知；同時也被拋擲到我們無言以對的特定歷史之中。我們也許，有時是必須，對抗家庭，但是卻沒有辦法脫離我們的來處。馬凌諾斯基曾寫道，「自由最偉大的情感能量是在這個事實裡，人類生命與幸福的追尋依賴著文化所給予我們的方法，它們的本質與效用讓人能挺身對抗環境、對抗其他人以及命運自身」。③

第四個層面是**環境**的。股票市場的起落、戰爭的爆發、珍珠港被攻擊，這些事一旦發生，就無法逆轉、避免或被忽略。

命運也許可以用光譜的形式來排列。我會將哲學家們稱之爲必然，而詩人們稱爲宿命，像是地震或火山一類的事放在光譜的左邊，這些事輕易地就能改變人類，決定論也可以被放在這裡。在中間我會擺放人類心智的潛意識功能，因爲它有部分受到人類活動的決定與影響。命運的文化層面靠近右邊，雖然我們對選擇哪種社會或歷史沒有置喙的餘地，卻有充分的自由選擇如何運用它們。最右邊是天份，雖然這是受恩賜的，我們有全面的自由決定如何運用。

與命運相締結也有許多種方式，**其中一種是與之合作**。羅馬的斯多噶學派(the Roman Stoic)的哲學家，馬卡斯・奧里歐斯(Marcus Aurelius)的哲學最是符合這樣的相互合作：「**每個人所被賦予的命運是爲他量身定做的，並使他成爲自己**。」④另外一種方式是**意識並認知**到這樣的命運，大多數人就是這樣接受了自己的外表、身體，以及面對生死大事。第三種方式積極得多，介入自己的命運。第四種則是徹底質疑並挑戰命運，就像菲力普與去世母親的對話所揭示的。第五種也是最激烈的一種，與命運**正面衝突並反叛**，狄倫・湯馬斯的詩歌「憤怒，反抗光芒消逝的憤怒」即爲一例。這些方式並非彼此互斥，我們會在不同的時刻運用它們。

作爲一種命運，天份所扮演的角色顯現在貝多芬所寫的一封信之中，當時他二十八歲，漸漸地聾了，其他人「聽到了牧者的歌聲，而我一無所聞」：

噫，如果能擺脫這苦痛，我會擁抱全世界！我的青春方才開始，難道會從此疾病纏身？……從苦痛中許諾我些自由，然後——以一個完全、成熟的人，我將回到你身邊，並更新我們往日的情誼。你必得看見我在這深處如此快樂——絕沒有任何不快樂。不！我不能容忍一絲不快樂。我將掐住宿命的咽喉；他絕不會打倒我。喔，生命多麼美好——值得活上一千次！我絕不是為寂靜的生命而誕生。⑤

我們當然可以浪費生命在僞造或逃離自己的命運。史考特・費茲傑羅(F. Scott Fitzgerald)的《大亨小傳》(*The Great Gatsby*)就是一位僞造自己過去的青年的故事。傑・蓋茲比(Jay Gatsby)改變自己的名字，拋棄父母，練得一口英國腔，在世界大戰後花費了好幾年的時間試圖贏得黛西(Daisy)，那個當他在接受軍事訓練時所愛上的富家女。費茲傑羅這樣描述：

事實是，長島(Long Island)的蓋茲比是從他自己柏拉圖式的想像中冒出來的……他創生了蓋茲比就如一個十七歲男孩所想像的那樣；直到最後，他依舊忠於這樣的想像。

在戲劇化的結局中，華麗舞會的音樂沈寂下來，蓋茲比一個人被留在一度繁華的大廳，人去樓空，黛西回到自己富有的丈夫身邊。蓋茲比冰冷的屍體漂浮在游泳池的水面。費茲傑羅這樣結束了這個悲劇：

> 蓋茲比長途跋涉才到了這個青綠的草地，他的夢近得讓他無法捕捉。他不知道這夢就在他的身後，在越過這個陰暗城市的某處，在暗夜裡，那幽黯國度滔滔流動。
>
> 蓋茲比相信希望的光芒，歡愉的未來，這些在我們面前年復一年地遠去。她在前頭跑著，不論我們日復一日地追逐，伸長手要抓住她……一個美好的早晨——
>
> 因此，我們搖動雙槳抗拒生生長流，這流水年華日夜不息地逝去。

費茲傑羅洞察到**人類重蹈覆轍的衝動：「日復一日地追逐」**。**這難道不是我們所共有的傲慢？**「無論是男是女／是勇敢是懦弱，沒有人能逃躲命運」，⑥荷馬(Homer)在數世紀前就已經點出這個眞理。人類搖動雙槳，「抵抗生生長流」，當我們無時無刻隨著「流水年華日夜不息地逝去」。費茲傑羅觀察到每一個人在某種程度上都在僞造、否認、逃躲自己的命運——人類總是犯這樣的錯，費茲傑羅自己也不例外。一個具有想像力的作家時常逃不過命運的難關，盛名之累讓他酗酒而早逝，他所說的他再了解不過了。

從一個人的內在觀察命運，奧鐵加・伊加賽(Ortega y Gasset)稱命運爲每一個人的「生命藍圖」(vital design)。命運被視爲終點，重要的指引，或者是我們內在感應到要奮鬥的方向。「我們的意志可以選擇了解或不去了解自己決定性的生命藍圖，但是我們不可能……改變，縮減或是替換它」。我們所生活的環境，所面對的外在世界，以及自己本身的性格都讓這樣的嘗試提早到來，並變得更艱難。奧鐵加繼續這樣說：「**生命意味著每一個人必須了解自己存在的藍圖……生命的意義除了接納無可改變的環境，並將之轉變爲自己的創造之外，別無其他。**」⑦

在這個意義上，命運是我們必須花費時間去尋找、摸索的生活方式，嘗試某個工作，去愛某個人，或者跌跌撞撞地踏進某個心理醫生的辦公室，這些嘗試有時會成功，有時會失敗。在美國，我們傾向於相信只要願意，自己可以隨時隨地改變事物，沒有任何特質或是存在是不變的，或受命定的（在洛杉磯，連不可逃避的死亡也被否認），現在藉由心理醫生與教會的幫助，我們可以在度過一個周末後便更新我們的生命和人格；這所有的一切不僅是對生命的誤解，也褻瀆了生命的奧秘。

精神分析工作者提供許多方法讓人們發現自己的生命藍圖。印度教的導師——以及其他能通靈的人們——在我們這個時代還受到讚揚，因爲他們被認爲能指導我們發現生命藍圖。

在一定程度上，我們能活出自己的生命，經歷榮耀與成就，成爲我們必須成爲的人。這是一種眞實的經驗，與宇宙相締結的存在感，無可置疑的純粹自由。威廉‧詹姆斯(William James)早已明白了我們現在所說的：

> 環繞我們的大宇宙留給我們許多難題，它以各種方式測試我們。我們所遇的某些測驗只要行動就能解決，而有些有標準答案。但是最深刻的問題往往沒有解答，我們卻仍必須在回答時硬著頭皮，繃緊心弦地說：是的，我將會得到！⑧

然而，當生命藍圖隱而不顯時，敏感的人們往往會表現得道貌岸然——雖然他們的感覺並不眞實，也不純粹。奧鐵加是這樣形容的：「生命的藍圖並不是身處其中的人所能想出來，並加以選擇的計畫。這藍圖超越了人類的智性，是意志所不能選擇的。**生命在本質上是一齣戲劇，與事物或自己本身的性格作掙扎，竭力地在自己生命的眞實存有中向前邁進。**」⑨

否認命運的壓力⑩來自於我們的不安全感，被放逐的恐懼與焦慮，以及缺乏冒險的勇氣，這股壓力逼迫著我們順從：和大家一樣是安全得多。生命的藍圖就這樣被置諸腦後。⑪

但是否認命運也來自於不同可能間的爭戰——據說歌德曾經掙扎著要當一個科學家

還是一個詩人。在古典悲劇中，奧瑞斯提斯掙扎在對母親的愛與悲憫以及對父親的仇恨間，顯現出人性裡的愛恨交織是慾望與命運間的交戰。

我們往往會把命運的負面歸類爲毀滅，我們稱之爲宿命，而正面的歸於命運。馬丁・布伯對命運有許多洞見，但是也犯了同樣的錯誤，在《我與你》(*I and Thou*)一書中，他寫著必須避免「宿命的意志」(fate-will)，而要選擇「命運的意志」(destiny-will)。⑫他區分宿命的自我意志(fated self-will)與命運的自由意志(destined free-will)間的不同，這種說法減弱了命運的力量，使之變得淡寡無味。命運**超越**善與惡的道德範圍，從一開始就是如此。「這裡沒有道德的**應該或不應該**，道德只存在於人類智性能理解的範疇裡，個人天命裡的**必須**是無限上綱的，存在於人類最根本的存有之處」。⑬

在經歷命運的力量時，我們必得同時接受消極的宿命與積極的**命運**。希特勒藉著對自身命運的運用，擴張他對德國人民的權力，他的命運和權力一樣魔魅。他對德國人民宣揚命運時，不論他最後將會陷同胞於多大的災難之中，他說的是實情。「魔鬼引聖經爲據」，這句話的意義恐怕超出我們所假定的範圍。

命運與自由形成弔詭的狀況，一個辯證的關係。他們是相互需要的兩極——就像日與夜，夏與冬，上帝與魔鬼。**我們的種種可能和契機來自命運能量的交會，在命運之源誕生了自由，就像光明來到，黎明戰勝黑夜**。命運並不能被想成純物理的撞球遊戲或是綑綁人類的鐐銬，而是：

形塑我們最終形貌的奧秘
我們依此雕刻未來。

但是莎士比亞也指出：

這錯誤，親愛的布魯特(Brutus)，不在我們的命運之星上
而在我們自己，因我們受自己所役使。

這些陳述也許聽來矛盾，但是我們不如稱其爲弔詭。自由無論如何不能沒有命運，如果沒有命運與之遭逢——沒有死亡，沒有疾病，沒有災殃，沒有任何束縛以及對抗束縛的能耐——我們的自由便不會得到擴展。

這兩者的辯證關係是，即使當他們分屬兩個極端，彼此也是密不可分，相互指涉。如果命運變動了，自由也將隨之改變，反之亦然。黑格爾曾說：**正**先現身，引發了**反**，導致了**合**。命運是「正」，引發了白由這個「反」，然後導致了兩者之「合」；兩者相生相成。我們可以說，命運出於自由，而自由也出於命運。

與命運間的掙扎砥礪著自由；當自由遭遇命運時，誕生了豐富、寬容、狂喜、想像

以及種種形塑世界與我們的能力，既是自由的也是命定的，世界與我們成為獨特的創造物。在這個意義上，命運是個人的：就如同魏吉爾(Virgil)所說的「我們每一個人為自己的命運所苦」。⑭創造與文明誕生於自由與命運間的辯證，雅斯培同意這個觀點：「自由與生命的必然（命運）不僅在現在及未來的選擇上相遇並融合，也在存有的個人化過程中相遇且融合。」**每一個此時此刻的決定都為歷史脈絡中的自我奠下了基礎**：我受限於過去的決定所造成的特質；在這些決定之中，成為我想要成為的人。⑮

更進一步說來，關於自由的陳述皆是弔詭的：「只因我們的出生，我們注定得自由，」⑯鄂蘭這樣說道，她在這裡與聖奧古斯丁的說法如出一轍。沙特的看法則是：「我們生來就被判定擁有自由」，奧鐵加也說：「人類注定將生命的必然轉變成自由。」⑰

命運與責任

我們該為命運負起責任嗎？如果大膽回答「要負一部分的責任」，就得回答另一個難題：命運既是賜予的生命藍圖，賦予我們無法退還的天份與極限，所謂的責任能有什麼意義呢？

在希臘文明的道德意識成形之時，這個難題是與命運的道德內涵合併思考的。大約在西元前一千年，荷馬從特洛伊戰爭中找出以下這個相關的事件。

希臘聯軍聚集特洛伊城下，阿加曼農(Agamemnon)這個希臘聯軍的領袖從阿奇里斯(Achilles)的營帳中劫走他的侍女，當阿奇里斯回營時發現了這件事，他怒火中燒。他不僅脾氣火爆，也是全軍最善戰的戰將。一個不祥之兆盤旋在希臘軍的上空：希臘軍的遠征是否會被這兩個男人間的憎恨不合所摧毀？

這兩個英雄相遇了，阿加曼農說：

> 罪魁禍首並不是我……是宙斯和復仇女神在黑暗中行走……是他們在我的腦中放置了瘋狂，因此那天我強橫地取走阿奇里斯的榮耀。對此我無能為力，神靈總是這樣我行我素。⑱

換句話說，命運——宙斯及復仇女神——不容我們拒絕。阿加曼農不是說了：「我被洗了腦；不是我而是我的意識做了這件事。」看起來好像是如此，但實情卻不止如此，他早已準備好了要承擔自己的責任，他繼續說道：

> 雖然我被瘋狂所蒙蔽，宙斯取走了我的理智，但是我很願意冷靜下來，並付出豐厚的補償。

雖然命運加諸這些於我，然而，我將提供補償。

平靜下來之後，阿奇里斯回答：

讓亞崔斯(Atreus)之子行所當行……因為是宙斯取走了他的理智。

希臘人在這裡所表達的是，即使神靈在內部作用，取走了人們的理智，一個人也該對此負責。人類是受命定的，但是也仍然對命運所造成的結果負有責任。雖然阿加曼農爲潛意識裡的命運所驅使，他卻是責無旁貸的。責任和自由密不可分，**自由與責任是一體的，相對於瘋狂與命運**——這兩方同時在人類辯證狀態的弔詭處境中運作著。

朱利安・傑尼斯(Julian Jaynes)以另一個故事提醒我們。赫克特(Hector)發現自己與在憤怒之火中的阿奇里斯正面衝突，此刻他不願意與阿奇里斯交手，所以他撤退了。他的撤退不是因爲怯懦；因爲他並不是被阿奇里斯的劍所嚇退的。相反地，是女神將自己如雲的盾放在他的周圍，讓他可以不失尊嚴地從戰鬥中抽身。

在暗處行走的復仇女神以及用雲盾保護赫克特的女神，都是命運的華麗類比。的確，神以及女神們都是命運的擬人化；他們爲人類的行動設下終極的界線，也同時開啓了人類的各種可能。每個徹底反抗的人都會被宙斯降下的雷殛所摧毀——在現代，我們稱這雷殛爲上帝意旨，從古代信仰中轉化過來。

責任的意義有一部分是受文化的影響，我們必須有責任感以便和諧地在社群中生活。文化能夠和緩並且改善我們的命運：透過文化，我們學會如何建造房屋遮風蔽雨。透過文化，我們換得食物而不會挨餓。但是文化並不能翻轉，也不能抹消命運。我們可以遮住雙眼不去正視自己所作所爲的後果，盲目於自己的殘酷及對這殘酷所該負的責任，就像我們在越戰中的所作所爲。但是這將招致我們的麻木不仁，最後的代價是呈現出精神性的病徵。

對荷馬而言，宿命即是在罪惡中打滾，但卻無論如何接受了個人所該承擔的責任。荷馬在史詩《奧迪賽》(*Odyssey*)中藉神之口說出：

> 啊，今日人類是如何強烈地詛咒著神！因為他們說，邪惡來自於我們。但是他們，卻是因為自身的罪過而遭受比命定更深的痛苦。⑲

透過荷馬的筆，古希臘人從這些傳說中學習——這是必須歷經千百年的文明化嘗試——自由與命運彼此相互需要的辯證關係。

阿加曼農知道他必須承擔責任，爲了他那些鬼迷心竅的所作所爲，補償阿奇里斯。希臘人後來發現，表達在諸神信仰中對命運的信念，**活化並加強了他們的自我**。最典型的希臘公民，可以在希羅多德(Herodotus)與修昔提底斯(Thucydides)的著作中得知，他們都是不可思議地自信與獨立。可以從他們的行動之中看出，相信命運會讓人消極與退縮的想法並不確實。相反地，極端的自由，就像青春期的少年所宣稱的那樣，會癱瘓一個人。因爲極度的自由就像是沒有堤岸的河；無法控制的河水四處奔流，最後消失在黃沙裡。

決定論式的說法，像是喀爾文教派的預選說，以及馬克思的歷史決定論，都有著強大的力量。人們會認爲，既然我們是預選或者是經濟地位的結果，太大的改變是不可能的。但是馬克思論者以及喀爾文教友卻積極地活動著，要去改變人們，而且往往獲致很大的成功。換句話說，對命運獨特的信念賦予他們力量。

曾有這樣的一個人，在經過無數的選擇之後，到達了自由與命運相結合的端點。馬丁・路德(Martin Luther)就是這樣的一個人，當他把九十九篇論文釘在威騰堡(Wittenberg)教堂的門上時，他說：「在此，我能做到的別無其他。」像這樣的行動，是多年來**累積無數細瑣的選擇後所爆發的關鍵抉擇，此刻正是自由與命運的合流之處**。

藉著直接面對命運，希臘人自有鬆綁命運之道。智者如尤里西斯，他知道經由獻祭，哪些神可以用來抵擋另外一些神，讓希臘人能夠憑藉一陣好風，從奧利斯(Aulis)航行到特洛伊；爲此，他們犧牲了伊芙琴尼亞(Iphigenia)，阿加曼農的女兒。這個殘酷的行動，注定了阿加曼農的命運，他被妻子謀殺，完成了自己在家族血腥歷史中的角色。

在艾斯奇里斯的戲劇中，阿加曼農從特洛伊回國時，以一個霸主的姿態遊行，**他帶**

著成列的特洛伊俘虜誇耀他的光榮。詩班的合唱急切地警告他別觸犯**驕傲之罪**，驕傲讓諸神嫉妒，並刺激他們加以報復，就像今日的箴言所說的，「驕傲是墮落之始」。但是阿加曼農終究觸犯了驕傲原罪，並招致了自己的死亡。

驕傲是拒絕接受自己的命運。人們相信他的偉大行徑能獨立達成任何事情，這就侵犯了諸神的力量，同時也否認了對同伴與社會的依賴。命運本身是我們的天份與英雄式成就的泉源，當我們忽視了這些——就觸犯了驕傲原罪，厄運就不可避免了。

對現有處境**做出行動**或施予力量，是否同時賦予了人們行動的**責任**？我選擇回答：是的。責任不僅僅只受限於過去的因素，例如人們已經**做了**的事，也受現在的自由——我能做什麼——所引導。行動的自由賦予我行動的責任，在這個意義上，自由與責任是相結合的。責任超越了道德訓示，也超越了德性生活的規則。這意味著我們必須爲不能改變的一切負責，但是負擔不完全的責任，遠比有意識地在某些虛偽的情況下裝假來得好。

人們在社群生活中彼此依賴，就必須爲很多事情負責任。很顯然地，我並不是說我們該過度敏感——有許多的理由讓我們不該如此。舉例說來，我的朋友以錯誤的方式養育他的孩子，我最好不要表現出一副我很懂而他什麼都不知道的樣子。但是我們的交情賦予我責任，讓我該去找他談一談，分享我的想法。我的建議是，我們應該敏銳，與人有所共感，但是也該對人們在人類社會裡相互依賴的複雜狀況有所覺悟。

註釋

①田立克(Paul Tillich)，《系統神學》輯之二(*Systematic Theology,* vol.2)，Chicago: University of Chicago Press，1958，頁 31-32。

②卡繆(Albert Camus)，《薛西弗斯的神話》("*The Myth of Sisyphus" and Other Essays*)，New York: Vintage，1955，頁 89-91 。

③馬凌諾斯基(Bronislaw Malinowski)，《自由與文明》(*Freedom and Civilization*)，New York: Roy，1944，頁 24。

④馬卡斯・奧里歐斯(Marcus Aurelius)，《冥想錄》(*Meditations,* 3:4)。

⑤沙利文(J. W. N. Sullivan)，《貝多芬：他的靈性發展》(*Beethoven: His Spiritual Development*)，New York: Vintage，1960，頁 72-73。蘇利文接著續道：「每一個天賦異稟的天才可能都感覺得到與自己天份間奇妙的關聯。即使是最有自覺的天才，像是科學家的克拉克・麥斯維爾(Clark Maxwell)與愛因斯坦，也曾透露被天賦靈感所占據時的感受。一種能量籠罩著他們，對此只有一點模糊的印象而沒有清楚的意識。對於貝多芬這樣獨特的天才而言，潛意識的暴動想必是確定無疑的。但是當他被征服，其自尊與力量都消耗殆盡，生不如死到想放棄掙扎時，他卻再清楚不過的發現自己的創造力是不滅的，而這個致命的能量讓他求死不得。」

⑥荷馬(Homer)，《伊里亞特》，(*Iliad*)，6:488。

⑦洛克威・格雷(Rockwell Gray)引用《存在主義心理學與精神治療評論》(*Review of Existentialism Psychology and Psychiatry*)中的〈奧鐵加與命運的概念〉(Ortega and the Concept of Destiny)15，nos. 2-3 (1977): 178。

⑧威廉・詹姆斯(William James)，《心理學原理》(*Principles of Psychology*)，New York: Dover，1950，一八九〇年版本的再版，頁578。

⑨洛克威・格雷引用，同上揭書，頁141。

⑩我的一個朋友寫信給我，認爲女人往往因爲要去證成自己的生命而受苦。她說：「我有很多朋友是解放女性，但是我總是想起她們因此而受的苦。」

⑪最極端的例子在易卜生最後一齣戲劇《當我們逝者醒來》(*When We Dead Awaken*)中有所刻劃，劇中人問：「我們逝者醒過來時，會看到什麼呢？」答案有很多種，但是都在說著同樣一件事：「我們終將明白，我們不曾活過。」

⑫洛克威・格雷引用，同上揭書，頁178。

⑬*Ibid.*，頁151。

⑭魏吉爾(Virgil)，《伊尼伊德》(*Aeneid*)，6:743。

⑮庫爾特・萊因哈特(Kurt F. Reinhardt)，《存在的反叛》(*The Existential Revolt*)，Milwaukee: Bruce，1952，頁183-84。

⑯格藍・格雷(J. Glenn Cray)引用《漢娜・鄂蘭：共和世界的回歸》(*Hannah Arendt: The Recovery of the Public World*)，馬文・西爾(Melvyn A. Hill)輯，New York: St. Martin，1979，頁231。

⑰洛克威・格雷引用，同上揭書，頁16。

⑱達德斯(E. R. Dodds)引用《希臘人與非理性》(*The Greeks and the Irrational*)，Berkley: University of California

Press，1968，頁 3。

⑲露絲・南達・安沈(Ruth Nanda Anshen)，《魔鬼的眞相：人類內在的邪惡》(*The Reality of the Devil: The Evil in Man*)，New York: Harper & Row，1972，頁 5。

6 命運與死亡

Destiny and Death

忘了你個人的悲劇吧，所有的人在一開始就已經被套牢，在你可以正經地書寫之前，你所造成的傷害就如同地獄一般。當你有了受詛咒的痛苦時，利用它——別受它欺騙，要如科學家般地對它忠誠。

——海明威(Ernest Hemingway)寫給費茲傑羅

只有在面對死亡時，人的自我才會誕生。

——聖奧古斯丁

對死亡的覺察是我們最鮮明，也是最無法抵擋的命運，我指的是對死亡的覺察，而不僅是死亡這件事。事實上，每樣東西都隨著時間的消逝而凋零，但是人類**知道**他們會死亡。他們有著死亡的話語，他們預期死亡，他們甚至在想像中經驗著自身的死亡。想像自己死亡的經驗是變化多端的，像是在馬路上看到一隻死去的小鳥，或你橫越過車水馬龍的大街，或當你緊扣上安全帶，甚至在性高潮，你都能想像到死亡的存在。

在物理學上以及在道德洞見上同樣具有天份的巴斯卡給這種經驗相當美的敘述：

人只是根蘆葦，事實上是根脆弱的蘆葦，但他是會思考的蘆葦。這整個世界不需要武裝自身來毀滅人：一股蒸汽，一滴水就足以致人於死。如果世界要將人粉碎，人將比殺害他者更為高貴。因為人知道他會死，即使世界占了人的便宜，世界卻一無所知。因此，人的尊嚴存在於思維裡頭，靠著思維，我們提升自己，而不是靠著我們無法填滿的空間和時間。讓我們努力從事思考吧——道德的原理就存在那兒。①

對死亡的覺察是我們熱愛生命的泉源，也是我們創造藝術，甚至是建造文明的主要動力。普遍來看，人類的焦慮不只和終極的死亡有關，相反地，對死亡的覺察同樣爲我們帶來好處。其中之一就是說出眞相的自由：當我們越覺察到死亡時，就越深切地經驗到我們總用謊言支撐住我們的自尊，但這卻徒勞無功。羅馬已毀，不會再焚燬第二次了，那麼爲何要在它焚燒時因爲惋惜而蹉跎時光呢？我們可以和波斯詩人奧瑪(Omar)齊聲說道：「雖然時光青鳥的振翅微弱短暫，君不見牠此刻正在翺翔。」

放眼歷史，智者在對死亡的覺察裡了解到生命的價值。西塞羅(Cicero)說：「**哲學的思考即是要爲死亡作準備**。」塞內加(Seneca)也明言：「沒人願意去品嚐生命眞實的滋味，他總是樂意準備將它拋棄。」

一個還在受訓的年輕心理治療師，同時也是我的病人，他告訴我：在即將對一群資深心理治療師作個案報告的前幾天，他感覺到強烈的焦慮，因爲他預期會受到批評。就在開車前往這個會議時，他突然有這個想法「將來的某一天，我們都要死，何不忘掉這神經質的焦慮，盡我所能地表現？」很奇怪，這個突發的念頭讓他紓解了焦慮。另外一個個案告訴我，數年前他不得不去接受心理治療，因爲工作的關係，他必須要到各地旅行，而這讓他感到焦慮，無法忍受。另一個治療師告訴他「你就經常在手提箱裡放一把手槍，以便隨時可以舉槍自盡。」這樣做之後，才讓他鬆了一口氣，不再焦慮。

論及死亡，這些人經驗到的是從受困牢籠中被解放出來的感覺。當他們意會到，在必要時他們可以擺脫受害者的角色，那麼焦慮就失去它的力量。於是，我們就能了解尼采所說的「自殺的可能，拯救了許多生命。」

生命苦短

由衷地承認一個人必死的命運會帶來解放，如獲自由。在奧林帕斯山(Mount Olympus)

的諸神們是不自由的，除非和必死的人發生關係，否則他們感到厭倦、空虛甚至索然無味。宙斯和他的夥伴們只有藉著漂泊的旅行，浪跡凡間與人們發生愛情故事，才讓他們生命有活力。在希臘神話中，一生多采多姿的諸神，不是像普洛米修斯(Prometheus)這樣，成爲替人做事的半神半人；就是像特洛伊戰爭中的諸神、諸女神們，介入人們的事務當中；或是像雅典娜(Athena)跟隨著奧瑞斯提斯的蹤跡。換句話說，**有著必死命運的人，爲永生不死的神帶來活力**。當代法國人所寫的劇本——《安菲特律翁38》(*Amphitryon 38*)即闡明此點。宙斯下到凡間，在一次戰爭中勾引了一個士兵的美貌妻子，不久後祂把和凡人做愛這件事情告訴莫丘里：

> 雖然她話說得不多，但這卻讓我們之間的深淵更遙不可及。她會說：「當我還是小孩時」或者說「我變老的時候」不然就是「我這輩子從沒有……」，這些話刺痛了我，莫丘里，我們遺漏了某件事，莫丘里，那就是瞬間之痛——死亡的預告，就是那想要緊緊抓住你所握不住的東西，那種甜美的哀傷。②

同樣地，荷馬也告訴我們，當奧迪修斯(Odysseus)受到美麗女神克麗梭(Kalypso)的誘惑時，祂是多麼地想要拒絕祂那不死的性質，克麗梭說：

「萊爾提斯(Laertes)之子，宙斯的後裔，富於才智的奧迪修斯，你還滿心渴望要回到你的家園，你父親的國度嗎？即使你要這麼做，我都祝福你，但只要你心裡明白，在你回到你的祖國前，你注定要通過許多的苦難，你就會和我一塊兒留在這裡，成為這個家的主人，成為一個不死的神，你朝思暮想渴望見到的妻子就在這兒。那麼，我想我可以明言，在體格和外貌上我都不比她差，更何況普通人間的女子，怎麼可以在體格和外貌上與女神媲美。」

富於才智的奧迪修斯接著回答祂：「女神，親愛的皇后，請不要對我生氣。我明白妳說的都是真實的，潘妮洛普(Penelope)從來無法在外貌和體格上與妳一較長短。畢竟她只是人，而妳是神，永遠不會衰老。儘管如此，我所要的和我朝暮所企盼的，就是回到我的家園，過著我回家的日子。如果有其他的神，要在遠處的酒藍海中將我搗碎，我將忍受，我會用強固的靈魂將自己填滿，我已經準備好在水中艱苦卓絕，奮戰不懈。就讓這段冒險開始吧！」

當他說完後，太陽隱沒，夜幕低垂。他們兩人退縮到洞穴的深處，沈浸在愛的享樂中，相擁到天明。③

破曉時分，奧迪修斯起身砍倒二十棵樹，建造他的船隻，在三天後揚帆而行。如同克麗梭所預言的，奧迪修斯感到恐懼，返回家園的旅程是漫長而艱辛。儘管如此，奧迪修斯選擇了潘妮洛普，他的家園以及成為一個會死的人，而放棄跟著克麗梭過著永遠不死的快樂生活。

當馬斯洛(Abraham Maslow)從心臟病恢復健康時，他寫道：「死亡及其始終存在，讓愛、熱烈的愛更為可能。如果我們不會死亡的話，我懷疑我們會熱情地愛嗎？忘我般地狂喜有可能會發生嗎？」這不是簡單地表達著「我就要失去什麼、我就要死了」，而是從對命運的覺知，所獲致的豐富而深刻的感知，由此，一個新的可能性，一種嶄新的美感自由將會應運而生。

沒有人知道越過死亡的門檻之後會是什麼，但如果死亡不僅僅是滅絕的話，那麼為死亡作最好的準備，就是運用創造力，竭盡所能地活出我們的生命，去經驗和貢獻我們能力所能夠完成的事情。

如果我們認為死亡是簡單的、容易的，用這樣的信念來保護我們，使我們免於死亡的恐懼，如此一來，我們的生命就變得索然無味，空無一物，而關於自由的想法也失去意義。

如同很多人都看過、也聽過庫伯勒-羅絲(Kübler-Ross)的故事，我深深為她獻身於照顧臨終病人的故事所感動，在這裡我並沒有要貶抑她的意思，她有理由相信她認為是正確的東西。但這並不妨礙我們清楚地認識到她的推論所帶來的意義。庫伯勒-羅絲認為，死亡像是要開啓的蝴蝶之蛹，等待羽化之蝶的出現。我認爲這是一種否認，它讓人要竭力活出生命的衝動，消失殆盡。庫伯勒-羅絲也引用一些病人所說的話，像是：「我等不及要離開，我就要去見我的朋友了。」如果死亡是這般美好的話，我們迫不及待迎向它，那麼我們就不會寫下美麗的詩篇，不會費神地教化孩子，沒有流傳萬世的繪畫，也沒有貝多芬的命運交響曲。自由也不會是一個需要被考慮進來的想法。

否認死亡，即是奪走了人生命中痛切的事，這導致了眞正的絕望。不妨讓我們傾聽尤里西斯之歌；

……我將飲盡
生命……
……日復一日的生命
皆像過眼雲煙

丁尼生(Tennyson)如此形容與命運的對抗以及人活著的各種可能性

……來吧，朋友們
尋找新的世界永遠不會太晚

我們是……
有著雄心壯志
在時間和命運中，我們凋零，但仍意志堅強
勤勉，追尋，發現且不屈服④

緊接著，我們感受到的是我們的文化對死亡的全面拒絕，我們的社會的確病了，在歌聲和儀式當中，它假裝我們是不死的。當受到癌症侵蝕而逐漸凋零的休伯特・韓福瑞(Hubert Humphrey)最後一次在國會出席時，參議員們在演說中樂觀地說：「快好起來吧，休伯特，我們需要你」，他們是在跟誰開玩笑呢？當然，不會是韓福瑞，他已明白自己僅剩下幾個月的時間；也不是電視機前面無數的觀衆，誰都清楚知道，眼前的韓福瑞即將死亡。難道議員們要欺騙的是他們自己？這和參議員理查・諾伯格(Richard Neuberger)，在因癌症過世前所寫下的心情，有著顯著的對比，他是這麼說的：

現在我對以前認為是理所當然的事情，充滿了感恩——跟朋友共進午餐，搔搔莫非的耳朵，傾聽牠咕嚕咕嚕的滿足聲，太太對我的陪伴，在寂靜的夜裡，靠著床頭的燈罩，讀著書或是雜誌，第一次，我感到生命力充滿趣味。最後，我終究明白，我並非不死之人。⑤

這是怎麼樣的悲劇，讓一個人即將離開這個世界時，才品嚐到生命的滋味！

許多著名的精神分析學家亦否定死亡，這使得否定死亡更加駭人聽聞。佛洛姆(Eric Fromm)在《人之心》(*The Heart of Man*)這本書裡說道：「良善之人從不想到死亡。」⑥在這本書中，他設定戀生癖(biophiliac)爲生命的愛人，相對於戀屍癖(necrophiliac)是死亡的愛人。顯然後者是佛洛姆所厭惡的，與其歸類在一起的是歷史上具有破壞性的人物，像是——希特勒、拿破崙等等。良善總是侍奉著生命；而所有邪惡都歸屬於死亡。問題就在於我們壓抑著所有有關死亡的想法，這讓我們直接地否定死亡，也否定邪惡。在這樣的想法底下，我們便無法了解歌德在《浮士德》(*Faust*)裡所說的：

我主：人們主動的天性，很快地已經逐漸式微到這個地步；
他渴求不適切的休息；
在哪兒，我願意給他親密的夥伴，
他們工作、振奮，而創造力就像惡魔一般。

當墨菲斯托菲里斯(Mephistopheles)在浮士德面前現身時：

浮士德：那麼你是誰？

善者行事。

墨菲斯托菲里斯：我是不可解之力量的一個部分，這個力量給予惡者意志，讓

佛洛姆對死亡亦採取否定的態度，他所依循的是弗洛依德主義者的典型，甚至是弗洛依德本人。心理分析創始者所樹立的論點在於：對於死亡的焦慮，普遍而言都是一種閹割焦慮(Castration anxiety)，因爲沒有人眞正經驗過所謂的死亡，因此死亡不會在我們的潛意識裡。但就如同雅龍(Yalom)尖銳的提問：究竟誰經驗過字義上的死亡？弗洛依德只有在死的本能理論中處理過死亡的問題，其他相關的就是起因於一次世界大戰所寫的文章。儘管死的本能，這個部分的神祕性價值在我看來是相當卓越，但是它卻從未成爲心理分析思潮的主體，反而遭到正統弗洛依德學派的排拒。除了奧圖・蘭克及梅蘭妮・克萊因(Melanie Klein)與這位大師斷絕關係並另立學派之外，在心理分析學圈裡頭，對死亡毫無所悉似乎是相當普遍的現象。

至於弗洛依德及其死忠的追隨者爲什麼要排除死亡，而將這個領域留給存在主義的治療學家，讓他們來恢復死亡應有的位置，這實在是令人不解。我想這起因於心理分析中**無可征服**的幻覺。要去面對並且承認我們自己以及他人的死亡，即是要對人是可被征服這件事做出說明。從最終極角度來看，對死亡的覺知，即是人命運的呈現，這已是不可避免的事情。承認人的命運，坦承人的有限性，也就是承認心理分析——不管是弗洛

依德，佛洛姆亦或是我們其他的人，都必須要放棄對於不可征服性的渴望。也就是說，接受我們的有限性和必死性，將我們連結到人類全體之中，融入到人是有限的、可被征服的、是脆弱的，我們都是深感痛切的必死之人。

對死亡的覺知所需要的是人們意識中是非正反的特質。意識從來就不是靜態的：它對事物的了解是來自於相對性的比較，它辯證式地體驗事物，猶如電流的兩極交替一般。就如同葛列格里・貝特森(Gregory Bateson)經常講的，事實上我們藉由事物與其背景的對比來了解它。比方說當蒼蠅一動也不動時，青蛙是看不見它的。當它一動，青蛙就可以瞄準它；再一動，青蛙便可將它吞入腹中。在這裡我們彷彿聽到從古代智者，赫拉克利圖所傳來的聲音：「人們不明白的是，他們以為與某物相反的東西，其實與它並無二致。」

生與死相反，但是思考生命的意義卻必須從死亡而來。在強烈的喜樂當下，誰沒想過「我希望，我不會死去。」或是當你望見令人驚嘆的阿爾卑斯山景時，你會覺得「這將我帶入永恆——我已超越生死」。亦或是當你艱苦地要完成一件具有挑戰性的工作時，你會說「願天主庇佑我，給我足夠的時間來完成我的工作」，在某個極度令人失望的時刻，你希望「不如讓我死去吧！」或在極度疲憊的時刻，你說「讓我的愛人歇息吧！」我們一點都不需要談到自殺，但上面所列舉的生命中強烈的時刻，他們都是以死亡為參照。**最強烈的生命經驗裡頭，伴隨著最強烈的死亡經驗**。

巫術與命運之投射

當人們不能夠，也不願意接受他們的命運——像是突然間生病、無法解釋的死亡事件、生出畸形兒——這時候命運就會受到壓抑。接著它就會被**投射**在外在的一些形象上，諸如：神祇、術士、惡魔、或是巫婆。我並不是用輕蔑的態度在使用投射這個字。投射是人們普遍且正常的心理功能。我們都在使用這項功能，只是不像這裡所引用的那樣誇張罷了。一些天賦異稟的人，在藝術或是音樂上可以感受到某種直覺的洞察力，這種能力部分來自於他們之外。當一個藝術家在創作一幅風景畫的時候，我們很難區分出有多少成分是來自於他眼睛可以看到的風景，有多少部分是來自於他對形狀感知所作的投射。事實上，眞正藝術的成分來自於他的投射，遠勝過外在眞實存在的東西。從事腦部研究的卡爾•普里布蘭(Karl Pribram)⑦說得很淸楚，要畫一條鮮明的線，以區分內在或是外在的眞實，那是不可能的事。但在這裡，我們要討論的是在巫術中，對人命運的投射屬於較具破壞性的部分。

自從十二世紀以來，巫術在歐洲及西方一直是個悲慘且嚴重的問題，尤其是在天主教及基督新教教會裡頭。在十三世紀的時候，宗教裁判所請求教皇亞歷山大四世(Pope Alexander, 1254-61)⑧將巫術加入與教會聯繫管道中，以利教會做必要的裁決。雖然教皇拒絕了，但是女巫是魔鬼撒旦的僕人，這樣的傳言卻甚囂塵上。到了十五世紀末，巫術逐漸轉化爲邪魔歪教，一旦經教會確認即處以火刑。

如果有人不相信巫術，那麼他的懷疑會將他推向被控告與巫術有染的危險。如果你認爲「在撒旦和人之間不存在著締結盟約的關係」或是「撒旦和人類之間不會有性交行爲發生」，甚至不相信「魔鬼或是女巫會揚起一場暴風雪，或是降下冰雹」⑨你和撒旦就有勾結的嫌疑。即使是宗教改革的領導者都相信女巫的存在。路德寫道：「保羅認爲，巫術的工作主要是放在血肉之上，那不是肉慾或是淫蕩行爲，而是對邪惡的偶像崇拜。因爲巫士已經和魔鬼立下契約。」⑩約翰‧喀爾文(John Calvin)也是這種巫術的信仰者，他經常引用新約聖經的章節「戴上神的整副盔甲，那麼你能夠抵擋撒旦的詭計。我們全力對抗的並不是血和肉，而是魔鬼，黑暗世界的統治者。」⑪

巫術不只危害了日常的倫理標準，也冒犯了美學的標準。文獻上還記載著女巫們一貫令人厭惡的安息日：「女巫們吃著新生嬰兒的屍體；那是昨晚從護士那兒偷來的；她們喝著發臭的液體，所有的食物都沒有味道。」⑫

我們把命運的種種稱爲是宇宙(cosmic)，這並不難理解，就如同火山噴出的熔岩或是地震一樣，它帶有令人敬畏和恐懼的情緒，當超自然的力量在作用的時候，我們可以感受到命運的存在。因而，對任何富有想像力或是歇斯底里的人而言，生活中普通的事物，都有可能被懷疑被女巫動過手腳。於是，連續幾年的荒年會是邪惡的撒旦透過女巫所造成的結果。⑬

男人的性無能，是衆多被投射情況的其中一個例子，大部分都是因爲巫術造成的。舉例而言，一對男女在數星期的準備後，步入禮堂。晚間，在既緊張又充滿壓力的結婚典禮過後，新郎卻發現自己性無能。一陣張惶失措、生氣和自卑之後，他竟異想天開地認爲這個困窘的現象是因爲魔法的作用。皮耶·貝爾(Pierre Bayle)在十八世紀早期即留下這樣的紀錄：「一些男人無法履行婚姻的義務，他們認爲這是因爲咒語所造成的。從那時候開始，新婚夫婦彼此以邪惡的眼光相視，幾次後，這樣的不協調導致了更加可怕的敵意；一方的眼神讓對方感到不寒而慄。」⑭有人說，是因爲巫婆在婚禮上稱爲「結髮辮」的儀式中說了某些話，才造成這樣的結果。「這就是爲什麼一些體貼的媽媽，主動要參加結婚晚宴，就是爲了不讓女巫得逞。」⑮

湯瑪士·阿奎那從教儀裡頭處理「不管巫術的效果對婚姻關係造成什麼樣的阻礙」這個問題，他的結論認爲，巫婆無法阻礙夫妻的圓房，但是更加邪惡的鬼，像是惡魔或是撒旦，他們就做得到。「天主教信仰，堅持惡魔的的確確存在，他們會阻礙人性交的進行」。⑯

與巫婆相關的線索經常都跟性有關，的確，這聽起來似乎像是今日春宮畫的前身。

安·瑪希·喬吉(Anne Marie de Georgel)宣稱，有一個早上當她拿衣服到鎮裡面的派區・大衛這家店時，她見到一個身材巨大的男人，越過水面朝她走過來。男人皮膚黝黑，眼裡閃著像炭火般的光芒；他穿著一身皮衣。這個怪物問她是否願意獻身給他，她答應了。後來男人就在她嘴裡吹了一口氣，接下來的星期六，因著男人的意旨，她在女巫的復活日獲得了身分。在那裡她見到一隻巨大的公羊，打過招呼後，她即屈從於他的享樂。之後，公羊便教她各式各樣的神祕魔法作為回報；他向這個女人解說各種有毒的植物；女人向他學習咒文，以及如何在聖約翰日、在聖誕夜及每個月的第一個星期五施布魔法。他建議女人行褻瀆神明的儀式，去冒犯神明以榮耀撒旦。這女人便執行了這些建議。他安・瑪希・喬吉坦承從她第一次演練到被捕入獄之前，她沒有停止作這些邪惡的事，這些年來她操演過各種褻瀆神明的事。

有時候這些受害者會根據聖經上的說明，來作伶俐的辯解。像安・瑪希就說：「神和撒旦的搏鬥是永遠的，不會有結束的一天。有時候神獲勝，有時候卻是撒旦成功，但可以肯定的是，在那個時候撒旦戰勝了。」⑰這是多麼諷刺的一件事，當這個女人在受刑台上被處以火刑時，代表的卻是撒旦的勝利。

為什麼絕大多數的巫都是女性？毫無疑問地，巫大多是女性，然而在一些宗教裁判所的聲明中表示「巫有男性，也有女性」（**男巫**這個詞是我們不熟悉的，也很少被使用）。《巫術之鎚》(*Malleus Maleficarum*, 1486)這本書是由兩位德國宗教裁判所的領導人因斯提多利(H. Institoris)和雅各・史普藍格(Jacob Sprenger)所寫的，它被稱爲巫的「百科全書」，其中有一段的標題是「爲什麼女人多半會沈溺於邪惡的迷信？」作者（顯然帶著偏執的欣喜）寫的是關於女巫與惡魔的交媾，他們發現這是

> 讓憎恨累積到最極致的方法。在惡魔的部分：首先，是用身體的那一個部位來做這件事；其次，交媾的行為是不是有將精液射入對方體內……做這個行為是不是特定在某個時間或是在某個地方……如果有人在旁邊的時候，這種行為將不會被看見。⑱

這些作者經常提到女性的「脆弱性」，關於女人，他們則認爲「當女人被善的靈魂所支配的時候，她們在德性上是顯得如此崇高；但是一旦被惡靈所占據時，她們卻盡情地沈溺在罪惡裡頭。」事實上，「女人這個字是用來表示『肉慾』」，但是女人也經常爲男人帶來至大的幸福，或像艾絲達(Esther)、朱迪斯(Judith)、底波拉(Deborah)一樣，「拯救民族、土地與城鎮」。提到原始的罪，我們會將它歸咎到夏娃(Eve)身上，因斯提多利和史普藍格則認爲「現在，這個名字已經改變，從夏娃換到瑪莉亞（像是福哉瑪莉亞）……所有在夏娃身上的罪，都在對瑪莉亞的祝禱儀式裡，逐漸退去」。

這種對女人故施小惠式的毀謗，令人難以苟同，但這讓人看到的是對命運動力的壓抑和投射現象。「肉慾」，很顯然就是男人對不願意承認的性行爲所造成的投射。**蕩婦**(femme fatale)現象顯示的是：男人在美麗女人的吸引下，所造成的無能爲力，尤其當女人是無法獲得的時候。當這些帶有情慾的女人，將對生命的掌控權從男人身上奪走時，許多男人憎恨女人的魅力。整個歷史中，妓女、美麗卻感覺遲鈍的女人畫像，爲**蕩婦**現象作最好的見證。

無論我們生爲男，亦或生爲女，性成爲我們命運中鮮活的部分。不管你願不願意，性似乎掌管著我們的身體。到了青春期，生理的發展帶領我們到一個嶄新而陌生的境地，它讓我們充滿強烈的渴望和奇異幻想。成長中的男孩甚至男人，經驗到的性是擾人的，強烈慾望的，就像是他們無法駕馭的東西一樣。如同聖・安東尼(Saint Anthony)所謂的沙漠中的性誘惑，或是奧勒眞(Origen)在自我閹割裡所描述的，修道生活極力強調的是男人在性方面的衝突。

這些現象造成了男人對女人的敵意，但是「良善」的男人壓抑敵意——也許就像維多利亞時代過分崇敬女人——即使這種敵意在男人的團體或男人幽默中，被半認可地表現出來，在某些情況下，男人氣不過的是女人似乎有掌控他腺體分泌的力量。不自主的勃起現象顯示，女人對男人的內在器官會有不可見的影響。起初，這讓他感到驚訝，接著蠱惑他，最後惹得他勃然大怒。我們很容易想像這些澎湃洶湧的情緒既無法控制，又太折磨人，就如同人被魔法附身一樣。關於性的部分，人的壓抑是如此強烈，這不得不讓我們認爲命運可能是最根本的原因。

如果我們不屈從於女巫的神秘力量，我們有沒有更好的辦法來對付她們鬼魅般的吸引，如蕩婦般的魔力？有時候，女巫是年輕的女孩，她們唯一的罪是美麗的容貌；有時候女巫是老邁、皺紋滿面的女人。儘管如此，男人輕易地就可以想起老巫婆在年輕時就有神奇的力量，即使男人不提，他們心中依舊保有這個秘密。「被施了妖術」的男人，他一點抵抗的能力也沒有，落得只能把對某某人有巫術的懷疑，偷偷告訴別人。很快地，其他人也跟著疑神疑鬼，而某某人即「變成」了女巫。女人的否認只會增加這個罪刑。曾受妖惑的男人告訴自己，他的行爲是正義的，爲這個世界除害。因此，當女人在火刑台上被處決時，男人對她的敵意與色慾激情終於獲得解脫。

從古至今，對所謂的巫術給予殘酷、不人道的待遇，總引來抗議，但抗議者是冒著被指控的危險。一位耶穌會修士，也是位詩人的弗烈德利克・史匹(Frederick Spee)被任命爲受告解的神父，來到他面前的都是在巫茨堡(Wurzburg)被處死刑的女巫。女巫受判決的方式令他感到心寒，在一六三一年他揭發了對這些受害者的不具名攻擊。

在一八五四年，雷吉納・史考特(Reginald Scot)將他書名的副標題取爲「論巫術」，在裡面他證明女巫和撒旦及所有惡魔之間有盟約及締結關係……這不是錯誤的新鮮事，也不是被想像出來的概念……這讓反基督的習俗，不人道的作法赤裸裸地被看見……那

些上年紀的、憂鬱的、受迷信的類巫者，在恐怖及烤問之下，被強迫招供。

在這個時期將要結束的時候，對巫術恐懼本身就是迷信的結果，人的想像力瀕於瘋狂。皮耶・貝爾在一七○三年的一封公開信裡頭就聲言，人群裡的傳言說「某某人的病是女巫造成的」，他主張這些是「想像力對人身體和靈魂產生影響」所造成的支配效果。所謂的疾病是被「心理的焦慮與靈魂的恐慌所維持」。在他提到有一個修女感覺到自己被附身時，他說「一旦過於沈思的生活使人發狂，什麼樣的想像都可能發生」。⑲貝爾提醒他的讀者「對於我寫給你們的，那件隨著虔敬生活而來的痛苦，你們可別期待太多，你一直在跟我說的是：對你而言，世界上最快樂的人似乎就是神秘主義者。因此，我必須藉著大量的例證來說服你，他們未必沈浸在他們所寫的，那難以言說的甜蜜裡。」⑳在這裡值得我們留意的是，貝爾領悟到將邪惡投射在女巫身上，這是源自於部分的神秘主義者或是其他人的心理困境，因爲他們壓抑著自己所具有的邪惡傾向，假裝經驗到永恆的甜美與平靜。

貝爾指出，巫術是強烈，卻受扭曲的想像力所形成的結果。「除此之外」，雖然使用過於簡單的措辭，但他的口氣卻像現代心理治療師，「給病者全然的信心，他將擁有平靜之心，這便是他療癒的良方。」㉑

在十六世紀，蒙田(Montaigne)就說「長時間地與一個受監禁者交談……一個在那個專業裡頗負盛名，眞正醜陋而畸形的女巫，」他的結論是：「在我看來，與其說那是件

犯罪的事，不如說是件瘋狂的事。」㉒

在十七世紀，霍布斯(Hobbes)深信，信仰巫術是基於自我說服的一種妄想。即使在西班牙的大宗教裁判長(Grand Inquisitor)，他們也以自欺欺人的方式來迫害女巫，就好像自我實現的預言一樣，提出女巫這件事情導致了巫術症候的出現。㉓最後，十二位耶路撒冷（在那裡二十個被判爲女巫的人，被處以死刑）陪審團員，令人感動地撤回告訴，他們莊重地說：「我們害怕的是，我們將悲哀地受到欺騙，犯下錯誤……因此，我們要謙卑地乞求寬恕。」㉔

笛卡兒的理性主義最後終結了巫術以及對女巫的迫害。這個哲學的信念認爲：身體和心靈是分開的，兩者互不影響。現在，理性主義對於降臨在我們身上的各種事情，做出根據事實，並且是「科學的」解釋。

但我認爲這個解決之道是不夠的。我們如何說明這些具破壞性的投射（原先對巫術的投射能夠，並已經被轉爲對猶太人和黑人的投射現象）？這些不是「簡單明瞭」的理性主義者可以解決的。做父母的也許會想要知道，在一場車禍中他們的小孩是怎麼被撞成殘障，但是知道並不能夠平息他們的哀傷。悲傷、喪親之痛，高興或是狂喜，都是情緒的反應，但是科學的解釋卻是理性的現象。因此，承認死亡，對抗死亡，生重病，一個人在某個特定的歷史時期，生在某個特定的種族或文化之下（我們可以對命運作隨機的舉例），這些在本質上都是感覺、情緒的現象，而邏輯性的事實是屬於另一個水平面。一個健康的社會，會在詩歌、藝術、音樂各方面創造空間，讓情緒及神秘活動有表達的機會。

這就是爲什麼我們的先人，像是貝爾及霍布斯會在巫術的投射裡頭，如此強調**想像力**的作用。這也說明了爲什麼女人被認爲「比較傾向於迷信」，因爲在西方文化中，一般來說女人比男人有更多的情緒反應。㉕在巫術中，女人受到懲罰，是因爲在情感上她們比男性更加敏銳，更有直覺，也更充滿詩意（所有這些特質也被認爲是較「脆弱的」）。

這也就是爲什麼我們的論點不跟隨喀爾文對天使的非難，他嚴詞抨擊「關於聖潔天使這種不足取的哲學觀念，這想法認爲天使是上帝在人心中所喚起的良善感召和衝動，而人……口中念著惡魔喃喃之語的人，只不過是來自於我們肉身，邪惡而混亂的情感罷了。」㉖承認宿命和命運的各種可能，絕對不是一件「不足取」的事情，它所仰賴的是我們的自由，即是作爲人，也就是我們的存有。

我們發覺到傳統上所謂的「好人」——虔誠的天主教徒和新教徒，謹守道德的布爾喬亞公民，修道士或是修女，他們似乎隨時準備好將巫術歸咎爲活在他們社群之外的邊緣人。這些「好人」最容易壓抑他們心中邪惡的傾向，也因此他們最可能將那不可遏抑的邪惡衝動投射到別人身上。就這樣，不帶謙卑的善行，就像約翰·班揚(John Bunyan)說的，受責難的人被送上絞刑台，「以上帝的恩寵行之」本身即會導致邪惡。當我聽到這些習慣性的陳腔濫調，像是「我愛世人」、「我沒有敵人」、「神即是靈，百病不生」，這令我嘆息，讓我充滿猶疑，人們壓抑著他命運中的哪個部分？而被投射出來的負向能量又將在何處竄起？

莎士比亞所寫的《馬克白》，可以說是一部描述命運投射的經典作品。在那個時代的傳統風尚裡頭，莎士比亞使用三種女巫——他稱之爲「超異能姊妹」，作爲馬克白獲取力量以及投射宏願的角色。在這場悲劇裡，重要的關鍵是在一開始的時候，莎翁讓馬克白成爲一個好人，永遠受到同儕的讚許與尊敬。這一點爲馬克白深切而悲劇性的內在衝突埋下了伏筆，也就是他人格裡的「公衆面」，和壓抑的內在驅力之間的較勁。在戲劇一開始，馬克白夫人對馬克白的性格做這樣的描述：

……你的天性；
慈悲的乳汁滿溢
讓你不能掌握致勝的關鍵。要成為至高無上的，
就不能沒有野心，也不能沒有
必要的喪心病狂。你若品格高貴，
信仰虔誠；不會矯揉造作，

那麼你就不可能大獲全勝。

馬克白的出場是在他光輝榮耀的時刻，他為百軍之將，身處勝利之時。在這個時刻裡，我們不免受到權力和野心的誘惑，此時馬克白更深切進入到他的命運之中。就像是一位莎翁學者所說的：「古有明訓，對好人來說，偉大成就的來臨，驗證著宿命的到來；成功之日來臨時，絕少人抗拒得了那邪惡的刺激，放棄追求更大的榮耀。」㉗

馬克白擁有富詩意的天性，他熱情，擁有令人驚訝的想像力，這似乎提醒我們，在那個時代的巫術中，所具有的想像性角色。他也經常在一旁自白，傳達他內心的想法：他看見鬼魂與幽靈，他似乎看見眼前的空氣中懸掛著匕首。馬克白夫人這樣說：「我親愛的公爵，你的面容就像是一本書，人們總在哪兒讀到奇妙的訊息。」在這部劇本裡，他在權力的驅策和內心的熱情之間猶豫不決，就像是在殺了國王鄧肯之後，他嚎啕大哭，「用你的敲擊將鄧肯喚醒！我能，你也能！」

這齣戲在暴風雨裡揭開序幕，女巫們圍繞著火舞蹈，她們讚詠健康的人：「公正即齷齪，齷齪即公正」，女巫的首要任務即是拒絕倫理的常規模範，就如同她們在儀式裡所操演的一般。除此之外，她們破壞美學的標準：在跳舞的時候，她們所圍繞的液體是由「窒息死亡的嬰兒手指，從絞刑台上所滑落的殺人犯身上的油脂」所組成。

當馬克白跟著邦葛(Banguo)回到舞台上，他所說的第一句話就如同女巫的回音一般：

「我從未見過如此公正卻又齷齪的一天。」他完全沒有意識到，他已和這惡魔的超自然力量扯上關係，但是觀衆們都知道，這意味著馬克白和女巫之間有所聯繫，他已經與「超異能姊妹」在潛意識裡發生關聯。

接著，女巫們預言馬克白將會是卡朵(Cawdor)的公爵、國王，並且邦葛的小孩會是繼任的國王。邦葛否認了女巫的傳話，斥其爲無稽之談，「這個世界有許多騙局，就像水中的泡沫一樣／就像這些無稽之談一樣」，他問馬克白說，「是否她們吃了瘋狂的樹根／她們該被抓去監禁起來」。天性帶有詩意的馬克白，已浸入神秘的自然之力中，他並不漠視女巫們的預言，尤其是女巫已成爲馬克白潛意識驅動力的投射。確實地說，女巫是由馬克白的潛意識所構築而成。

也許有人會問：如果女巫們投射出的是馬克白受壓抑的邪惡期待與恐懼，那麼邦葛爲何漠視女巫呢？我們認爲，莎翁要創造的是一齣劇本，而不是人格分析的理論，他盡可能地發揮劇本裡頭所需要的詩意。但事實上，當我們投射自己內心中的邪惡時，我們會在表面上將它掩飾得很好，即使在我們身邊的朋友並不是那麼認眞地看待這件事。馬克白擺脫不掉在他想像力中，那來自於女巫的先知性角色。當其他的君主來到他面前告訴他，戰爭的勝利，使他受封爲卡朵的國王時，邦葛訝異地吶喊著：「什麼，魔鬼竟然說出實情？」另一方面，馬可白卻在旁白裡，思索這個兩難，

神祕力量的勾引
既非惡，亦非善。若為惡，
為什麼它給我成功的預兆，
並開始實現？我是卡朵之王。
若為善，為何我屈從於它的啟示，
它令人驚恐的面容鬆開我的髮，
它用我安定的心，敲擊著我的胸膛，
我是否要違抗這個能力？……

深陷於這樣的想法讓他無法招架，動彈不得，也因此他不得不進入另一個似是而非的論調中：「無物存在／而存在者乃是無物」。於是乎，他再一次地同意了女巫對倫理標準的否定。但他卻又優柔寡斷地認爲：「如果機遇選中我當國王，它自然會爲我加冕／我無須煩憂」。

在這齣令人嘆息的戲劇裡，我們看到一個偉大的靈魂，一個曾做過好人的人，在他的命運裡掙扎著。馬克白夫人扮演的是人的命運典型，就如同馬克白將自己投射在女巫上一般。莎翁使用馬克白的對立面來描寫馬克白夫人：她不浪漫，卻相當務實，她冷漠、精打細算，甚至無情。談到對小孩哺乳時，她咆哮說：「當他銜著我的臉微笑的時候，我會把我的乳頭，從他那還沒長牙的齒齦間抽出。／我不是同你發誓過嗎，我會將他的頭擠得粉碎／我會做的。」作爲一種典型命運的代表，馬克白夫人使用各種勸誘的手段，從瞧不起，到甜言蜜語，到強迫馬克白「鼓起勇氣，突破困難」，直到最後她的丈夫願意向她鋼鐵一般的意志致敬，用懇求的口吻哀求她：「只給我一個小孩般的男人就好了！」

隨著宿命的發展，一個接著一個謀殺者陸續出現——邦葛的謀殺者，馬克杜夫(Macduff)妻小被殺害。馬克白始終都猶豫不決，也深感懊悔，到了最後他自暴自棄。在他越來越深的內在衝突中，憂鬱、毀滅性破壞，接連產生，人的「惻隱之心」蕩然無存。

就如同我們一樣，馬克白亦無法對自己的宿命負起責任。爲了讓自己安心，他三度造訪女巫。女巫的首領黑卡蒂(Hecate)告訴她的手下：「他會從彼處而來，探究他的命運。」接著，黑卡蒂告訴其他女巫，如何進一步欺騙馬克白：

升起虛假的精靈
藉著幻覺的力量
加深他的迷惑
他將拒絕命運，蔑視死亡，並且保有

他的希望、智慧、優雅以及恐懼
你們知道，安全感
是人最主要的敵人

面對接踵而來的「明天」，馬克白的生命變得空虛，「在人的必死命運之下，沒有什麼好過於認眞的／所有的事物不過是玩具。」

黑卡蒂預言成眞，馬克白再度回來「探究命運」，女巫們告訴他，當柏南(Birnam)的木頭還沒漂到鄧西南(Dunsinane)時，他不會死去，他也不會被女人所殺害。馬克白因此受到鼓舞，女巫的話亦成爲他的幻覺。在這齣戲的最後一幕，馬克杜夫帶著馬克白的頭顱在舞台上遊行。

這部充滿精神分析色彩的作品，無疑地是莎士比亞論及心理治療最重要的著作。在馬克白夫人成爲罪惡的犧牲者之後，她在夢遊之際，試著要擦去手上所沾染的血跡，馬克白和他所請來的醫生撞見這個情景，馬克白和醫生辯論道，

難道你無法應付心裡面的疾病嗎？
拔除深植在記憶的哀傷
毀滅書寫在腦中的不幸

當醫生回答說「在這一點上，病人必須自助」，馬克白嚴辭告誡說，「將醫學拋棄吧，我已不需要它。」這位醫生早先的述說是中肯的，「夫人需要的是神，而不是醫生」。

我們假定，馬克白的命運來自他的本性與外在環境相互衝突所造成的結果。我們同樣要面臨這樣的衝突，只是在我們可以忍受的範圍之內，爲了避免將衝突壓抑，我們會將它投射到他人或是其他外在的事物之上。

戲劇性的悲劇總是給我們莫大的衝擊，當我們在舞台上看到像馬克白這般優秀的人，他總是爲他人所讚美，受到同儕的尊敬，但他卻屈從於不斷由內而生的衝突，接著他在我們眼前緩慢地崩解。如同我們說過的，良善的人對於邪惡總有他特別的理解。遍及歷史的聖人都宣稱——也許我們不該懷疑他們的判斷——他們亦是萬惡的罪人，但這並不必然意味著他們犯過什麼罪惡的事——也許有，也許沒有。而是意味著，在倫理上來說，善與惡應該被理解爲，能夠影響一個人或是一個群體的行動或是思想的感知能力。信仰虔誠的人之所以能夠成爲聖人，正是因爲他們對於善和惡顯露出高度的敏感性。

談到潛意識心靈，在這裡我借用榮格的概念，一個人的良善是直接相稱於他那潛在的邪惡，也就是潛意識對意識有互補和平衡的作用。當一個人提高他對善的敏感性時，他也提升潛在邪惡的能力，女巫代表的就是後者。當我們爬得越高時，相對地我們可能沈得越深。

承認我們宿命中邪惡的部分並且與之對抗，這是不可逃避的。像馬克白這樣的悲劇，乃是因爲一個人沒有辦法承認命運，並且面對命運，命運已經被排除到可以察覺的意識之外，更遑論我們能與它對抗。當馬克白大喊「星辰們，收藏起你們的閃光，別讓它照出了我黝黑深沈的慾望，」他指的是意識裡的裂隙，被壓抑的種種要素，透過這個裂隙投射在女巫身上，或是投射在各種不幸的、超自然的力量之上。

整個社會也經過壓抑和投射的過程，而那最終的產物則是女巫和巫術。有時候它也會以代罪羔羊的形式表現出來，就像是在我們這個時代裡頭，對猶太人和黑人的仇視一樣。在戰爭期間，每個國家都對自己人民吶喊著敵人的殘暴罪行，並將自身受壓抑的攻擊性，投射在敵人身上。於是乎，在殺戮時將自己的罪惡釋放，塑造出有形的惡魔，以便戰鬥，在這裡，人們將「上帝」、「民主」和「自由」結合在一起。就像中世紀裡所謂的「良善之人」認爲，我們是正義的一方，與邪惡撒旦的代理人作戰。

在我們國家這種情況依然可見，像是我們會被告知不可以和俄國人講話，因爲他們不相信上帝也不相信來世。不管這種聲明是出自於眞心，或其公開的聲明是爲了要獲得教會團體的支持，這其中的動力機制是一樣的。在過去幾個世紀中，巫術導致了刑求和處置台上的火刑，而同樣的行爲會引導我們和這個世界到一個不可想像的悲劇——也就是核子戰爭。如果對於和我們不同的人，我們尙存有慈悲與憐憫心，那麼指出我們的命運這是件必要的事，因爲面對前所未有的可能浩劫，我們仍必須要共存在這個世界上。

命運與詩人

在詩人的眼光中，具有魅力的命運似乎是閃閃動人的，這部分是由於詩人天生對文字的掌握能力，但更重要的是，比起我們一般來說，詩人活在意識中更深層的知覺向度上，並且將它書寫出來。不管我們稱之爲下意識(subconscious)、潛意識(unconscious)亦或是集體潛意識(collective unconscious)，只有在對生命有強烈的情感和洞察力時，覺知才會到來，詩人的忘我，對生命的熱望，使得他們能穿越過表面的存在，揭露生命深層的樣態。我們應該期待詩人跟命運好好交手，寫下他們面對它的種種掙扎，不要讓我們感到失望。

詩的表現方式與那晦暗、平庸的生活相反。我們見到的是與生命的對質，它既不壓抑，也不矯飾，它並不犧牲熱情來避免絕望，它也不會像大部分的人一樣，極盡所能地規避承認我們的命運。詩人嘲笑我們對命運的覺知；那驅策他寫下詩篇的活力，添加我們的熱情；詩人藉著將音樂融入字裡行間，詩歌成爲表達人類高尙情操的力量。

馬修·阿諾德(Matthew Arnold)在他名爲「莎士比亞」的十四行詩中，一開始他寫道：「當其他的人滯留在我們的疑惑時，你是自由的。」爲什麼莎士比亞是自由的，他在接下來的十四行詩中告訴我們：

不死的靈必要忍受所有的痛苦，
所有受傷的軟弱，所有低頭的悲傷，
在那勝利的面容裡，覓得他們僅有的話語。

莎士比亞傳達給我們的是那投入自己命運，所經歷的熱情與悲傷。在阿諾德寫到「勝利的面容」時，他注意到的是莎士比亞的雀躍與狂喜。在這個層面上，自由即將起程。接著，所有的可能性開始展露——如同阿諾德所言，「你是自由的」。在約翰・米爾頓(John Milton)逐漸失明的時候，他要應付痛苦的宿命，但他卻不憎恨。在他的詩裡頭，沒有自艾自憐，反而對生命境遇有著不屈不撓的精神。

我在想我白晝的光陰是如何度過的
之前，我一半的日子是在黑暗的世界中，沒有邊際
隱藏死亡的天賦
陡然消失……

失明對每一個人來說都是殘酷的命運，尤其是對詩人而言，它掩飾了「隱藏死亡的天賦」。

在寫給另外一個朋友的十四行詩中，米爾頓更明白地表達了「這三年光陰中，我的眼睛」：

失去光芒，視覺也隨之喪失；
所有的景色從眼前消逝，
經年看不見日月星辰，
也看不見男子或女人。

對許多人來說，失去寶貴的視覺能力將會逐漸消蝕他們的靈魂。但是米爾頓他擁有我們文化中所欠缺的——那就是虔誠的信仰，這使得米爾頓接受殘酷的命運。他說道，他被遴選來承受這「溫柔的枷鎖」：

然而，我不是要反駁上帝之手或是祂的意志
亦不是壓抑我的心和希望，只是我仍不頹喪
仍向前駛去

這樣的想法引導我穿越這個世界的空洞面具
雖失明，但滿足，我已沒有更好的引導

這幾行字聽起來像是絕望的嘆息，但這並不是放棄。認命通常會耗盡一個人的力量和他的創造性。但是米爾頓在捍衛他的自由時，他是充滿熱情的，他寫下「最高裁判長」(Areopagitica)，他叫喊著「給我知的自由，說話的自由，讓我根據良心自由地提出主張，最重要的就是自由」。在義大利，米爾頓就是去探望伽利略，並且支持他的人。在那個時代，成爲宗教裁判迫害者的米爾頓，奉獻他的力量，製作那充滿熱情的册子來支持克倫威爾(Cromwell)和宗教改革。當他們的主張成功時，米爾頓寫信給克倫威爾，殷殷告誡他要保護這個自由：

幫助我們拯救那自由的良心
從那庸碌的狼爪中，它的信條就是貪婪

這就是後來當大英國協失敗之後，仍然不願撤回主張的米爾頓；他是冒著上斷頭台的危險，儘管他後來設法逃脫。他熱情地將自己奉獻給所信仰的主張，他所表達的不是聽天由命、消極、馴良，或是喪失精力。米爾頓的詩給我們一個榜樣，悲劇的經驗可以被轉變成一件美的藝術作品。顯現在政治上的外部力量，就如同他詩裡面的內在力量，它們顯露的是米爾頓和他的命運保持著非常有活力的辯證關係，而這即是他眞摯的自由。

如果米爾頓活在二十世紀，他相同的情懷可能需要不同的表達方式。我們表達的形式是近似「狂怒的」，史坦利・昆尼茲(Stanley Kunitz)認爲對所有的詩來說，具有強烈的源頭是重要的。

約翰・濟慈(John Keats)亦有相當艱困的命運要對抗——來自於肺結核的死亡陰影，當他二十五歲的時候又再度發生。在預期到病又即將來臨時，他寫道：

當我有著沒有辦法活下去的恐懼時，
我的筆拾起我那思想豐富的頭腦……

有趣的是，米爾頓和濟慈兩個人在各自十四行詩的第二行中，他們關注的都是永遠沒有辦法再寫下詩句。詩，是他們最主要的表達管道，他們創造的自由，將被奪走。濟慈細數著當死亡即將發生時，他被迫要放棄各種深具意義的事物：

當我仰望夜空，它星羅棋佈的面容，

龐然的朦朧是它的浪漫，
想著我再也無法活著，去追尋
它們的影像，伴隨著機會的神奇之手；
在這美麗世界的一刻中，當我感到
我再也無法看著你們
在這仙境之中，我再也品味不到那
未假思索的愛的力量；——在岸邊
我獨自矗立在這廣闊的世界，思考著
直到愛與名聲成為空虛，逐漸隱沒。

讓我們來看看另一位詩人，他並不關注人身體上的遭遇，像是失明或是肺結核，反而他所關注的命運，全然在於人類的有限性上，他就是——波斯詩人奧瑪。他一般被認爲是個宿命論詩人，但是他應該被視爲，直視生命短暫卻不退縮的人：

進入宇宙，不問為何而來
亦不問從何而來，像流水般逕自流動；
在宇宙之外，風沿著荒原吹襲，

我不知道風吹向何處，它只是逕自吹襲。

《魯拜集》(*Rubáiyát*)經常被引用爲一首憤世嫉俗的詩，但是我期待去呈現的奧瑪，他是一個不畏懼去正視光線的詩人，那就是說當他正視人類的命運時，他不退縮。

從世界的中心穿過七重天的門檻
我向上攀升，直到土星撒登(Saturn)的寶座；
隨著路的延展，許多的結逐漸化開；
但是人的生命之結卻依然如故。
移動的手指不斷地寫著，它已經寫著，
繼續吧：既非你的虔敬，亦非你的才智
能夠塗抹掉生命的線條，
你的眼淚也沖刷不掉它的隻字半語。

他所抨擊的，正是我們都傾向秉持的虛假期望和幻想。經由一些獨特的虔誠或是我們的自艾自憐，我們希望能夠逃離身爲人的共同宿命。我們只是完全不知道最後的答案罷了。儘管有著宿命及種種不公平，我們必須把握的是我們有的自由是什麼，再依此前進。奧瑪說過，奧秘依舊會是奧秘；而我們在這裡要說的是，我們的命運是無法透過推理或智慧而闡明清楚。

雖然奧瑪經常被視為一個享樂主義詩人，倡導閒蕩著度過生命時光，在大樹底下，有著詩、酒和女人相伴的生活，但更貞切地說，他應該被視為以不屈不撓的精神和宿命對抗的詩人。他勇敢地對抗宿命，卻沒有成為一個宿命主義者。同樣地，在八個世紀以前，還是個小男孩的奧瑪就研習蘇菲教派和科學，在成年之後，他成為波斯傑出的天文學家，他寫過具有相當權威性的代數學，校訂過天文年表，並且說服過蘇丹重新編修日曆，在另一方面，他更是勤奮地在蘇丹的政府裡頭工作。他怎麼樣都不會是一個享樂主義的流浪者！

直接而清楚地擁抱一個人的命運，就如同是無憂無慮，充滿著勇氣一般，這會減少對命運瑣瑣碎碎的擔心所生的負向效果。這樣也會讓一個人的內在獲得解放，並且外在地實現個人的自由。如同奧瑪，這般的人們似乎最有能力去接受那不可避免的事情，也因此他們最具有生產力，也最有能力享有喜悅與歡樂。

在這些詩人裡頭，我們看見的是，接受人的命運，就是腳踏實地的方法。我們才不會成為已經預備好的犧牲品——我們不再與憑空想像的事物作戰；不再有躲藏在衣櫃裡的膽小鬼。我們從想像的千絲萬縷束縛中，被釋放出來；我們從乞求他人以獲得照顧的需要上，被鬆綁開來。當我們對抗過最糟糕的事情，我們即可解放開來，面對生活中的各種可能性。

命運的用途

尤里披蒂斯(Euripides)已經留給我們相當好的忠告：

事情總是會順其自然地發展，
對它生氣是一點好處都沒有，
誰能對它做最聰明的解釋，他就是最快樂的人。㉘

我們如何能夠對事情「做最聰明的解釋」？我們又有什麼能力來引導或是影響命運的方向呢？我們如何既塑造命運，又能活出它的樣子呢？惠特(Whittier)直言：「今天我們形塑命運／我們的命運之網，由我們編織。」㉙貝多芬即是我們可以學習的對象。

一個人所做的事，可以激起另一個人的壯志；當某個人可以向自己的命運挑戰，最後並能駕馭它時，這便能夠激起他人勇敢地向自己命運挑戰的力量。從外表看來，貝多芬的命運屬於他自己，但是由內觀之，那顯然亦是另一個人的

命運。貝多芬並沒有實踐我們的命運，但是他告訴我們，當輪到我們時，我們要如何去實踐它。㉚

命運在空間上、心理上、文化上都給我們設下限制，卻也賦予我們特定的才能。我們不僅要問：在這樣的限制下，我們如何行動，或者說我們要如何發展我們的才能？我們要問的是更重要的問題：面對這種種的限制，會不會讓我們產生更積極性的價值？

換句話說，一個人是否能將逆境轉爲順境，讓幸福更加幸福，化危機爲轉機，並且能夠持盈保泰？面對困境的過程，比起遇難則退，會給我們帶來更大的好處，還是讓我們失去原有的天賦？有許多人的例子都告訴我們，即使一個人背負著悲慘的命運，他仍能將命運轉到它積極的一面。尤里披蒂斯動人地說道：

我必須一死，我必須受監禁，我飽受離鄉之苦。但是我一定要在呻吟中死去嗎？臨走時我也要哭泣嗎？誰能夠阻止我帶著微笑流浪？主人威脅用鍊子將我拴綁：你說什麼？將我拴綁？是的，你可以綁住我的腿，但是卻拴不住我的意志，即使是天神宙斯，他都做不到。㉛

史賓諾莎(Spinoza)將自由關聯到我們的主動能力，而非被動能力。在這方面，我們要探問：我們的主動能力，在塑造命運上提供什麼樣的可能性？在命運裡頭，我們要認同那個方向，又有哪些面向是我們要避免的？我們是不是要在命運面前畏縮不前，為自己感到遺憾，然後再大喊著：如果我們可以如何如何……該有多好？是不是我們就像懦夫一樣地跪下，還是我們更可能像機器人一樣，被這個世界消抹了五官臉孔。何不讓我們逕自面對命運，讓它對我們的激勵，成為我們奮鬥的目標，讓它提高我們的感受性，讓我們有創意的洞見更為銳利？眞能夠這樣的話，那麼我們就是未來所需要的人。

我們看到事物變遷的起起伏伏，在這過程中，我們尋覓，我們逃離。在歷史人物如何應付他們的命運裡，我們也能察覺到自己的命運。榮格是這樣敘說他個人的經驗：

> 打從一開始，我就有命運感，就好像我的生活被指派給我的宿命一樣，它等待實現。這讓我有一種內在的安全感……在所有重大的事件裡頭，我經常感覺到我已經不在人群裡頭，我和上帝單獨在一起。
>
> 我曾經冒犯過許多人，經常是因為我發現他們並不了解我，但是事情最多就是發展到這個樣子罷了，我必須向前走去。我對人不具耐性——除了我的病人以外。我想，我必須要服從加諸在我身上的一些內在法則，讓我自己沒有選擇的自由。㉜

奧鐵加試圖了解歌德的命運：

歌德是史上第一個逐漸了解意識是什麼的人，人的生命就是人和他最親密的，個人化的命運搏鬥的過程。也就是說，人的生命是由問題本身所構成，它實質的內容並不是已經存在的什麼東西……而是存在的東西建造自身，也因此，它並不是什麼事物，而是一件絶對而不確定的任務。㉝

於是，這個任務不只是要回答「我是誰？」它是超越命運的問題。因爲這個「我」是什麼？它是在我和世界的關係之外的一種自我感。或許我們更應該問：我爲何而被召喚到這個世界？我的天命是什麼？

歌德寫道：「儘管人們在森羅萬象中探求，在現在與未來中追問他更高的命運爲何，他依舊是永遠猶疑不定的受害者，外在的影響永遠會讓他掙扎不已。」㉞我們應該把歌德這樣的自白，當作是我們所有人的自白。在歌德作品中的英雄們，擁有浮士德般的熱情，在生命中尋求他們的命運。麥斯特(Meister)「浪跡天涯，卻無法覓得他自身的生命意義……降臨在沃瑟(Werther)、浮士德和麥斯特身上的是……他們想要成爲某個樣子，而他們不知如何做到——那就是說，他們不知道要成爲誰。」㉟

我們知道，歌德四十歲的時候在義大利流浪，他自問「我是一位詩人，藝術家亦或是科學家？」這樣的思索導致某種結論，於是他自羅馬的信寫著「第一次，我尋獲自我，我是如此雀躍地和自己和諧相處。」㊱他的和諧是來自於他已經接受那令人困惑的召喚嗎？亦或是接受他曾經授命的事實？當他回到威瑪後，他踏入政界，奧鐵加認爲這件事情將歌德所處的世界與他自身割裂開來。「尋找命運的過程對歌德是如此艱辛，他的命運晦暗不明，因爲在追尋命運之時，他已使心逃離了命運」，逃離命運展現的樣子，卻是持續地受到命運的宰制。受到拋棄的感受㊲是必然的，那感受猶如自己被拋擲到受召的天命中。

根據奧鐵加的說法，歌德大部分的日子是憂鬱的，他的心理狀態是自我與生活方式之間缺乏和諧所導致的症狀，這個狀態與歌德所敘述他在羅馬時的和諧，完全相反。**在憂鬱中，人是極度痛苦的，他要對抗的是無意義，是那早晨張開眼睛，卻覺得沒有事情值得去做的沈重負擔**。歌德筆下的浮士德，在這部戲劇的一開始，即用「悲痛的眼淚」向早晨問候。把**使命感**當作一種召喚（calling 這個字與其「聲音」相同），來自宇宙的聲音，宣告這即是你「歸屬之處」，奧鐵加接著問「歌德這個人，他是受役於使命感，更甚者他是一個被內在命運永遠拋棄的人？」㊳

對一些具有非凡天賦和豐富才能的人來說，要追尋命運、活出命運，是困難重重，因爲他們的天賦持續地帶給他們許許多多不同的可能性。㊴因此，天才比起一般人，他們多半是憂鬱、焦慮的，當然他們經常也是更加歡喜，渾然忘我的。生命對有創造力的人絕對不是簡單而和諧的。[40]就像奧鐵加所承認的，那樣的生活對擁有多重天賦的人，顯得更加艱辛。他們的天賦「給他們帶來麻煩，並且讓他們在使命感中迷失方向。」[41]就像歌德這樣一個人的命運，絕對**不會**停留在一個清晰的使命感之上。

我心目中**最偉大**的心理學家，同時也是美國有史以來最具創見的哲學家，威廉・詹姆斯，他即是一個苦苦掙扎要發覺命運，活出命運的卓越典型。他潛心於各種不同的專業領域，最初他學習藝術，並計畫成爲一個藝術家；後來他轉回到孩提時代所醉心的科學，在這個領域上，他又由生理學轉換到醫學。「我研究醫學最初的目的，即是想要成爲一個生理學家。」威廉說，「但是，從某種災難裡頭，我不知不覺地陷入心理學和哲學」。在承認命運這件事情上，「陷入」和「災難」這兩個字剛好顯現了他所經驗到的兩難。有趣的是，驅使他不停地去探究和追問的心理學與哲學，卻是他缺乏學院訓練的兩個領域。這些轉換絕非是業餘的，這是一個永遠活在剃刀邊緣的追尋者所做的具體表現。

在十六歲的時候，威廉・詹姆斯在寫給一個朋友的信中，他援引詩人寫詩的例子，語帶熱情地說，賦予一個人生命重要性的，即是他對命運的**使用**(use)。他寫道，順著我們個人的傾向，我們明瞭個人發揮最大效用的軌跡。但如果詹姆斯照著他規劃的路走，他將只是「拿著顯微鏡，進入這個領域的一個科學家」。但他眼睛的弱視，讓他無法走上這條路。命運中的牴觸告訴我們的是，一個人的意願與生命中之必然相互衝突的時候，我們更深層的命運就會在此顯露。

詹姆斯告訴我們的是：他是如何跟他虛弱的身體，跟像是瞎了眼般的弱視，背部殘疾，還有他來自內心，一再發生的心理憂鬱搏鬥。藉著對自由的信仰，詹姆斯得以克服他的憂鬱。他的憂鬱是來自於兩方面的矛盾，究竟他的行爲表現是受到先前生活的影響——像是童年，或者是他可以保有最低限度的個人行動自由？他沒有辦法證明後者，他的朋友們也無法給他證明。沒有人能夠使用明確的措辭來說明人生命中的種種**素質**(qualities)像是：勇氣、愛、美或是自由。因此，詹姆斯開始著手他論意志和信仰的重要著作，[42]藉著他其中一本評論集的標題——《信仰的意志》(*The Will to Believe*)，來闡述他的想法，他寫道：「**自由的第一個行爲即是選擇自由**。」任何一個從事心理治療的人都知道，這個提醒會給予人一個新的觀點，它在憂鬱的範圍之外，並且爲這慢性病注入新的活力。

詹姆斯在這裡要論證的是信仰與命運的關聯。信仰——或所謂的信念，能夠改變一個人命運的軌道嗎？在西方世界的歷史中，許多智者對這個問題的回答皆爲「是」。如同康德一樣，他們所持的看法是：一個人心智的狀態會影響到他所覺知到的結果，也就是說，不只是我們的心肯定了眞實，事實也會和我們的心趨於一致。因此，我們的心智狀態影響了我們所經驗到的眞實。卡爾·普里布蘭最近在大腦神經學及腦與外界關聯的實驗即證明這一點，如同葛列格里·貝特森的概念「價值有部分是由我們的信仰所構成的」。詹姆斯在他不得不面對的嚴重憂鬱症中，似乎也碰到同樣的眞理。

由於詹姆斯遭遇的問題及他充滿困境的命運，他培養出令人驚嘆的個人自由。他具有極度的韌性，並且寬宏大量：從口號到實踐，他是自由活生生的例子。他不僅在學院心理學中留有經典的著作，他的著作同樣分布在宗教、意志、神秘學和教育之中。他永遠不停歇地堅持，**不管命運如何限制選擇，在人的生命裡頭，存在著選擇。**

註釋

①巴斯卡(Blaise Pascal)，《巴斯卡沈思錄及對宗教之思索》(*Pascal's Pensees, or Thoughts on Religion*)，Gertrude Burford Rawlings 編譯，Mount Vernon，N.Y.: Peter Pauper Press，1946，頁 35。

②琴・季洛杜(Jean Giraudoux)，《安非特律翁 38》(*Amphitryon 38*)，New York: Random House，1938，頁 97。

③荷馬(Homer)，《奧迪賽》(*The Odyssey*)，5:192 ff，我很感激麥可・布雷(Michael Blatt)，〈人的生命在沒有死亡時會比較好嗎?〉，*Soundings: An Interdisciplinary Journal 63*，no.3(Fall 1980):325。

④丁尼生(Alfred Lord Tennyson)，《尤里西斯》(*Ulysses*)，收錄於《丁尼生詩集》(*Tennyson's Poetry*)，羅伯特・希爾(Robert W. Hill, Jr)編，New York: Norton，1971，頁 52-54。

⑤引自雅龍(I. Yalom)，《存在心理治療》(*Existential Psychotherapy*)，New York: Basic Books，1981，頁 35。我

相當受惠於雅龍博士這一整段有價值的領悟。

⑥佛洛姆(Eric Fromm)在《人之心：它良善與邪惡的本性》(*The Heart of Man: Its Genius for Good or Evil*)，New York: Harper & Row，1964，頁47。

⑦卡爾・普里布蘭(Karl Pribram)，是大腦神經學家，主張大部分我們心理活動的內容是對這個世界的投射，經由共同文化規範的聚焦，我們與他人完成了共同的感受。

⑧教皇亞歷山大四世(Pope Alexander)與宗教裁判所(the Inquisition)亞倫・科爾(Alan C. Kors)與愛德華・彼得(Edward Peters)，《女巫在歐洲，西元一一〇〇—一七〇〇年：歷史紀錄》(*Witchcraft in Europe 1100-1700: A documentary History*)

⑨同上揭書，頁119-20。

⑩同上揭書，頁201。

⑪同上揭書，頁202。

⑫同上揭書，頁96。

⑬同上揭書，頁217。

⑭同上揭書，頁364。

⑮同上。

⑯同上揭書，頁72。

⑰同上揭書，頁95。

⑱同上揭書，頁 114。

⑲同上揭書，頁 365。

⑳同上揭書，頁 364。

㉑同上。

㉒同上揭書，頁 337。

㉓大宗教裁判長(Grand Inquisitor)以自欺欺人方式迫害女巫，同上揭書，頁 340。

㉔同上揭書，頁 358-59。

㉕從加利福尼亞州工學院的史別立博士(Dr. R. W. Sperry)開始，現代的研究即了解到大腦的左半球和右半球，分別掌管不同的功能。科學界普遍承認了這個看法，大致上來說，這些研究證實了左半腦傳遞我們經驗中屬於邏輯和理性的訊息，右半腦多半傳遞的是情緒性的、富詩意的或是藝術性的訊息。在我們文化中，女人被認為發展右腦的功能，而男人靠的多半是左腦。因此，在我們文化中，女人是不是就像因斯提多利(H. Institoris)和雅各・史普藍格(Jacob Sprenger)所說的容易耽溺於「邪惡的迷信」。這裡我們要指出的是：問題僅在於女人是情感豐沛的，是富詩意且有想像力。

這個說法只是就一般性來講，並不是普遍性的規則，這當中有許多例外存在，就像是馬克白(Macbeth)與馬克白夫人(Lady Macbeth)所具有的特質一樣。

㉖同上揭書，頁 358-59。《魔鬼的眞相》(*The Reality of the Devil*)這本書的副標題爲〈人類內在的邪惡〉(The Evil in Man)，這裡的魔鬼並非有眞實的肉體，也不是什麼實在的事物；露絲・南達・安沈(Ruth Nanda Anshen)

這位作者所謂惡魔，指的是人的種種邪惡。

㉗弗烈德利克・路塞(Frederick D. Losey)，《莎士比亞》(*Shakespeare*)，Philadelphia and Chicago: Winston，1926，頁970。

㉘尤里披蒂斯(Euripides)，《柏勒洛豐》(*Bellerophon*)，Frag.298。

㉚約翰・葛林立夫・惠特(John Greenleaf Whittier)，《危機》(*The Crisis*)10。

㉛沙利文(J. W. N. Sullivan)，《貝多芬：他的靈性發展》(*Beethoven: His Spiritual Development*)，New York: Vintage，1960，頁165-66。

㉛引自漢娜・鄂蘭(Hannah Arendt)，《心靈的生活》(*The Life of the Mind*)第二冊，《意願》(*Willing*)，New York: Harcourt Brace Jovanovich，1978，頁29。

㉜卡爾・榮格(Carl G. Jung)，《回憶・夢・省思》，阿尼拉・賈菲(Aniela Jaffe)編，理查(Richard)、卡拉・溫士頓(Clara Winston)譯，New York: Pantheon，1961，頁48。

㉝奧鐵加(Jose Ortega y Gasset)，〈追尋歌德的內心世界〉(In Search of Goethe from Within)，收錄於《藝術的去人性化》(*Dehumanization of Art*)，New York: Doubleday，1956，頁146。

㉞同上揭書，頁150。

㉟同上。

㊱同上揭書，頁154。

㊲當我在快要二十歲的時候，一些長久以來被遺忘的句子，讓我刻骨銘心：「生命如同騎兵隊，它精力充沛地

揮灑，並欣然承擔危險。」這句話對我來說依舊是中肯的，如同當年一樣。馬丁・布伯說過：「向前去迎接命運。」

㊳轉引自奧鐵加，頁158。

㊴比起奧鐵加來說，大部分歌德的學生對他生平的解釋顯得較爲寬宏大量，這大概是因爲他們在評論歌德時，不像奧鐵加持那麼高的標準。也許有人會認爲，如果一個人能夠有像歌德這位詩人的才幹，那他應該就心滿意足了。例如奧鐵加寫道：「生命就是一絲不苟地冷酷無情，使人能夠毅然向前，以接受個人獨一無二的宿命，接受宿命——也就是說，決意去活出自己的宿命。不管我們願不願意，我們必須明白我們的角色，我們的天命和生命的劇本——嚴酷的事實就是，我們只能成爲本眞的我，我們不需再爲此命名。」

㊵很少具有天賦異稟的人，可以像巴哈(J. S. Bach)一樣，在一個環境中可以完全地發揮他與生俱來的創造力。

㊶轉引自奧鐵加，頁160。

㊷他的經典之作是《心理學》教科書，其他尚有《宗教經驗的種種》(*Varieties of Religious Experiences*)，《實用主義》(*Pragmatism*)，《信仰的意志》(*The Will to Believe*)，《與教師對談》(*Talks to Teacher*)等等。

自由的歧路

Mistaken Paths to Freedom

7 當代的自戀現象
The New Narcissism

威利，親愛的，我無法哭泣。為何你會做出這樣的事？我一再一再地尋找，卻始終無法理解，威利。今天，我付清了房款。就在今天，親愛的。再也沒有人會待在這個家了（一聲嗚咽從她的咽喉裡溢出）。我們是自由而清醒的（完全釋放哭泣）。我們，是自由的（畢夫緩緩走近她）。自由，自由，自由……

——亞瑟・米勒(Arthur Miller)，《推銷員之死》

如果我們試圖理解近代自戀現象及其與解放的關係，就必須審視自戀源生於何種文化危機之中。一九六〇年代被標誌爲一個反叛的時代，特別是年輕一輩的反叛：反抗僵化爲工廠的教育；役齡男子激烈反抗他們理應被送到越南沼澤送死的預設；也反叛實則是爲了孵育子女的愛情神話；嬉皮們聚居在一起，相信除了自己，他們別無所需；無數青年斬斷所有與父母的連結，走上街頭流浪。

這些一九六〇年代的運動被視爲獲致解放的努力。從生產線式的教育中解放；解放於離經叛道被視之爲精神病患的束縛；解放於過去的教條與對未來的模糊恐懼而可以自在地做愛；對那些背起行囊四處搭便車流浪的人而言，「住在街道上」是從空間的限制中解放。當時的信念是所有人都可以在俗世的意義上重生。他們全像是蓋茲比一般，不重現卻反抗何瑞修・艾爾格(Horatio Alger)的神話。

我絕不希望諷刺一九六〇年代。①它所創造的事物在族群關係上獲致極高的成就，也打破了青春期與成年期之間的某些藩籬，在大學事務上學生也能成爲分擔責任的成員。

但整體而言，這個時代留給我們的是失望與幻滅，重要的東西流失了。從過去的結構中解放，是否就意味著所有的結構必得煙消雲散？一個人擁有了心靈的純淨就可以別無所需，一個人的信念就可以撼動律法的穩固。彼得・馬林(Peter Marin)這樣形容這個信仰，「個人意志所向無敵，並完全主宰著一個人的命運」。②對社會沒有責任，對不可抗拒之事絕不接受，對人類無可否認的命運沒有覺悟。托克維爾形容美國傳統是，人們相信命運掌握在自己手中，這個傳統在一九六〇年代的運動中達到高峰。

托克維爾對美國人相信此傳統也有所描述：

> 在另一片天空下誕生，置身於變動不居之中，美國人被環繞周身的洪流所驅

動，沒有機會將自己固著在任何事物上，他為適應變動而成長，咸信這是人類的自然狀態。他感覺到需要這個狀態，尤有甚者，他愛著這個狀態；變動，對他而言不但不意味災難，反而孕生了所有的奇蹟。③

自我迷失之兆

沒有人能長期生存於幻滅之中。很快地，在對等的團體中產生獨特的關懷是顯而易見的。一九七〇年代的青年人轉向內在世界。他們問，是否因爲內在有所欠缺才造成這些運動的失敗？既然我們無法如我們所願地改變外在世界，我們能否改變內在世界？

既然外在的努力多多少少被證明爲完全失敗，他們現在轉爲關注內在世界。精神治療學家常聽到，一九七〇年代的人們也追問的問題是，是否能透過某種對內在自我的精神治療或是某些新的宗教信仰，讓我們發掘自我？我們能否在東方發現指引？我們能學習一種新的瑜伽與冥想嗎？許多運動的領導者直接轉向內在的心靈運動。芝加哥七人幫的雷尼・戴維斯(Rennie Davis)成爲一個青少年印度教團的皈依者，有一段時間他曾占據新聞的版面，但是現在，就像其他許多人一樣，不再有人聽過他的消息；傑瑞・羅賓(Jerry Rubin)轉向書寫內省式、告解式的書籍，例如書寫性愛，藉著自己所經歷過的路途召喚感到空虛的人們。

爲當代的自戀現象辯護，必須說明喪失自我的威脅是眞實的，喪失自我於行爲主義，這個主義在這些年來不知疲倦地宣揚著自我其實是不存在的教義，所有的行爲者只不過是制約的聚合體而已，自由不過是一場幻覺。文化中對這些概念普遍接受的程度，部分是爲了逃避對於核子戰爭與內在混亂的巨大恐懼，這種情況完全顯示在史基納的《自由與尊嚴之外》一書的暢銷。或者，自我會喪失於技術性文化，被計數器變得更加電腦化，人變成只是我們社會中的機器人。有相當數量的人群會退縮到另一個碉堡之中，那就是自我的堡壘——或者其中有些人會稱此爲「轉進」，他們期待在碉堡的圍欄後形成最後的一道防線，不但保護著自由，也保護著身而爲人的存在。自戀在妮可對性愛的陳述中被視爲：「我有權利用我的身體做想做的事情。」

許多的歌曲也這樣唱著：「我就是我」、「我行我素」以及「我的心屬於我」，最後一首由芭芭拉・史翠珊(Barbara Streisand)所主唱，尤其具說服力。有關自我意識書籍的出版浪潮，也支持著個人自尊的抬頭：《我好——你也好》(*I'm OK—You're OK*)、《我只是遇到我喜歡的人，那就是我自己》(*I Just Met Someone I Liked and It's Me*)，《做你自己的好朋友》(*Being Your Own Best Friend*)等等。亞倫・威茨(Alan Watts)也把他的自傳命名爲《自行其道》(*In My Own Way*)。一本名爲《我如何在一個不自由的世界中找到自由》(*How I Found Freedom in an Unfree World*)，與《威嚇致勝》(*Winning by Intimidation*)爲同一人所著，書中內容有幾個自戀現象的極端例子，例如「在任何國度中的自由人，總發現讓自己活得自由與快樂的方法，就是不必負有任何必須的責任感。」[4]或者是，「如果你必須爲了社會而放棄自己的快樂，那麼社會有什麼重要？」[5]這個作者除了在社會中，還有那裡可以學到這種說法？如果不是社會之母，誰把他當初生嬰兒般保護？他從不曾加入社會學習或在社會中與人們共同參與一百萬件或一件事情？那個「我」的時代仍舊活在《紐約時報》(*New York Times*)中一個書名爲《人定勝天》(*The Sky's the Limit*)的宣傳廣告中，廣告承諾著：「絕對的快樂」、「讓你成爲大時代的完全贏家！」

伴隨而來的是自助團體的快速成長與提升意識的努力，意識提升到某一個頂點，不但能通向自我，還確保自由不會受到環繞四周的機械化壓力所威脅。很多人相信「如果我即是我，就將自由。」這並不讓人感到驚訝。彼得・馬林形容這是「自戀現象」，或者是「我」的世代。

自戀現象成爲一個主要的問題，即使在精神治療中也具有關鍵地位。自弗洛依德起，全然自戀者在精神治療中是最難受到幫助的，因爲治療師與其無法建立關係。而病患似乎無法突破自我閉鎖的迷障。

克利斯多弗・拉許(Christopher Lasch)指出現今我們的整個社會多少摻雜了幾分自戀的文化觀。他形容自戀的人們：

從過去的迷信中解放，他甚至懷疑自身存在的真實性。在放鬆且寬容的表象之下，他發現種族與族群純粹性的教條用處不多，但在此同時也喪失了對群體忠貞的安全感……他的性態度寬鬆多於嚴苛，即使從古老的禁忌中解放也未能帶來性愛的平靜。是該在容許與鼓吹的追尋中奮力掙扎，他不信任競爭的結果，因為他無意識地將競爭與不受羈勒的破壞驅力連結在一起……為了安然置放反社會的衝動，他頌揚合作與團隊。在暗地裡的信念中，他讚美法則與規約，但他們自己卻從不遵循。在這個意義上，他是貪求的，其渴望永無止境，他並不囤積物質保障未來，像是十九世紀政經概念下的利己主義者，反而要求立即的滿足喜悅，生活在永無休止，永不饜足的狀態之中。⑥

以我的意見，拉許的書對我們的文化作了適切的分析，他的評議實具洞察。但是我希望就我的領域，也就是精神分析與臨床工作的層次上對其假定與陳述提出見解。他沒有察覺到的是，精神分析是現代社會整體發展的一個**症狀**，不僅僅只是一種矯正問題的努力途徑而已。更進一步來說，他把自己局限在正統弗洛依德精神分析的層面上，而主要依賴兩位對當代自戀現象有所著述的理論家，奧圖・克恩柏格(Otto Kernberg)與漢茲・寇哈特(Heinz Kohut)。他在書中的索引裡，甚至不曾提到其他重要的理論家，像是：艾瑞克森、榮格、蘭克、阿德勒、蘇利文，他們對自戀都有很重要的著述。他最大的缺陷在於：如果不能理解這些由弗洛依德分流出去的理論，爲何會與弗洛依德分殊發展，就不可能眞正理解弗洛依德的理論。這些理論的其中之一，佛洛姆被拉許視爲說教；而以我的判斷，拉許所謂的人格精神官能症問題，蘇利文根本未曾加以道德化，或對其做出重大貢獻。

忽略了上述與弗氏相異的學者，拉許重述在十幾年前就已討論過的東西：死亡。舉個例來說，存在主義式的分析早自一九四〇年代就不斷在討論死亡，並將其直接運用在治療上（參見雅龍與我本人的著作）。拉許談論到現代的患者沒有病徵，但是一般說來漫無目標、空虛、抱怨無聊與缺乏承擔。這就是我在一九五〇年代的《自我追尋的現代人》(*Man's Search for Himself*)一書中所討論的。拉許稱之爲人格問題，現在成爲學者的主要關注。威廉・賴希(Wilhelm Reich)在一九二〇年代晚期於《人格分析》(*Character Analysis*)中提出此一論點，蘇利文就這個問題有許多重要的近期著作。自戀作爲一個事實，拉許試圖論述的是與近代發展相關，成爲存在主義精神分析學者的核心關懷，但自蘇利文開始，這二十年來一直都是如此。拉許的著作對我而言極富社會批評的價値，但是作爲精神分析與臨床治療就顯得狹隘了。

如果我即是小我，我將得自由嗎？

在過去五年的一連串詩歌中，一位我熟識的青年朋友闡釋了與社群的疏離，她顯現著自戀現象的某些部分。她開始尋覓「如何解放自己／全體」。如同下列所引的詩歌：

我，沒有獨特的
一票朋友
他們會認為，我之所行
沒有是，沒有非，沒有欲求的終點

這揭露了一個沒有人際關係與道德框架所架構出來的世界，「沒有是，沒有非，」也沒有目標。這是一個疏離與虛無的慶典。毫無疑問地，她受內在的自我所驅使著，在與自我的自戀關係之中尋求庇護：

最純淨的愛
最暖熱的愛

最激越的愛
是當我明瞭了這些感覺
並不是我為他人而生的
而是為我，只屬於我

但是這種自我論，最有力的對「我」之世代的描繪，卻導向她的焦慮，在這個觀點上，焦慮是一種殘餘健康(residual health)的徵兆。

我才剛開始了解
多可怖啊
活著，首先只為自己

在其後的一連串詩文中，增生著怨懟與憤怒，當她感知到在異化與疏離之中，她也許錯過了救生的浮木。這個系列的詩文，以抨擊自我規訓收尾。

自我規訓是對自我的反叛⑦

這些詩文就如同威利・羅門(Willy Loman)之妻在他葬禮上的泣訴：「我們是自由而清醒的……我們是自由的……自由……自由。」但是威利的自殺卻造成家庭的破碎，這並無眞正的自由可言。

「如果我即是我」這種症候群的最主要問題，以及在追求個人自由的過程裡，我們很快就精疲力盡，其原因在於我們疏漏了其他人；忽略他人，無法豐盈我們的人性。這亦是不去面對，我們必須安身於群體的命運。這讓我們想到了費利滋・波爾斯(Fritz Perls)最有名的一段話：

我行我是，而你行你是
我存身的世界並不撐持你的期待
而你存身的世界也不撐持我的
你為你，而我是我
偶然間，如果我們找到彼此，
是種美麗
如果不能，我們無可奈何[8]

這提供了個人對抗世界的勇氣，或者有人寧願稱之爲自大。沒錯，在歷史上有一段個人主義的時期是必須的——我認爲過去十年就是這個時期。但是現在卻成爲生命的終極目標。塔普司(Tubbs)在《波爾斯之外》(*Beyond Perls*)書中說得對：「這個『我』從不可分割的『你』中而來。」克林德・維安(Clint Weyand)說「自戀其實是一種矯飾爲自愛的自我厭惡。」「這也許是自我欺瞞中最殘酷、最陰暗的形式，因爲它破壞了互愛關係的療癒力量。現在我們必得超越鏡像的誘惑，代之以一種道德與政治視角的自我形象(ego's image)，重振我們的士氣並且豐盈我們的人性。」

「我即是小我」，或遲或早會帶來悲傷，因爲它試圖逃避終將阻礙每種自由可能的命運。上述所引詩文的作者以及所有波爾斯的信徒都能從十七世紀由安琪拉絲・希利西雅(Angelus Silesius)簡單的陳述中獲益：

無物能將你
綑綁
除了你的這個目中無人的「我」
當你斬斷
他的鎖鍊，他的鐐銬
就將自由⑨

我們初生之時，切斷臍帶是踏上漫長曲折路途的第一步，這路途充滿無盡的艱辛與銘刻的喜悅，這些都是自然發生的。很顯然地，我們從未完全達成目標。作為社會人，在許多層次上面對、接受、履行我們的命運，在這其中才成就我這個人，如果不能意識到這點，就走上了錯誤的人生路途。

如果在人類關係上沒有任何限制，沒有任何不能涉足之處，也就沒有讓人能從中得到滿足的關係。這個無意識的概念在以往行得通，但在人們懷抱著自我大夢的現今，卻不再可行。自我的完全透明化，不再凸顯其作為理想目標的價值時，就變得不再可能實現或甚至不再被渴求。保持自我的神秘——聖化至聖之所——和自我的透明化是同等重要的。

隨著自戀現象而來的是對眞相的不信任，我們因而無能相信有什麼事會是眞實的，只好死命地抓住存在於自我內部的東西，冀求能找到穩固的船錨。對眞實不確定的積極面顯示在禪宗的故事中，故事中的人問道：我正在注視著蝴蝶，或是我是隻蝴蝶，而我正夢到我是一個人。而其消極面呈現在蘇珊・桑塔(Susan Sontag)的評述：「眞實越來越像是我們在照相機中所呈現的樣子。」⑩也就是《現代啓示錄》(*Apocalypse Now*)中浮現的景象：暗夜中的陸戰隊員，盲目地拚命開槍掃射，不知道敵軍砲彈將從何處而來，也不知道指揮官在哪裡，或者他自己**是誰**，有沒有一個指揮官。我們正上演著卡夫卡式的寓言故事，除了它不是以安靜的場景作爲演出外：舞台上有著原子彈的威脅，可能受到毀滅殆盡的城市，正午時分不見天日的黑暗。

眞實的不確定性威脅著我們。在我們技術化的世界裡，自我變得越形重要。強調活在當下，無能從過去或未來得到撫慰與重生，這種無能綑綁著人，因爲個人不能確定眞有一個自我，於是蔓延的迷惘與頹唐追逼著，形成極度的低迷——這些症狀都在呼喊著，在自我與世界的締結上，某些事在根本上已經出了差錯。自戀現象與「我」世代，是自我的眞實出差錯的病徵。我們似乎必須去追問每種關係以及衝突不斷的答案。

一九六〇年代的年輕一輩面臨著自我的不眞實，引發了比過往更大規模的精神恐慌。對他們之中較年長的人而言，所有這些衝動與妄想病徵——嚴苛、虛無、不求成效——都是對抗精神病的防護。但是這些年輕人服用迷幻藥所形成的精神幻覺，讓整個社會也陷入幻覺之中。一次又一次地，人們總問是否整個社會就是精神病的幻象，提問之後的猶豫只顯示了答案是對、也是錯的矛盾。

「成爲我，就將自由」這樣的激情，逐漸轉而成爲精神醫療機構的研究對象，如同易卜生在一八八七年的幻想預言。皮爾•金(Peer Gynt)拜訪埃及的瘋癲病患收容所，皮爾原先預期這些患者會住院是因爲他們不能成爲自己，但是收容所院長卻並不如此認爲：

我們在這兒，完完全全地；

除了我們自己，無物存有。

在自我的壓力下，生命蒸發如水霧。
每個人封鎖在自我的空桶中，
潛入最深處，醱酵著，
在自我的古井裡，
以木塞及季節一起封緘，
在這，沒人為他人而悲泣。
在這，沒人聽他人的思慮。

沒有認識到自我的命運，自我就不可能有意義。我們如何回應疾病、災殃、好運、成功、重生與巨大的死亡，都是極具決定性的；而這些回應必須是與命運相連的自我來達成。自我的意義該是所有人的所言所行，都在個人自由與其命運的關聯之中。

因此，自我現實感的缺乏歸因於疏漏了命運。我們暗地裡傾向於相信那些宣傳：我們是「不受限制的」、「人定勝天」、「我們將會是百分之百的贏家」、「創造自己的命運」等等。在面臨生命存在的自然循環時，這些剝除了我們的現實感與冒險行動，因而也剝除了對自己存在的覺悟。顯然地，「如果我即是我，就將自由」是一個錯誤的路途，因爲它缺乏對命運的醒覺，這醒覺才能賦現實以自由。相反地，這錯誤的路途導向的是孤立與疏離。

納希色思與復仇的神話

大部分的人都記得納希色思(Narcissus)的神話是講述一個美少年愛上自己湖中的倒影，但卻永遠難以擁有這倒影而憔悴。但是確切的神話內容遠比這豐富。故事該從提瑞西雅司(Tiresias)說起，這位年老的預言家向納希色思的水精靈母親預言，她的兒子在不認識自己的情況下才會活到人該有的年歲。這個預言一下子抓住了我們，不認識自己是什麼意思？的確，自戀以自我認識的問題爲支點來運轉。但是提瑞西雅司爲何說，納希色思如果避免我們後來稱呼的自戀，就將會活得長久？或者他的「認識你自己」(Knowing thyself)是轉譯自希臘文，原意是「意識到你不過只是一個人類」，接受你身而爲人的有限，而這正是納希色思拒絕去做的？

這個神話中被大部分人所遺忘的第二個角色，是愛可(Echo)——一個不可自拔愛上納希色思的山精靈，當他獵鹿時，她滿山遍野地跟著。在招呼打獵的同伴時，納希色思呼喊著：「到這裡來！」愛可也回應著同樣的話語，並衝出來擁抱他，但是納希色思粗暴地甩開她，並叫著跑開：「我寧死也不會跟妳在一起！」⑪

愛可於是日漸消瘦，到最後形體消失，只殘留下她優美如歌的聲音。衆神憤怒於她的失職，處罰她永世在山澗幽壑中徘徊，今天我們就可以在那裡聽到她的聲音。但是爲了復仇，她召喚神祇處罰納希色思，讓他也成爲得不到回應之愛的犧牲者，然後他就愛戀上了自己的倒影。⑫

> 一開始，他試圖擁抱並親吻在面前的美麗男孩，但是不久，他辨認出那是他自己，時間點點滴滴過去，他帶著狂喜恍惚地注視著湖中倒影。他怎能忍受同時擁有與不能擁有？悲傷慢慢摧毀著他，但他卻也享受著這磨難；因為意識到不論何事降臨，他的另一個自己永遠會是真實的。
>
> 愛可，從不曾忘記他；當他將匕首刺進胸膛，她與他同聲嘆息：「天啊！天啊！」，當他死去時，悲嘆著：「啊，少年，空愛一場的愛人，再會！」⑬

在眾神的眼中，納希色思的悲劇來自於他不能愛人，他從不曾把自己給出去，用和別人相締結的方式去愛人。在納希色思的愛中沒有養分，在自戀裡也沒有，沒有眞誠相交、沒有相互餵養、沒有人與人間的關係。「我即是我」的努力逃避一個弔詭的情況：我們如果不將自己交出去給他人，就沒有辦法去愛。從逃離與他人的糾纏中抓住自由，我們將開始悲嘆著無能於共感與分擔——無力於眞正去愛。

這個故事中另外一個重要的啓示，將幫助我們了解現今的自戀現象，以我的意見，這些尙未見諸文字。**自戀源自於仇恨與報復**。愛可的請求，愛神給予的回應，即是一種報復的形態。

當代的自戀現象的確有強烈的憤怒與報復動機，上述的詩文就有所顯示。「我沒有……是，也沒有非」可以視爲「這文化讓我們失望」的哭訴。我們在孩提時所習得的是虛假的；我們的父母因混亂而傷痕累累，無能告訴我們什麼是可資選擇的道德指標，或者教導我們任何智慧；於是，他們所灌輸的東西，最後讓我們難以下嚥，並激起了我們強烈的反叛。

這些都來自於報復，在這文化中那些受到背叛的人們，如同那些詩文的作者，退縮到自我深處並以孤寂的自憐撫慰自己：「最純淨的愛／最溫熱的……最激烈的愛／不是……我爲他人而生的／而是爲我自己。」

在我們的社會中，這稱之爲自愛。自愛(self-love)這個詞在佛洛姆《自私與自愛》(*Selfishness and Self-love*)一文後就普遍通用。佛洛姆貶前者而褒後者。他沒有看出自愛與去愛的不同。自愛是一種造成悲劇的缺陷，一個具誘惑性的錯誤，它在各種自我成長的書堆中被傳達出來，並散佈著源於自戀的破壞力量。去愛與自愛是兩件不同的事。爲他人而去愛，驅動著兩個孤立的個體相結合，使彼此充盈、重生、彼此奉獻差異，並結合相異的基因，形成一個新生而獨特的生命——在這一層次上，性衝動才會是強大的驅動力量，性的本質是兩個相異的生命體的結合。以亂倫做對比，大自然的明確目的是在增加可能性。受孕，是兩種相異基因的結合導致新生命與原始模式的創造。這卻是納希色思不能也不會去做的事情。

如果你厭憎你自己，那麼你就無法愛別人，這樣的老套說法是眞實的。但是它的反轉說法——**如果你愛你自己，就將不會愛別人，卻是錯誤的**。納希色思拒絕了愛可，即戲劇性地揭示了這點。許多人以自愛爲替代，不去面對愛人所需的更多挑戰。所謂的自愛應該是自我照料(self-caring)，包含了自尊、自重與自覺。讓我們從自愛與愛人的混亂中脫身，這些混亂在納希色思的神話中業已顯示的十分生動了。

自由地去愛人需要自覺，弔詭的是，還有對自我存在的肯定。同時，還必須溫暖柔和，對他人肯定並盡可能不去爭勝，在摯愛的需求中放下自己，對長者美德的感恩，與對彼此的諒解。

命運是人在愛中的行進。照料自己與愛別人這相互辯證的兩極，讓人們彼此滋養與壯大。幸運的是，這種矛盾無須逃避也無須解決，反而必須在其中生活。

註釋

①在那年代我曾參加過一個嬉皮婚禮，在大蘇爾(Big Sur)的一個山區高原上舉行。那景象重現了卡門歌劇中的吉普賽場景。七十五到一百個年輕人穿著異國風味、五顏六色的服裝，失去了時間概念，彷彿他們前晚整夜

狂歡，現在可以隨時隨地躺下就睡，有些人跳著舞，有些人如夢似幻地坐著遠眺太平洋，還有些人在麵包與酒的四周圍轉來轉去。但是當一些茫然迷惑的小孩出現時，有一種悲哀的氣氛環繞全場，這些小孩漂浮在人群之中，好像不知道他們的父母是誰。整個營地的上空籠罩著孤寂的濃雲，無論是誰看到這些賓客的眼神，就可以感覺到這種疏離。

在當時那些有關自由的一切說法中，沒有一樣有所建樹、規劃以及對命運的覺悟。唯一有建設性的是對旭日東升的期待，那時他們才單單純純地慶祝一個結婚典禮。

②彼得・馬林(Peter Marin)，〈當代的自戀現象〉(The New Narcissism)，《哈潑雜誌》(*Harper's Magazine*)，October，1975，頁48。

③喬治・威爾森・皮爾森(George Wilson Pierson)引用在《美國的托克維爾與波蒙》(*Tocqueville and Beaumont in America*)，New York: Oxford University Press，1938，頁119。

④哈利・布朗(Harry Brown)，《我如何在不自由的世界找到自由》(*How I Found Freedom in an Unfree World*)，New York: Hearst，1973，頁128。

⑤同上揭書，頁163。

⑥克利斯多弗・拉許(Christopher Lasch)，《自戀文化》(*The Culture of Narcissism*)，New York: Norton，1979，頁16。

⑦這個朋友告訴我，她稍後會寫一系列有關社群與關係的文章。表示她認為引用的部分有所欠缺而正打算動手矯正。

⑧克林德‧維安(Clint Weyand)，《殘存的大衆心理學》(*Surviving Popular Psychology*)，未公開版本。

⑨弗烈德利克‧法蘭克(Frederick Franck)，《安琪拉絲‧希利西雅之書》(*The Book of Angelus Silesius*)，New York: Knopf，1976，頁127。

⑩拉許，同上揭書，頁48。

⑪羅伯特‧格福斯(Robert Graves)，《希臘神話》卷一(*The Greek Myths*: 1)，London: Penguin，1972，頁286-87。

⑫根據格福斯的說法，納希色思認出了湖面的影像是自己。在這個意義上，納希色思的確「認識自我」。是否這就是自戀致命的原因？

⑬格福斯，同上揭書，頁287-88。

8 沒有親密關係的性是自由？

Is Sex without Intimacy Freedom?

凱文納……俯身向著柏林樂。「沙利，當你太太和別人做那檔事時你不會嫉妒嗎？」

「嫉妒？」

「是的，嫉妒。」

「不，老兄。我已經解放了。」

「那是什麼鬼意思？」我說。

柏林樂理所當然地回答：「我什麼也感覺不到。」

「解放意味著你什麼也感覺不到？」

「是啊，我解放了。」

——李歐納・麥克斯(Leonard Michaels)

《男人俱樂部》(*The Men's Club*)

如果不是在彼此為對方神魂顛倒的那一刻，又是在哪一刻，戀人們才能夠完全地擁有他們自己呢？

——德日進(Pierre Teilhard De Chardin)
《人的現象》(*The Phenomenon of Man*)

加州柏克萊大學的學生在一九六〇年代的改革運動，他們散發出的傳單上頭有一項訴求——「今晚與陌生人共度」。同樣地，在精神治療運動的邊陲地帶，也有人在研討會中提出「與陌生人性交」的主張。這些詞語的邏輯是十分清楚。只要一個人想要和任何人，以及在任何時候有性關係的自由，難道不是解放的一部分？這自由難道不是保障了自發性、自我肯定，並且掃除了最後一縷舊文化殘留的罪惡感，這同時也是完完全全將威嚇拋諸腦後的機會？藉著與陌生人的性關係，難道不也保證了我們可以將性從親密關係中分離？或者可以這麼說「性與親密關係無涉」。

今日是歷史上首度擁有避孕藥的時代，但同時我們對該如何面對這局面感到困惑。藥丸導致一種對性有別於以往的態度，但是對人與人間的關係又暗示了什麼呢？把性，這種人身體上最親密的關係，當成個人自由予以利用，當性變得不再親密時，又會有什麼影響？

沒有親密關係的性，顯然無時無刻發生在我們周遭。說到這個，有人就會提到性交易。沒有親密關係的性，眞的給予我們在今日所認爲的解放嗎？的確，有某種新的東西注入到我們這個時代裡頭，像一些矯揉造作的人，把性的形式提升到一種理想、原則與美德。我相信這種理想所追求的是一種自溺的表現，也是在人際關係中恐懼於親密與親近關係的一種合理化，這源生於我們文化中的疏離，同時加深這種疏離。

親密關係是兩個人不僅分享他們的身體，也同時分享著希望、恐懼、焦慮與渴望，任何一個小小的動作與表達，都能使彼此更親密，所有的感受都萌生出情感。如同我在《愛與意志》(*Love and Will*)中所說，性由刺激和反應所構成，但愛是一種存在的狀態。這種關係就是親密關係，因彼此的分享而豐盈，在其中人們渴望聽到對方的夢與幻想、人生的經驗，並回饋自己的所有。

首先，讓我們轉移到沒有親密關係的性所構成的這一邊。在拉丁國家的嘉年華會中可以見到，在德國也出現在慕尼黑狂歡節(Fasching)的習俗裡，亦或在面具舞會中。無愛之性，其中的神秘感帶有一種極大的吸引力，事實上是一種不知道對方是誰的刺激。我們當中誰不會受到這種在舞會和嘉年華會中預設的天眞而亢奮，在這些場合中，責任被摒除在外。這些習俗反轉了古希臘與希伯來語中的智慧：「知道(know)」這個詞也意味著性關係。這種「不知道」承載著一種庶民智慧——如同宗教裁判所所言，容易犯錯的人類需要週期性的墮落，尤其是在四旬齋的齋戒期前。有三年的時間，我曾住在每年都會舉辦嘉年華會的國家中，我確信參與通宵的香檳舞會的確可以達到最大的放鬆與愉悅。

對大多數人來說，嘉年華季節是做夢的時刻，這些夢想也許永遠不會實現。一個從德國來的害羞患者，他的問題在恐懼親密關係，他訴說戰後他如何規律地參加柏林的面具舞會，「總盼望能遇到某種神秘偉大的愛。當然，我從未找到。」

從藩籬中解放

無愛之性有時對青少年有幫助，他們在人生旅途上跌跌撞撞走進可怕與混亂的狂野性愛，害怕會跌進陷阱裡。有時對離婚者在治療分離、遺棄與被拋棄上也有用。無愛之性被某些治療師視爲一種階段，讓人在情感上與糾纏不清的伴侶分離，然後再度投入自己的人生。其他的治療師認爲這個時期是一種方法，避免個人再度套入婚姻束縛，或者在還未度過因爲前次遺棄的悲傷時期之前，避免與另一個人牽涉太深。

現在我們淸楚這些都是一種解放：性交易聲稱是由禁制中解放；面具舞會從太多的意識重擔中解放；青少年由混亂中解放；離婚者從自尊受傷的痛苦中解脫。如果無愛之性不能增進個體的自由，最少它能爲日後的成長提供空間。

但是當無愛之性被塑造成一個人全部的生命，一種**花花公子**式的生活，就是一件不一樣的事。這是一種自我的分離，一種對個人存在很重要部分的切除。面具舞會裡，在一個人對無愛之性帶有神秘感的想像中，人們對二十世紀是一個失去神秘感的年代是警醒的，試圖在與面具這種愛情機器的機械化相遇中，形式化地發現自己，或者僅僅是以無所感覺的人的形式找到自己。如同桃樂絲・帕克(Dorothy Parker)曾說：「在愛中是多麼美好，我厭倦了受限於外貌而做。」

回憶第二章的妮可，她與一個幾乎算是陌生人的男人共度了一個周末，然後在陳述「性不涉及親密關係」後，她對菲力普說：「性讓我厭煩。」坦承厭倦難道不是承認了疏離，割離了可能，因此割離了自由？

許多的治療師受到這種患者的詢問，患者的目的在學習如何展現有感覺，但沒有感情的性。奇怪的是這些人卻是在情人的勸告下，來要求治療的。一個年輕女子在她的第一次會談中承認，她與愛人在一起非常快樂，一點也不會想要有關係之外的性，但是她的男友一直說服她，如果她不想和別人上床就一定是哪裡出錯了。在他的敦促下，她正學習可以和別人上床。茉兒・湘(Merle Shain)在她名爲《某些男人就是比其他人完美》(*Some Men Are More Perfect Than Others*)一書中，述說一場與愛人的爭執，她的愛人表達對她受限於只與他有性關係的不滿。最後她發現自己哭叫著：「如果我只想要對你忠實，這該死的不關你的事！」

我們看到恐懼於親密關係的男人時常會因爲對女人的普遍恐懼而被激怒。他們也許害怕有太多來自於女人的責任，會壓得他們喘不過氣來，害怕被女人的感情所牽絆，害怕被女人的需求所侵害。

很顯然地，女人也有相似的恐懼：恐懼於她們會被男人封閉，恐懼於將不能表露自己，恐懼於將會喪失自主權，最近，經由文化強調女人的「角色」是從屬於男人後，這樣的恐懼越形加深。

這些恐懼是可以理解的。涉及一定程度親密關係的性——對女人而言，這意味著開放自己讓男性進入身體的時刻。在最近這幾十年之前，上萬年來，性都意味著男人留下種子在女人體內，她從此可能要孕育一個胎兒達九個月，然後有一張嘴要長年餵養，之後還要承擔一個孩子的責任。是何種傲慢讓我們以爲在二十年內，就可以改變上萬年所留下的文化傳承？

兩具身體在性愛中的結合，在生理學上是最親密的人類關係。身體最私密部位的結合，遠比其他部位的碰觸來得親密。性是我們成爲彼此一部分最終極的方式；對方的每一次心跳都像是自己的脈動。

我質疑的並不是對親密關係的恐懼——毫無疑問地，我們在節慶或偶發的放縱中，渴望從親密關係中解放。我所質疑的是將這種恐懼合理化爲一種原則，而終於導致了自我的切除。

另一種合理化是認爲，既然有時性是一種娛樂，那麼**除了**娛樂，這當中**就別無其他**了；人們也不需要與打網球和橋牌的同伴建立什麼親密關係。這觀念不僅忽視性的意義也小看了情色的力量。雖然在我們的社會中，情色(eroticism)的確逐漸被色情(pornography)所取代。

最具洞察力的心理學與文學大師，杜斯妥也夫斯基就向我們描畫了這種性的形式。在《卡拉馬助夫兄弟們》(*The Brothers Karamazov*)當中，酒醉的父親被當成小丑，一晚從宴會中返家，接受了朋友的挑戰和一個癡呆的女人有了性關係。這個交合產下的兒子後來殺死了自己的生父。杜斯妥也夫斯基所使用的象徵有十分豐富的意義。極端說來，性行爲若是無愛之性，終將導致個人的滅亡。

沒有感情的感官

在考慮過上述的理由後，當我根據精神分析治療的經驗，論述那些能在無愛之性的體制下運作得最好的人，就是缺乏感受能力的人，這一點也不讓人意外。這種人反應衝動而機械化，不受感情所動，無論如何是不能經驗親密關係的人——總之就是像個無感無覺的機器——最容易進行無愛之性。我們的文化最讓人悲嘆的是：這種不能去愛的強迫性衝動典型，似乎就是在學校與生活中，廣泛予以機械訓練的結果，成爲我們的文化所播種耕作的典型。其危險性在於受到「性不牽涉親密關係」的座右銘所支持，這些四分五裂的人們像個機器人般存在，不僅僅在性的層次，在所有的層次上都傳達著感情的逐漸枯竭。少有人質疑上頭所引的故事中，不同國家的女人在做愛之後所說的話，而美國女人總被描寫爲會這樣說：「親愛的，你叫什麼名字？」

我曾指出，在與女人關係破裂的狀態中，有些男性患者，其中不乏知識份子，在性事上十分高明。無愛之性對他們來說不是特例，他們本來就可以沒有任何親密關係地過活，其渴求、希望、恐懼是如此貧乏，甚至可以說是消失了。在治療中他們開始有所進展，卻突然間發現自己陽痿了。這嚴重地困擾他們，他們通常無法了解，當意識到內在的某些感受，而不再可以如同以往般像控制電腦似地指揮自己的性器官時，他們開始慢慢辨別出什麼時候是眞正**想**做愛，什麼時候不是。陽痿其實是「性愛」的開端。現在他們理想的性生活建築在嶄新的關係基礎上；不再是一個性機器，而是眞正的愛人。

拉許正確地指出，「自溺者在性的態度上是寬容的，」但是這卻讓他「得不到平靜」。這裡發生的事情是，失去感覺會得到獎勵。蘇珊・史坦(Susan Stern)在形容她如何受到威勒曼(Weathermen)所吸引時，坦承「沒有辦法有任何感覺。我的內在越冰冷，外表就越火熱。」①

回憶妮可懇請菲力普找找別的女人時強調，她只有在他感覺到太多時才會受到傷害——例如，和其他女人透過性發展出某種親密關係。**失去感覺**，受到獎勵，這種理想造就了機械化的人，一個有感官卻沒有感情的人。這是我們在二十世紀下半葉的處境，如同身處卡夫卡的小說，每一件事都等待著我們去完成，但是我們自己——有情有感的人類——卻從不曾出現。帶著現代藝術家的坦白作風，安迪・沃荷(Andy Warhol)在自傳中摘要出現代的態度：「碧姬・芭杜(Brigitte Bardot)是一個眞正現代的女人之一，待男人如性玩物，可以買下他們並且拋棄他們。我喜歡這樣。」②還有許多其他待男人與女人如性玩物的人，但卻藏身於無愛之性的「原則」背後。

在我們的文化中，無愛之性的浪潮③與感覺能力的喪失攜手並進。我在治療的病患身上，就看著這浪潮早在一九五〇年代開始發展。拉許現在也觀察到了。談論某些新文化運動時，他說其源自於「對人類關係的品質普遍不滿」。④這教導了「人們不要在愛與友誼上做太多投資，避免過度仰賴他人，以及爲瞬間而活——這種狀態首先產生了人類關係的危機。」拉許這樣陳述：

我們的社會……讓深切而綿長的友誼、愛情與婚姻越來越難以達成……有些新的治療法嘉勉這衝突為「具決斷性的」，以及「為愛情與婚姻中的平等而戰」。其他的則盛讚在「開放式婚姻」與「開放式承諾」的原則下，所作的暫時性連結。如此一來，他們反而加重了原本想醫治的疾病。⑤

情色力量的喪失

蓋・塔利(Gay Talese)⑥的《鄰人之妻》(*The Neighbor's Wife*)引發了許多讀者的窺淫狂，因爲它是一種「人們在臥室裡眞正做了什麼」的全紀錄。然而，如果只是這樣，我們大可提及另一個例子——也許最好書寫，也最容易閱讀——的是腐蝕著情色的色情。在本書中有關性描寫的叙述，是參照當代作家的作品——確切說來是在沙斯東(Sandstone)的作家們——他們或被引用與誤用，或被例舉與誤舉。畫家波許(Hieronymus Bosch)的地獄圖，以及約翰・史密斯(John Smith)這位摩門教的創立者，都被塔利引爲在性態度的新浪潮中，會被嚇壞的人當中的佼佼者。塔利繼續向他的子民述說，他所描述的每一個參與群交與伴侶交換的人都是「自由」與「解放的」，並說這是從傳統婚姻的桎梏中維持自由的途徑。一個評論者這樣評論這本書的主題：「更自由地搞，意味著更自由的世界」。因此，審視這本書有助於更進一步地質疑性與解放間的關係。

這本書的前十七頁描述一個年輕男子，在床上把一張性感年輕女性的照片擺在面前，藉著照片手淫。的確，自慰的氣氛瀰漫全書：沒有感情的單一感官，沒有任何與別人產生眞實關係的性，沒有任何牽扯的性。無論塔利提到的是公開場所，還是手淫進行的地方，或者是沙斯東的性遊戲團，人們有性行爲的地方都充斥著自慰的氣息。孩子與這些伴侶，在偶然間被提及，但也只是模模糊糊地提到，然後就被丟給了保姆。

塔利告訴我們第二要角柏拉洛(Bullaro)，在最後失去了他的妻子、孩子與工作，說得像是他正在談論天氣一樣。柏拉洛「孤獨、無業與失去任何希望。」⑦「這幾個月原本像是充滿生氣與自由的，但是現在卻像是破壞與混亂將至前的序曲。」對於被誇大的解放，這暗示了什麼？是爲了破壞與混亂而準備的自由嗎？

他幾乎在每一頁都引用了鼓吹從清教徒式的禁制中解放出來的文獻，但是在描寫一再擊打一匹死馬的過程中，本書無意識地透露出更迫切的危機，那就是在解放自己的過程中，我們也喪失了人性。

本書的主角威廉生(Williamson)心中的一個目標，就像沙斯東的創建者一樣，是要從所有性的獨占中，解放情人們與他們的伴侶。這個理想狀態是與「你鄰人的妻子」或情人性交，而你的鄰人則與你的妻子或情人性交，兩邊都不帶任何一絲嫉妒。然而，當我們讀到本質上信奉威權主義的威廉生，在自己臥房中的想法時，卻讓人驚訝：「當一個男人讓逐漸熟悉的女人琵琶別抱之後，這男人在隨後的兩個月裡，只要碰上沙斯東的人就說這件事。」⑧

我們看到許多細節，描述休・海福納(Hugh Hefner)⑨如何放手一搏，投資創造了《花花公子》的龐大帝國與極具身價的兔女郎們，從性獨占中解放的自由似乎被認爲是**必要的條件**。然而，再一次的，讀到海福納在芝加哥追逐凱倫・克絲蒂(Karen Christy)，與身邊保鏢在逐一搜索凱倫朋友住處的追逐期間，一段流傳的馬路消息也讓人感到驚訝：「在她的衣櫃，在她的床下搜索。海福納看來形同枯槁，孤獨不堪，他的頭髮凌亂，四處散佈著喝光的百事可樂空罐。」凱倫解釋她爲何要離開「不忠實的海福納」，她「曾聽到……在隔壁房中，他與洛杉磯的芭比班頓講電話，一再保證他的愛，並做了與她共度周末的安排……。顯然地，凱倫認爲海福納欺騙了她。」

我提到這些不常被提及的細節是爲了詢問一個問題：對這樣的兩個男人來說，爲什麼知道下列事實會這麼困難？當一個人眞心在乎另一個人時，就會與之有所連結，有正常的嫉妒，並容易陷入痛苦；嫉妒並不是要被完全驅除，而要了解到它只會在造成精神疾病的程度時，才會是個需要解決的問題。**意識到正常的嫉妒是對神經質嫉妒的矯治**，神經質的嫉妒是我們在這些紀錄中所看到最可怕的畫面。

弗洛依德給了我們一些線索，找出當代性偏執(preoccupation with sex)的成因：

> 曾有一度我們可以毫無困難得到性愉悅，也許是在當古文明走下坡時，愛變得沒有價值，生活變得空虛，需要有強烈的回應重振不可或缺的情感價值……基督教的禁慾趨向創造了愛的精神價值，異教的風俗在這上頭從沒能與之比較與討論。[10]

在大多數人的判斷中，美國人對性的巨大偏執，像是「古文明的墮落」，當「愛變得沒有價值，生活變得空虛」，是源自我們的價值與文化的無法整合。羅馬社會是其他歷史上曾有的社會中，唯一有像我們這樣偏執的社會——性不僅在臥室裡，也在廣告、文學、電影與電視裡，據說，當哥德人兵臨城下，羅馬人自慰以澆熄焦慮。當性是對抗焦慮非常有效果的解藥；帶有性刺激的精神療法就截斷了傳達焦慮的途徑。在我們的社會中，現今有無數無法解決的問題需要關注，那麼轉向性偏執是可以理解的。但是我們該避免從異常的狀態中歸納出原則。

喬瑟夫・艾達生(Joseph Adelson)在《紐約時報》中評論兩本書，他強調：「這兩本書的近似處在於，他們反映並展現了道德的眞空，這種狀態在最近的性寫作中變得如此普遍，以致成爲典律。」⑪這道德的眞空難道不是一種對現實的解釋，當我們從來不曾討論的更多，沒有研討會或是學校對性實踐與避孕有更多的教導時，性病、青少女懷孕與墮胎的比率是否會戲劇性地越見攀升？

性以及伴隨著性而來的親密，是人類存在中很基本的一部分，不可能從一個人的價值觀中分割出來。當性與價值彼此分離時，這不僅是阻礙了個人自由的發展，也讓性的社會問題變得不可解決。將另一個人接納爲自己的責任，就如同我們承擔自己的責任一般，性道德即是以此爲鍊而運轉。他人是至關重要的，對此的讚頌帶給性愛至上的狂喜，帶給我們意義，也讓我們有了落入自我深處的能力。

班傑明・狄・莫特(Benjamin De Mott)強調塔利避開了道德的眞空，因爲他是一個優秀的報導人。但是這並不能解決籠罩在我們文化上的問題。狄・莫特也相信像塔利那樣的書寫會導致自我毀滅。上述我們聽到「性是無聊的」陳述，也許就是自我毀滅的開端。⑫

當無愛之性成爲性的全部時，就是一種自戀現象(narcissism)的表現。這是對愛的拒絕，如同神話中納希色思逃離美麗的愛可。性作爲單一的刺激，在缺乏分享中進行時，無論是自慰還是有性伴侶，都只是對自體戀慕的終極關注，一種對自我永無止境的迷戀，就如同納希色思迷戀著湖中的自己。

作爲一種生活方式，無性之愛卻是由憤怒與報復所驅動，就像是神話中的愛可一般。納希色思藉由刺穿自己達成自我毀滅，但是我們卻進行冗長與消耗生命力的自慰來達成。當今的人似乎不再具有那麼強烈的復仇感了，因爲有些特定的人現在不再愛自己（如同以往的愛可那樣），但是他們似乎生來就挾帶著報復之心，因爲有著不被愛的經驗，他們永不會與之和解。他們從來不接受自己的命運，儘管我們應當接受命運的殘酷與慈悲。他們也不接受沒有人能得到足夠的愛的這種宿命。對愛的渴求讓我們成爲人，但是接受命運，我們也許才能參與到人群之中。

把無愛之性作爲解放之道的擁護者，他們所忽略的是性解放，像所有生命的解放一樣：一個人只有在辨認出自己的極限——如命運——時才算自由。生命中性功能的架構與設計需要更加穩定與完整。在人類關係中，責任來自於常在眼前的孤寂與對他人無可逃避的需要，這些在性愛中再眞實不過了；沒有意識到責任就沒有眞實的解放。我們的性解放要與對他人的需求、慾望和願望的感應一起增長。他人的需求、慾望和願望是種恩賜。性愛能達到眞實的親密與愛，皆是一種生命的秘密，能夠帶給我們永恆的撫慰與喜悅。

在面對命運的過程中，我們都必須冒險。如果你有感覺，就容易脆弱與受傷。有時錯置的愛所帶來的痛楚，超出我們能承受的範圍。但是接受冒險的挑戰是自由的代價，尤其是能眞實去愛的自由。誰願意以行屍走肉來交換這些眞實的存在？

註釋

①克利斯多弗・拉許(Christoper Lasch)，《自戀文化》(*The Culture of Narcissism*)，New York: Norton，1979，頁7-8。

②保羅・C.・維茲(Paul C. Vitz)，《作爲一種宗教的心理學：自我崇拜儀式》(*Psychology as Religion: The Cult of Self-Worship*)，Grand Rapids, Mich: Eerdmans，1977，頁122。

③羅洛・梅(Rollo May)，《自我追尋的現代人》(*Man's Search for Himself*)，New York: Norton，1953。

④拉許，同上揭書，頁27。西摩・B.・沙拉森(Seymour B. Sarason)寫過類似的話語：「『預留空間』、『保持選擇的彈性』、『特立獨行』的說法，是一種警訊，表示這個社會設下了拙劣的陷阱剝奪人的自由，使得人們無法成長。」

⑤拉許，同上揭書，頁30。

⑥蓋・塔利(Gay Talese)，《鄰人之妻》(*The Neighbor's Wife*)，New York: Doubleday，1980。

⑦同上揭書，頁343。

⑧同上揭書，頁541。

⑨同上揭書，頁475-76。

⑩弗洛依德(Sigmund Freud)，〈愛的領域中降格以求之普遍傾向〉(On the Universal Tendency to Debasement in the Sphere of Love, 1912)收錄在《弗洛依德心理學全集》之十一(vol. XI of *the Standard Edition of the Complete Psychological Works of Sigmund Freud*)，詹姆斯・史崔吉(James Strachey)編譯，New York: Norton，1976，頁187-88。

⑪喬瑟夫・艾達生(Joseph Adelson)，《紐約時報書評》(*New York Times Book Review*)，10 August 1980，頁13。

⑫蓋利爾・布朗(Gabrielle Brown)的《新獨居生活》(*The New Celibacy*)也是有關自我毀滅的另一種象徵。

自由的特性

Characteristics of Freedom

9 停頓之重要
The Significance of the Pause

我並不認為我跟其他的鋼琴家在處理音符的手法上有什麼太大的差別。不過那些音符之間的停頓——唉呀，那才是真正技巧之所在！

——雅圖・許納貝爾(Artur Sachnabel)對記者詢問他的演奏天賦時所做的答覆

戒食的目的是為了內在的和諧一致。這也就是說，你不是用耳朵在傾聽；而是在沒有成見的情境下傾聽；這是用心靈傾聽的狀態，用你的整個生命傾聽的狀態。你的耳朵所聽到的東西是一回事。聽到還要心領神會就又是另一回事了。只不過心靈所能傾聽的管道不只局限在任何一個器官，不光只是耳朵，也不光只是心靈而已。因此，需要萬物所有一切都先成空。也只有在萬物皆成空的狀態下，整個生命才能真正的傾聽。眼前就有一道鴻溝，眼前有一些東西是即使你用耳朵也聽不到的，也不是你用心就可以體會的。心靈上的齋戒能夠把你的心靈淨空，把你從限制以及成見當中解放出來。

——湯馬士・摩頓(Thomas Merton)

《生活的麵包》(*The Living Bread*)

在前一章裡頭，我們界定了自由就是能夠在接受外界四面八方的刺激之際，還能夠隨時停頓下來的能力。而在停頓當中還要能夠做出有力的回應，而不是單單承受這樣的刺激。這當中最重要的關鍵字，同時就某方面說來也是最有趣的字眼，就是**停頓**(pause)這麼一個小小的字眼。或許有很多人會覺得很奇怪，這個字眼竟然會成爲關鍵字，反而不是**自由**、**獨立**、**自主**這些字眼。更奇怪的是，這麼一個象徵匱乏、缺乏、中斷、空虛的字眼竟然會背負著這麼多的重量。特別是在美國，「停頓」這個字甚至意味著鴻溝，一個無法填滿的空間，一個虛無縹緲的境界——好一點的話，就是一個「空虛」(no thing)的狀態。

停頓之於生命自由有其獨到的重要地位，這也就是我說的永恆的自由狀態。我們就是在停頓之中領悟到生命自由的來源與境界。我們在這些停頓當中思索、反省、感受敬畏，並且學習永恆的眞意。**停頓也就是我們敞開自我，接納自由與命運的當下**。

停頓這一個字跟**自由**(freedom)這個字眼一樣，根本上所指涉的是那些匱乏而**不是**那些存在的東西。我們也都見識過，世界各地幾乎都是由不自由的狀態反過來界定自由的眞義——要不，如果單由一句話來定義的話，那就是「自由就是完全不依附在任何人，以及任何事物上的狀態。」①同樣的，停頓就是一個無事發生的時間點。不過，**停頓**這一個字眞的能夠爲我們解釋：**自由**爲何是一個消極字眼，而同時卻又是我們的語言當中備受喜愛，也最具肯定意義的字眼嗎？人類學家桃樂絲・李就曾指出，「就是這種把**虛無**(nothingness)**當作是存有**(somethingness)的境界，才能讓印度的哲學家看出無爲境界(non-being)的完整性，並且讓我們得以爲自由的空間命名，並且從中發展出零的觀念。」②

我們有一個相當有名的問題，那就是：「裝一顆電燈泡需要幾位佛教禪師來做呢？」這個問題的解答是兩位：一位把燈泡裝入，而另一位則是**別把**燈泡裝進去。而後者的重要性跟前者是一樣的，因爲在東方的思考中無爲也是一種狀態。

我們這類的思考以及經驗傳承，大部分都來自東方，尤其是來自印度、中國與日本，這一點也不需要覺得訝異。在西方社會的哲學與宗教危機當中，東方社會的智慧一舉成爲矯正我們的指標。這樣的智慧喚回我們文明中早已遺忘的神祕傳統，諸如冥想、沈思，特別是停頓的重要。

自由是在我們的生活當中體驗無數個停頓的結果，這樣的體驗不會變成消極結果，不過卻會是最可能得到的肯定狀態。**而這當中最大的矛盾就是這種消極竟然會變成最具肯定性的狀態**。因此，**自由**依舊是最受喜愛的字眼，是最容易讓我們熱血沸騰的字眼，也是我們最渴望的境界，因爲這個字眼帶來了一連串尚未察覺的可能。而「停頓」這個字眼也是一樣的。「空虛」的狀態結果證明是最能具體呈現眞實的狀態。弔詭的是，在我們的生活當中，空虛可以是盈滿，消極否定可以是肯定的承諾，而空虛也可能是最經常發生的狀態。比如說，老子在《道德經》裡頭就說過：

三十輻共一轂，當其無，有車之用。
埏埴以為器，當其無，有器之用。
鑿户牖以為室，當其無，有室之用。
故有之以為利，
無之以為用。③

無言之言

如此對停頓的詮釋引領我們進入一個全新的世界。人們就是在停頓當中學會**傾聽沈默**。我們其實可以聽出許多永無止境的聲音，而這些聲音通常都是我們平常聽而不見的聲音——像是在寂靜的夏季田野中永無止境的蟲鳴，吹過金黃稻草中的微風，或是在草地盡頭樹叢中輕聲低唱的鳥鳴。突然之間我們才發覺其實這些都是已經存有的**事物**——在「寂靜」的世界中其實還是存在著無數個生物以及無數個聲音。

路得・史丹地・貝爾(Luther Standing Bear)提到一八七〇年代他在達科塔州的童年時光，④他是這麼描述的，小孩子「常常都被教導要安靜的坐好，享受這份（寧靜）。他們被教導要使用自己的嗅覺器官，要在顯然沒啥東西好看的時候好好的看，還要在四下鴉雀無聲的時候專心的聆聽。」而摩杜普(Modupe)在寫到他在法屬幾內亞平淡無奇的童年時光也說道，「在森林當中我們學到，沈靜跟聲音是一樣重要，而且我們也學到如何傾聽沈默……深沈感受到的寂靜據說是我們科芬教(Kofon religion)的核心教義。在寂靜當中，**我們內心的本性才能找尋到跟地球生態一致的和諧狀態**。」

在日本，空閒的時間跟空間——也就是我們所謂的停頓——常常被稱爲是 ma，也就是明顯的空檔或是有意義的停頓。這樣子的認知其實是所有的經驗中最根本的一種，對激發創意與自由而言更是特別重要。這種認知即使是在接受西方文化與科技之後還是依然留存下來。即使在一九五八年宮本三澤(Misako Miyamoto)在描寫能劇⑤的時候亦曾說道，「觀眾在觀看的過程中不只從動作與台詞當中感受，也從**停頓的空檔中感受**。……每個人的心中都有一片自由創作的天地……而觀眾就藉由自由聯想的過程跟劇情連結在一起。」提到言談當中的停頓空檔，她說道，「特別是在音調的停頓上，我能感受到這個人獨特的個性以及歡喜傷悲種種複雜的感觸。」提到早春鳴叫的知更鳥，「他們的鳴唱當中都有停頓，……我只有在停頓的寂靜時刻，才有機會好好想想這些鳥，……這些停頓的空檔串起了我跟知更鳥之間的關聯。」

恐怕以上這些例子會誘導我們，讓我們推斷停頓的價值在東方以及許多神祕的思想裡頭，都是處於相當核心的地位。不過我也要指出來，這種現象在我們當代的文化中或許是沒有那麼頻繁，不過卻一樣是相當的明顯。約翰・凱吉(John Cage)是一位以獨創力聞名的作曲家，而他在紐約的一場音樂會上就做出了這樣的演出，從他步上舞台之後，他在鋼琴前坐了好一會兒，不過就是沒有演奏出任何一個音符。而他對這群相當不悅的觀衆也提出了他的解釋，他的目的就是要讓所有的觀衆有機會聆聽到寂靜。他所灌錄的唱片更是針對這一點錄製而成——全曲各處都可以聽到用各種不同的休止符呈現的停頓。凱吉的音樂讓我們的觸覺更爲敏銳，讓我們的觀感更爲敏捷，同時也讓我們跟自我以及四周的環境眞正的水乳交融。聽覺實在是我們最容易忽略的一個感官了。

爵士樂的精髓就在音符之間的空檔，我們稱之爲拍後音(afterbeat)。我曾經參與演出的樂團首席常常會唱出「嗯——吧」，而這個「吧」的聲音——或者說是這個音符吧——總是會唱在節奏之間。切分音是爵士樂的基礎。例如說，艾靈頓公爵(Duke Ellington)就是有本事挑逗聽衆的心情，讓他們躍躍欲試，並且衷心的期待接下來出現的音符——我們因此要翩翩起舞才能讓這樣的情緒宣洩出來。簡單的說，這樣的期待就像是高潮之前那段劇烈的衝刺。因此，有些音樂家能夠在他們挑逗的樂曲旋律當中，模擬出性愛的過程。在新奧爾良原音音樂廳(Preservation Hall)多如過江之鯽的爵士樂團就有這種無窮盡的變化，每個樂師都有獨特的即興演奏，每一次的演奏都是前無古人，而且也是後無來者的絕響。這就是**最高段**的自由。

在科技中似乎沒有停頓的存在。這種停頓一但發生的話也會被稱爲「沈淪」，通常大家對這種情形也都很戒愼恐懼。不過就純科學來說可就不是這麼一回事了。我們發現愛因斯坦也曾經說過「事件之間的空檔，比起事件本身還要來得重要。」

停頓的重要就在於因與果的僵硬關聯遭到打破。停頓在頃刻間暫停住了帕夫洛夫的彈珠反射系統。一個人生命中的反應不再只是盲目的跟隨外在的刺激起舞。在這裡人們的想像、回顧、思慮以及沈思之間都有所分隔。停頓是驚人之舉的前提。當我們停頓不下來的時候，當我們始終從一個點匆促的趕到另外一個點的時候，從一個「已經規劃好的行動」接著展開下一個行動的時候，我們已經犧牲了創造驚奇的豐富潛能。我們也喪失了與命運溝通的機會。

時間與停頓

原則上，停頓的時間長短並無關緊要。當我們眞正的看到了別人生活中實際發生的小停頓的時候，我們會發現有些停頓眞的是渺小得微不足道。比方說我在演講的時候，我停頓了一下，挑選了一個詞彙而不用另外一個字，這個停頓可能只有千分之一秒而已。而在這一個短暫的停頓中就有許多個可能的字眼在我眼前閃過。如果我要形容這個噪音很「大聲」，我在這一秒鐘的空檔中可以考慮的語彙包括了「震耳欲聾」、「讓人嚇一大跳」或者是「排山倒海而來」等等。我從這些語彙中挑選出一個語彙。而這一切的發生是如此迅速——嚴格的說來，這都還是屬於前意識的層次——而我會意識到這些停頓的存在還是因爲我後來停下來回想才知道的。

請注意到我最後一句話說的是「停下來回想」。這個習慣性的措辭又是另一個足以彰顯停頓重要性的明證。漢娜・鄂蘭在《思考》(*Thinking*)一書當中(《心靈的生命》(*The Life of the Mind*)第二冊)就對「停下來」思考的必要做出評論——她說道，停頓之於深思熟慮是必要的過程。

在一個人說話過程中的許多小停頓還會發生其他的事，甚至是許多更有趣的事情。而這就是當我「傾聽」觀衆的時候，當觀衆影響了我的時候，當我「聽到」觀衆的反應，而靜靜的自我發問的時候。他們從我的演說當中得到了哪些的弦外之音呢？對任何一位有經驗的演說者來說，語彙與句子之間的空檔與停頓就是對觀衆誠心開放的時刻。我在這種時候會發現自己也會做一點觀察：講到那裡的時候有的人聽不太懂；講到這裡的時候又有人拉長了脖子，好像是爲了不想錯過任何一個字一樣；講到這裡的時候——這是每一個演說者都很害怕的事——後排的位子上竟然有人在打瞌睡。我所認識的每一個身經百戰的演說者都從觀衆的面部表情培養出了相當的敏銳度，也從觀衆中這些細微而無法言喻的溝通中獲益良多。

惠特曼(Walt Whitman)曾經說過「詩是觀衆寫出來的。」更簡單的說，演說是由觀衆來發表的。因此，同樣的一篇文章，對社會團體的演說，跟對大學研究生的演說，有時候會像是兩篇完全不一樣的演說。

言談中這些千分之一秒的停頓正是**說話自由的軌跡**。說話的人可以這樣表達他的話也可以那樣說，他也可以說個笑話讓觀衆放輕鬆，或者是——在演說者的生涯當中也不太容易見得到的振奮時刻——他或許也會從觀衆當中獲得一個全新的點子，天曉得會是哪一個觀衆？

我們從艾斯奇里斯的劇本中讀到，卡珊卓(Cassandra)能夠預言邁錫尼文明的未來。身爲一個女預言家，她對許多不同層次的溝通都很敏銳，而這些都是常人所無法察覺出來的。這樣的敏銳帶給她很大的痛苦，如果她能夠放棄這些特異的能力的話，她將會欣然同意的。她是「天生注定」要傾聽這些不同層次的溝通訊息；她無法停止在言談的停頓之中還繼續接收訊息。我們姑且先不談論這樣的神秘預言家角色，其實我們也在聖經當中的〈耶利米書〉與〈以賽亞書〉讀過同樣的預言家角色——我們當中有很多人其實也都擁有同樣的能力，只不過我們都訓練自己將這種對停頓的敏感度壓抑下來（而這也是大多現今教育所慫恿鼓舞的）。我們這樣做的原因或許是爲了想躲避痛苦。而冒牌的預言家與眞正的預言家之間的差別，就在於他們對痛苦的感受，後者對他們的預言都能親身感受到那樣的痛苦。

停頓的時間可能會更長，比如說，在演講之後回答問題的時候就是了。在回答問題的時候，我可能會先支支吾吾好一會兒，而在這一段時間裡我的腦袋裡也會閃過好幾個可能的答案。在這個時刻我通常都不會想到齊克果的宣言，「**自由就是可能性**」，而是在這些停頓的空檔當中親身活出他的這句話。令人振奮的是在這樣的時刻裡，有個我從未想過的嶄新答案會突然從腦中冒出來。常常有人說有智慧、有創意的人——例如說，像是杜威(John Dewey)——總是有善於傾聽的血統，不過卻不是優秀的公衆演說家，因爲在他們停頓下來思考不同的可能性的時候，他們需要等待的本事，而這樣的本事卻是大多數人覺得最爲枯燥乏味的。

一個人的自由可以包含更大的自由。「讓我在這裡睡一下吧。」在做重大的決定，像是在下決定買房子的時候，這樣的要求並非不常見。就是在這樣的情況下，我們會希望我們在接收不同的刺激之後會有比較長的空檔；或許我們會想看看更多不同買得起的房子，或許我們也可以決定什麼也不買。這樣的決定就需要複雜的斟酌思考了，要提出更多可行的選擇，並且還要「像是」玩遊戲那般嘗試更多不同的可能，像是不同的景觀、設計等等。簡單的說就是，自由就是包含了這些可能性。這樣子的停頓就是對一個人自由選擇意識的測試。

我們想到了耶穌與釋迦牟尼，他們也都遵循著自己內心的引導，獨自遠離紅塵，遁入荒野中展開他們的追尋。如果這些紀錄都足以採信的話，他們也都各自「停頓」了四十天。這段時間多半也是他們專注思考的時間，他們可以思索許多的可能性，可以傾聽內心深處湧出的任何聲音，可以傾聽大自然的聲音，有我們現在稱之爲原型經驗的聲音，還有耶穌稱爲上帝(God)、釋迦牟尼稱爲梵我(Atman)、還有我稱爲存在(Being)的聲音。這些大多都是他們在親身體驗對未來的洞察力時的空檔，也就是在這些停頓中他們得以整合周遭的訊息。

不過我也有學生告訴我，他們的教授呈現**永恆的停滯狀態**。這些老師的生涯就是在停頓之中建立起來的。這樣子的停頓就不是行動前的準備，反倒是從來都不肯付諸行動的藉口。有人說過學術專業是唯一靠質問來討生活的工作。不過在學術圈當中，現在還有沒有人用言談來代替決策，或者是把缺乏付諸行動合理化爲「精明的停頓」，這些我並不知道。然而這些都是直接衝擊我們的趨勢：也就是用停滯取代了全力付出的行動。在我們強調行動取向的美國社會當中，這樣子對停滯的誤用與神經兮兮的反應其實也屢見不鮮。如果缺乏自覺意識，如果缺乏理性思維，這樣子的兩難並無法單靠盲目的行動來克服。很明顯的，如果要眞正體現個人的自由並且達到超脫自在的境界，就需要在必要的時刻產生行動的勇氣。

人可能會躊躇反覆思索個幾個月、幾年、甚至是一輩子的時間都還無法找到滿意的解答。這種情況在追尋死亡的意義的時候更容易出現。哈姆雷特在陳述他對死亡的種種顧慮的時候，其實也爲我們很多人道出了內心話：

> 在我們擺脫掉這一切的喧囂擾攘之後，
> 留下的必定就是休止。

不過我們個人的自由，哪怕是在我們遍尋不著滿意的解答的時候也能夠實現，或者甚至是沒有解答的時候也一樣可以。我們在面對命運的挑戰時還能揮灑個人的自由。當然，從長遠的角度看來，正如巴斯卡所言，「知道我們都會死亡」，這就是人類可能企及的自由形式中，最徹底也最光榮的體驗了。

創意與象徵

創意與停頓之間的關係是既緊密又驚人的。我們不但可以從停頓當中汲取創意獨具的構思——愛因斯坦就在刮鬍子的時候得到了靈感；彭加列(Poincaré)在海邊散步的時候靈光乍現；也有的人在夜晚的睡夢中得到啓示——不過停頓下來的能力在創造的過程中隨處都在。停頓是一個主動、敏捷，而且通常都很緊湊的狀態，就像是奧運跳水選手會在跳水台上的盡頭停頓一樣，他們會等到身上的每一條肌肉都呈現和諧的緊繃狀態的那百分之一秒。就在這一瞬間他才會一躍而下。有創意的人都會保持著開放的狀態，也都維持著高度的敏感度，並且細心籌劃他的構思，在點子一旦成形的那一個當下就能馬上以最妥善的準備攫取這個創意的悸動。「召喚靈感」的這個過程也是「停頓」時的要務之一，這是一個積極的熱望，是一段探索，而這當中的獨創性也就在創作者得到啓示之前、以及之後漫長的辛勤工作中展現出來。

在寫作這一個章節的時候，我在一個星期天到了附近的一片沙灘，希望能到那裡寫生作畫。之後，我對這次的經驗寫下了幾點感想：

> 我用一種準備好的心情與開放的心胸在沙灘上漫步，我問自己，哪裡的景點才是最吸引我的景點呢？是這一道紅色的懸崖以及背後的大海呢？還是大海之前這一塊鵝卵石和其他的大石呢？我不斷的找尋，直到我有一種特殊的感覺，就是這一個景點吸引了我。我看到了；雖然我沒有刻意想到這個點子，我卻以一種別人前所未見的角度看到了這個景觀。我只是這樣想到：「我喜歡這個地方，這個地方激發了我的靈感。」

而就在我落筆作畫的時候：

不同的色彩交融在一塊兒……我的肌肉也有所回應……我要讓這條線朝這個方向延伸，在紙上還要再畫上另一塊大石頭……這些色彩本身似乎都有自己的想法……在繪畫中這個世界又再度獲得重生。不但從來都沒有人像我這樣看過這一個景點（每一個人看到的風景也都是不一樣的），而且我也讓一幅全新的風景畫誕生，在色彩的交融交錯當中，這對我以及對其他人而言都是全新的感受，這樣的色彩組合跟我原先期待的效果也有全新不同的感受。

我也清楚像「準備齊全」、「開放」這樣的語彙有多麼的重要。在這些主動的停頓當中，我們看到了命運的作品在我攫取捕捉的感受中呈現出來，而一幅「全新的繪畫」就在色彩無法預期的流動當中誕生了。

因此，有許多的創意看起來都是意外獲得的。不過唯有藝術家，不管是科技的開創者或是畫家或是作家或是其他什麼的都一樣，唯有他們才是那個最能夠把自己準備就緒迎接這個「意外」的人。真的，這幅畫最後跟我最初預期的效果完全不同。畫家本身也知道永遠都無法準確預測一幅畫最後會呈現出什麼樣的效果，因此藝術家也只能告訴自己要抱著開放的態度來迎接這個「幸運的意外」。這也就是說，「意外」並不是正確的字眼：而應該要說是原本就有一連串迥異的可能性存在著，而從這些可能性當中誕生出了一個成果。

我們**欣賞的能力**就已經是一種創意了，這種創意會在停頓的過程中展現出行動力。我們會聆聽欣賞莫札特以及巴哈的音樂，我們會專心的閱讀艾斯奇里斯的劇本，這些都是我們對創作的貢獻。傾聽與觀看才是重要的；因此，佛烈德利克・法蘭克有一本描述禪道繪畫的書，就很貼切的命名爲《觀看的禪道》(*The Zen of Seeing*)。當然了，音樂家需要聽眾才能夠譜出一首奏鳴曲，不論是眞實的聽眾或是虛構的聽眾都一樣。觀眾是必要的，而且觀眾也實際參與了創作的過程，如果沒有眞實或是想像的觀眾，任何一首詩或是散文或是音樂或是劇本都是不可能誕生的，不管作家是爲了他身處的時代書寫（就像是我們大多數的作家一樣）或是爲了下一個世代書寫（像是齊克果）結果也都一樣。

在馬蒂斯(Matisse)的畫作中，從他對留白的處理，我們可以相當清楚的看到停頓的存在——留白已經是停頓的同義詞了。班・尚恩(Ben Shahn)從他對創意的描述中告訴我們，有一天他帶著他的女兒到畫室去，想要爲一位朋友做出一個紙做的書本模型。他的女兒就在他的旁邊看著他試了一個顏色又隨即放棄，然後又考慮了另一個顏色，然後又把這個顏色擱在一旁，如此反反覆覆總共花了半個小時。在他們回家之後小女孩問了媽媽，「爲什麼爸爸無法下定決心要用哪一個顏色呢？」

尙恩接著解釋，藝術家才是有勇氣停下來的人，他們敢在過程中停頓下來一段時間。在我們科技領軍的文化中，儘管如此一般的疑慮，在表面上可能也會暗示著脆弱，不過這樣的停頓才是眞正象徵內在豐富涵養與鑑別力的表徵。

在藝術家當中都會有一個階段，一個「消極空間」(negative space)，代表著尋常觀衆無法注意到的空間。在羅夏克心理測驗(Rorschach record)當中，這種「消極空間」代表的是在黑色或是彩色周遭的白色區域。而很多採信羅夏克測驗說法的人從來都沒有注意過，或者是針對這個空白空間發表看法——這就只是「周圍」的空間而已。那些注意到空白區域的人或許反而還會被這些測驗評估爲「頑冥不化」，因爲他們心中關切的正好跟大多數人看到的剛好相反。這對於我們文化當中一面倒的隨波流俗傾向是一個很有趣的批評，我們總是認爲藝術家或是音樂家有點怪怪的，我們也都把停頓當成是有點反常。

我要在此做點澄淸，一般人常常誤解有創造力的人都很被動——而這種想法只是誤解。有創意的人的感受力都很**敏銳**的。我對於雅齊柏‧麥可利許(Archibald MacLeish)引述一位中國詩人的話完全贊成，「我們詩人與非存有的東西搏鬥，然後把這些感受強行化爲存有。我們在沈靜中敲擊，希望能得到一個**回應**的聲音。」麥可利許接著說道，「詩中包含的『存在』(Being)就是從『非存在』(Non-being)當中汲取而來，而不是從詩人身上得到的。而詩蘊含的『音樂』並不是從我們這些寫詩的人身上得到的，反而還是從寂靜當中得到的；就從我們在沈靜中敲擊而來的回應。」⑥

創作的行爲總是很弔詭，或許這種情形會一直都維持如此。實際上有很多人都試著想解釋這種情況，特別是那些假設創意是「自我退化」的心理分析家，這些人連被動或是敏銳的接收力都無法辨別，這些人大大地踢到了鐵板。有創造力的人其實是有敏銳的接收力，而非被動的自我退化。

我們並不知道大腦細胞以及胞突纏絡的組合是怎樣產生創意的。不過我們卻知道創意需要自由的環境，而停頓正好提供管道讓這些激發創意的排列組合有機會運作。停頓是思考的過程，而思考就是創意最親近的兄弟。

我有一位詩人朋友寫道，「詩之於我，就是字裡行間的空隙。詩人之所以爲詩人，就在於他們能夠創造出字句之間的張力——這就是一種由空間創造出來的張力——就是這種張力讓閱讀紙張的讀者的心情爲之雀躍。」我還要再補充一點，這種張力也讓詩人本身爲之雀躍，讓他們進入一種緊繃或是輕微的狂喜體驗中——也就是在心境上已經超脫本身。這些全新的經驗，或爲絢麗，或爲驚奇，抑或只是平淡的見解都可以在詩中尋得開展的契機，不過這些經驗最後也都跳入讀者對私我世界的見解中。創意並不只是在我們幾個小時或者是幾個星期的努力之後誕生；創意亟需——這同時也是必要的——在努力的過程中幾個小時甚至是幾個星期的停頓。」

停頓就是象徵形成的狀況。處理各式各樣密集而來的刺激也需要這些象徵。我們要如何才能評估這些刺激，我們要如何才能鑑識並且利用他們呢？——這些都必須在我們取決回應這些刺激之前完成，我們要如何才能界定對自由最簡單的定義呢？

象徵(symbol)這個語彙是來自兩個希臘文字，「sym」代表的是「共在」的意思，而「bollein」代表的則是「投擲」的意思。因此，象徵這個字就有把許多的矛盾組合構成一個意象、一個形體的意思。只要這個象徵繼續存在，這種充滿活力的情況也會跟象徵同樣的存在。

我們當然無法用電腦處理這麼多的刺激；我們不能添加也無法減少這些刺激，或者嘗試採用其他數學上的方法來把這些不同的刺激綜合成單一的決定。面臨科技上的問題，我們或許可以採用這種方式來解決。不過一旦我們處理的是人際方面的問題——諸如我該跟誰結婚這類的問題——我們要是把這樣的問題交給電腦去處理，而且把人從這樣的圖像當中抽離出來的話，我們就會變得越來越機械化，而且會越來越更缺乏人性的關懷。請注意，在這種情況下就看不到人性的溫暖了，我們會喪失生命的活力，人性的特徵也會流失殆盡，而且跟你交談的朋友也會覺得你越來越缺乏人性，而且越來越像是一部機器。這就有點像是在精神病院跟大腦受傷的病人交談一樣：他們對你所說的話都可以理解，不過就是沒辦法透過你所說的這些話，把你當成是**一個人**這樣的來了解你。一般人在尋常的交談當中都會用到象徵，而且如果他們無法掌握這些象徵的話——不過他們可不是腦部受損——他們也無法了解這一個人的。所有活生生的語彙都會用象徵的方式保留些許他們的根源。

在人際的問題上，**行爲模式**的問題就相當的重要，而且對人的喜惡也是很關鍵的。你對別人的回應互動，也就是你對別人施了多少的力，絕對不只是一個結果，也是一個會產生自身力量的行動。這當中需要考慮很多的因素，而且有一些因素還只是你半知半解的情形下發生的。在人際往來應對上絕對沒有「正確」的決定，只會有大概的答案。我們要讓這些不同的因素同時保持活躍，就像是特技雜耍表演者同時在半空中拋擲十二個球一樣，只要改變某些因素，就不可能不對整體造成損害。理想的狀況是這些刺激都能夠形成一個固定的形態，一個整體，一個完整的整體，一個能夠保留每個組成成分精髓與價值的形態。**而這就是象徵了**。

就拿愛國精神這個概念明顯產生的刺激來說吧！人們總會感到一股故鄉的召喚；我們的父老在一七七六年的浴血奮戰中建立了這個國家；對同樣說一種語言的人你會產生的手足之情；幾百萬個史實與共同記憶都會對我們產生刺激。你繪製了一幅旗幟，而你就把它稱之爲國旗。而這一面國旗是不會遺漏掉上述這些象徵意義的；國旗這一個鮮明並且強而有力的具體意象能夠呈現出複雜多元的意義。

我們在自由的核心中獲得停頓，而在停頓時，我們融入象徵中的諸種要素，它們有著龐雜的來源。這些元素來自過去，也來自現在；來自個人，也來自團體、來自意識層面，也來自非意識，而且這些元素是既理性，且非理性的。所有的這些矛盾都在這個象徵之下獲得綜整。象徵的符號讓這些元素都能維持生命活力。

空閒與停頓

很有趣的是，我們稱之為休閒的停頓形式是一種讓人既期待又怕受傷害的停頓。毫無節制的休閒將會導致人們的生活一團混亂，這時大家就可以把罪過歸在「自由的氾濫」上了。對犯罪問題、遊蕩、酒精中毒、毒品氾濫感到絕望的人士，往往都把這類型的犯罪歸類為「過度的自由」。這些人相信惡魔一定會對這些遊手好閒的人起了作用。「空閒」(leisure)這個字可以解讀為「自由」，也可以作「停頓」的詮釋。桃樂絲‧李告訴我們：

> 這就是為什麼美國人的休閒活動都投注在各種叫得出名字的遊戲、各種組織化的休閒活動、各種興趣以及各種有計畫的活動當中了。這也是為什麼這種必須要參加休閒活動來獲得紓解的感覺會變成有點弔詭了。

我們觀察人們對於休閒時間產生尖銳的兩難困境，我們會問：人們對休閒時間產生的恐懼感到底是什麼？在美國，我們有傳統上對待空間的自由，特別是那些由休閒形式產生的自由**空間**。永遠都會有一些全新而尚未探索的空間等待著我們。大地是自由開放的。雖然這種說法在字面上說來並不是像以前那樣的貼切了，不過這種觀念在美國的迷思中還是占有很大的地位。美國原住民從來就沒有被當作是擁有過空間或是土地。擁有土地的自由權往往被認定是最基本的自由權，而其他的自由權才從中衍生而出。我們用移動遷徙到一個新地方的方式來表達人身的自由。所以我們也變得比較外向，也比較注意我們的肌肉。因此，當我們面臨石油危機的時候我們強烈的抗議，而且幾乎就呈現出一種恐慌狀態。人們把這種現象解釋爲是一種旅遊、行動的自由，如果剝削了他們的自由，那就形同是監禁他們了。

相反的，在歐洲，所有的空間老早以前就已經充分探索完畢了，而且所有的土地目前也都分配完畢，由所有人持有。所以歐洲人的重心就放在**時間**上了。歐洲人發展出他們內斂的一面，向內發展，在他們的想像與思考空間當中可以自由的環遊全世界。相對於超脫肉體束縛，自由對歐洲人意味著心靈上的自由。

不過這樣的想法在美國卻會爲我們帶來麻煩。我們不可能以爲打包行李就可以遷移到另外一個地區去了，像是以前到西部去旅行一樣。當我們的自由最後變成我們只能在休閒時刻從事的事情的時候，自由變成了一種空虛。在自由裡頭沒有了生命力；裡頭只有「空洞」。在心理分析當中這種情況會變得更清楚。霍妮(Horney)就描寫過這種「星期天恐懼症」(Sunday neuroses)，這種焦慮感漸漸地將生意人的星期天侵蝕掉，他們不但在星期天完全沒有任何計畫，更一事無成。這些生意人的心中充滿了焦慮，並且會幾近禁慾式的忍受這段時間，直到星期一到來他們回到工作崗位的時候，他們才會有事做。（「有事做」，這是一個多麼生動鮮明的描述呀！這暗示著外務侵占掠奪了我們的內在。）

桃樂絲．李就提出過這樣的問題，「這樣子的自由，對事前計畫的依賴以及對個人本身能力的重視，真的能夠激發出創造力、原創意以及自主性嗎？我個人的看法是不能。不確定性以及隨意發展的特性，對**停頓**的接受才是創造力的根源。」⑦我對此相當的同意。如果想要真誠開放地面對創造的悸動，隨性的發揮，對停頓的認可，以及直接面對空閒、時間，而不是用過度工作的方式來消滅閒暇時間，這樣的方式才是最必要的。停頓是創造力的根本，更別說是原創性跟自主性了。如果我們無法讓我們自己隔一段時間就讓自己放鬆，並且讓我們從壓力中解脫的話，我們是無法讓自己充分運用潛意識或是潛意識的豐富意涵。而這個時候就是我們讓沈默說話的時候了。

佛瑞達．佛洛姆-瑞奇門(Frieda Fromm-Reichman)，也就是撰寫《未曾許諾的玫瑰園》(*I Never Promised You a Rose Garden*)一書的心理分析師，就時常告訴她班上的學生，病人錯過一個小時的會談所帶給分析師的意義。「如果這位心理分析師是屬於有創意這一型的，」她這麼說道，「這一個空白的一個小時也會是會談的本質。」

真的，沒有規劃架構的自由，對大多數的人來說都很難長時間維持。不過這當中也可以有製造快樂的媒介，而對休閒時間的運用就屬於這個類別。對我們自由的建設性約束，就是被我們致力從事的工作以及我們依循的迷思所賦予的結果。因此，空閒也可以產生意義。我們可以在這些空閒的時間裡毫無邊際的遐想，做做白日夢，或者是花點時間在一個陌生的都市裡遊蕩。是的，時間可能會就這樣子浪費掉。不過又有誰可以告訴我們，這些「浪費」掉的時間不會爲我們帶來最重要的觀念，或是嶄新而且無價的經驗與見解呢？「隨遇而安」(letting-go)以及「就讓事情發生」(letting-happen)這樣的觀念很可能會是我們所做過的事當中最有意義的。

心靈與自我⑧

有一個朋友對我的問題做了回應，他就他本人如何因應我這番說詞回答了我：「我感冒了，我昨天晚上並沒有睡好，每一件事都不對勁。照理說我應該是要覺得很不舒服的才對。不過事實上我卻沒有怎麼樣。」我的朋友接著繼續說道：「那些爭論，說心靈跟自我(ego)是一體的人都錯了。我的狀況相當不好；不過我的心靈卻好得很呢。」

在歷史上，人類對於人類自我的兩面，可不可以眞正的一分爲二的這個問題總是爭論不休。其中一個看法就是自我之我(ego-self)的見解。弗洛依德爲這種心理作用下了很正確的註解：這種心理作用就像一位君王，雖然遭到四面八方的圍攻，他仍盡其所能，維持他王國中不同區域間的和諧。它評斷我們對現實的需求，平衡潛意識中的想法，也將無法被接受的潛意識衝動篩選出來，讓人們的生活獲得某種整體感。自我之我的這種說法，跟本能以及身體上的安適有關聯。有些人（不完全都是）對自我威信受損以及遭到別人輕蔑怠慢的對待特別在意，我會將之歸類為自我之我的範疇。自我之我這一類的問題有點像是「我得到了我想要的嗎？」這一類的問題。因此，這樣的問題就跟**自我中心**(egocentricity)這樣的詞彙有關了。

另外一個層面就是心靈之我(psyche-self)的層面，這個層面的關懷主要在「穩健的觀看人生，而且要完整的觀看人生。」心靈之我這個層面的問題就跟自由的脈絡有關了。我們時常談論的「高度自覺」(heightened consciousness)，就是心靈之我層面的功能之一。就是這個層面才能由各方面來衡量本我多樣的可能性；這就是我們所謂的本質自由。克利斯多弗・伯尼(Christopher Burney)在第二次世界大戰期間，在德國被單獨拘禁了五年，為了不讓自己變成神經病，他開始在腦中回憶所有他在學校學習過的東西。而他所採用的方式不是用自我之我的角度，而是以超越自我為目標，也就是從心靈之我本身做起。自我之我的思維，跟行動的自由有相互的關聯；而心靈之我的思考，也跟存在的自由相關。

齊克果一再地指出，「**自由的境界取決於自我如何在每一個當下跟自我共處。**」他這裡說的就是心靈之我相較於自我(ego)的關係。本我(self)跟本我之間的關聯，是弗洛依德永遠都搞不清楚的環節。我們在弗洛依德的醫療紀錄中看到他這麼寫道，「心理分析的目的並不是要消弭病態的行爲反應，而是要讓病人的自我有選擇的**自由**。」⑨這句話提到了自由，不過這句話卻也忽略了自由最主要的功能——也就是說，本我與自身的關係。

從我的病人以及我本人的經歷當中，我注意到了人類的本我當中一個很有趣的現象，我將這種現象稱爲「自動導航」(automatic pilot)。自動導航的功能原本是在航空客機上的裝置，駕駛員如果在長程的飛行中想睡覺，可以藉由這種裝置預先把飛機的航向設定好。舉例來說吧，假設我的病人對於他必須跟其他人的正面衝突感到焦慮的話，或者是對一通他一定要打的電話感到心煩意亂，他會感到相當的緊張。而如果最後他終於鼓起了勇氣去做這些令他感到焦躁的事情的話，他會驚訝的發現這些事情都比起他預期想像的都要來得順利。冥冥當中似乎有一股意外的幫助，一股他從來都沒有想過他會擁有的力量源源而出。從弗洛依德學派的角度看來，他們宣稱這股他自己都沒發覺的力量就來自他自己的前意識當中；而在榮格學派(Jungianism)的眼中，大概會把這種現象詮釋爲一股來自潛意識的聲音。我把這種內在的幫助稱之爲「心靈之我」的作用。這段話告訴我們，不管我們是不是接受心理治療的病人，我們都能夠正確地在內心深層的層次中信任自己，這也就是我說的心靈之我的思維。在近來我們動輒對自我產生不信任的喧囂動盪中，（從晚近的自戀風潮，「肯定自我」的技巧以及「爲自己勇敢站出來」等等肯定的建議當中，我們可以一窺端倪。）我們其實可以儲存更多力量，甚至是比起我們當中大多數自我培養的能力都還要來得強。

這股我們都沒察覺到的強大力量與能量，就是透過心靈之我的關係來改變命運的例子。在此同時，我們也需要面對我們的絕望與焦慮，而不是單單去壓抑；否則就會適得其反，在我們需要勇氣的時候，絕望和焦慮反而會占據我們的內心。

自動導航這樣的觀念受到了東方神祕主義很大的影響，特別像是佛教禪學以及後來衍生而來的信仰。這也就是「隨遇」(letting go)以及「隨緣」(letting be)的觀念。

對本我的雙重性的覺醒，將可以導正我們對佛教禪學以及其他東方宗教思想中有關超越自我的嚴重誤解。在美國的社會當中有一些團體熱中於放棄自我、逃避自我以及「解放」自我。很明顯的，這種現象是伴隨者，或者是緊接著自戀時代中耽溺於自我感傷的後果。「自我中心」的時代就緊接著禪學時代來臨。這兩個時代聽起來有點自相衝突——而且這些都只是理論上的思辯。不過這兩種思潮的緊密相連，跟長期以來這股企圖想要逃避自我的衝動有很大的共同點。想找藥嗑的學生可能會問他的朋友，「你有沒有好料的？」如果他得到的答案是否定的話，他會再問：「你有沒有鎮靜劑？」不管可能會得到的效果是亢奮還是沮喪，他要的只是逃離自己。

因此，對禪學的熱中追求跟對自我的自戀經常可以在同一個人身上發現。把一個對自我建設相當關心的人，跟另外一個每個禮拜都追求更換新把戲的人相比，這兩個人其實並沒有什麼不同。這樣的驟然改變雖然會帶給人短暫的愉悅，不過卻也會帶來永久的困惑與絕望。

我認爲「喪失自我」(loss of the self)這樣的詞彙其實是誤用的詞彙。佛教禪學中主張追求自我的解脫，不過如果我們對這個產生誤解，實際上會讓我們產生輕微的自戀傾向。我們對自己的驅策，對自己的要求，以及自我中心的心態依然存在；只不過現在是以「非我化」(nonselfulness)來自我合理化罷了。我們不得不注意到，佛教的禪學、超覺靜坐(TM)以及其他形式的心靈宗教，並不是說完全沒有本我的存在；沒有本我的說法是相當荒謬的。他們只是放掉了本我的一個狀態——也就是說，放掉我所說的自我之我的狀態，而企圖在心靈之我的層次中發掘出全新的明晰感、清新感，一種當下與永恆的感受。

在佛教、禪道以及打坐、靜思當中我們所超越的我是自我之我。我們從中體驗到的驚喜就是我們超脫自我之我的自由，這是一個丟棄本我內在「垃圾」的過程，無論這個過程有多麼短暫，這個過程都緊接著在心靈之我當下顯現之後發生。

沈思與神聖的空

我們大多數人的心思都被現代社會中的噪音、吼叫聲以及種種嘈雜刺耳的聲音所占據，以致於我們再也沒有任何的心力來建構一個建設性的生活。我們希望停下腳步，希望好好的體會我們每一天的生活，希望獲得寧靜，或是讓我們的心靈平靜於某種內在的秩序，我們希望有機會可以好好體驗生命中的美，好好地認識我們的朋友，並且好好享受共處的時光，也希望我們所有的創作衝動與眼光都能夠被聽見，也都能聽得見，並且還要有發揮的時間。這種迫切的需求很巧合地剛好碰到東方思想的流行熱潮，特別是我們國家的年輕人更是如此。這種趨勢可以從有關東方宗教思潮書籍的狂賣一窺端倪，人們不厭其煩的傾聽宗教導師的開訓，更有人甘願放棄俗世的一切財物來加入宗教修行團體。毫無疑問的，人們對於宗教信仰的渴望是既狂熱且又急迫的。

打坐靜思是一種方法。對於大多數不願意巨幅更換職業的我們來說，這是一種容易簡單的活動，在打坐沈思的過程中我們也可以加入有意義的思考。無論打坐要用什麼樣的形式呈現——無論是肢體上各式各樣的瑜伽動作，或是精神上各種的思想，是佛教禪學、道教、超覺靜坐也好，或是基督教的靜思與專注也罷——這些思考都有共同的目標，目的就是要藉由停頓來提供體驗深層內在的管道。

比如說，當我遭遇問題而感到疲憊，更因此而感到抑鬱沮喪以及飽受隨之而來的失眠摧殘之時，我會暫時停頓下來，將本我從自我之我的死胡同中抽離出來。我不可能光是想要硬著頭皮硬幹就可以解決這些事情。不過有的時候在放鬆自己之後，在停頓以及「隨緣」的態度之下，事情也是有解決的可能。我嘗試找尋進入心靈之我層次的方法，在那裡我可以看出事情還有很多的**轉圜餘地**——也就是讓我苦悶難受的自我之我的約束，在此刻獲得暫時的超越。所有的疲憊、所有的挫折與憂愁，在此時似乎都消失殆盡。在這一個心靈之我的層次中，我們超越了讓我們奴顏婢膝的苦痛，超脫了自戀的層面，更超脫了自我中心的悲情，這種覺醒足以讓無限大的可能性應運而生。這種境界就是佛教禪師開示要超脫、要憐憫時所達到的境界。

沈思的**最高境界**就是要在空虛當中專注凝神，要停頓，要達到「無我」的境地。靜思可以把你從一連串日常生活面對的瑣碎繁雜當中抽離出來，並且會帶給你一種愉悅的暈眩以及一種平靜的喜悅。這種暈眩感相當的引人入勝，是一種大家在一天當中都想回味的境界，至少是在記憶中反覆回味的感受。這樣說來，沈思打坐是一種解脫，是一種從買賣交易以及我們的科技生活當中超脫的自由。沈思靜坐看來有點「神奇」，也好像有點治療的效果，因爲靜坐會打開我們的眼，會帶領我們進入一個嶄新的世界，一個色彩光亮繽紛的世界，並且引領我們到達平靜安詳的境界。大致上說來，沈思的世界跟有人描述過的奇幻境界比起來比較沒有那麼精彩，不過兩者在本質上是一樣的，在這個世界裡頭我們可以感受到甜美的氣氛，有熱情洋溢的愛意，也有隨處可見的美景。

這是眾多種打坐靜思的方法中最常見的方式。這些打坐靜思的方法看起來似乎都一樣：⑴關掉所有的機械設備，杜絕所有的噪音、壓力、匆促，以及會造成壓迫感的來源，還有⑵提升到更高的自覺狀態，這就是弗洛依德跟愛因斯坦都說過的「海洋」(oceanic)般的自覺。在此刻我們會感覺到我們已經融入宇宙當中，而整個宇宙也融入了我們的內在。這樣子做的目的簡單的濃縮成幾句話，用道家莊子的話來說，經過特拉比斯會修道士湯馬士・摩頓的翻譯後，這句話是這樣說的：

無欲，無冀，
無需，無求，
汝之情緒獲得控制。
汝方能成自由人。[10]

我們很容易會把這些經驗的陳述描寫得過於華麗，過於脫離大多數人的實際生活經驗，這是很危險的事。所以我們也要隨時記在心中，靜坐沈思也可以分爲很多的層次，從擁擠的電梯中偶然的靈光乍現，到刻意累積平靜的經驗，到經常性的每天力行數次短暫的打坐沈思都算。過度的沈思靜坐也有導致孤絕於社交往來的眞實世界的危險。如此一來，這就是我在《創造的勇氣》(*The Courage to Create*)一書曾經點出的，這種情形反而會阻礙個人的創造力。我們不可能眞的完全擺脫掉自我之我的範疇，我們仍然生活在這個充滿理性與非理性的眞實世界裡，對這個世界我們也都還存有一絲的責任感。不過也正是在這個永遠都眞實的世界裡頭，我們的沈思才能夠爲我們的停頓帶來意義。

所有的沈思都企圖改造本我的特質，這是一個包括與空虛共處的全新關係。許多人至少對開始靜思打坐初期湧現的空虛會感到相當的熟悉。

我說這樣的空虛是「神聖」(holy)的，因爲神聖這個字的字根來自**整體**(whole)這個字，指涉的就是在個人的靜思中，擷取宇宙的整體感的這種神祕經驗。維根斯坦(Ludwig Wittgenstein)寫道，「對世界的整體感的體驗，委實是相當神秘的。」[11]這種神聖的空虛就是在想像的空間形式中出現的停頓。這就是爲什麼神祕主義者通常都會引領大眾的原因了，因爲他們也不斷地向永無止境的沙漠荒原探索。在持續觀看大海的經驗中，我們很容易體驗到這種空，把這種感覺稱之爲「海洋」般的感覺其實相當的貼切，因爲這種時候會讓你有種無限寬廣的感覺。身處在荒漠或是汪洋之中，我們的視線彷彿望也望不盡，這種感覺會讓我們產生一種劇烈的焦慮感，因爲此時我們的視線一望無際，我們完全沒有依循的依據；或者我們會產生一種廣博、永恆、無盡的感覺，而這一切的感覺都是相當令人愉悅的。這就好比說是把我們關在一個阻絕外界刺激的水槽中漂浮，在這個水槽中我們聽不到、也看不到任何一絲光線，我們這時要不就是會感到極度的緊張焦慮，要不就是感受到這種超越萬物的神聖的空。

在這種空虛當中我們才會產生虛無的體驗，而且也就是在這種空虛中我們的靈性與靈感才得以受到啓發，而我們最深層的思考才得以充分釐清。維根斯坦在這裡再次給我們很大的幫助，當然，總有一些事物是無法言喻的。這些事物本身就可以讓自身的意義彰顯出來。這些就是神祕的體驗了。⑫

套用一下華滋華斯(Wordsworth)的話，在這種虛無的經驗當中，我們發現得以擺脫「我們早就已經受不了的世界」的喧囂擾攘。華滋華斯緊接著又在詩中說道，

偉大的上帝！
我寧願身為一名異教徒，在陳腐的教條中吸吮；
所以我或許會站在這一片悅人的牧草上，
這樣的景觀或許會讓我覺得不那麼寂寞，
我或許會看到海神從大海中冉冉升起；
或許我會聽到老海神吹奏著他那用花圈裝飾的號角呢。

華滋華斯回到希臘神話用典故來表達他要說的事，這其實並不令人意外，因爲神話典故當中的語言就是用來彰顯事實的管道之一。

在這個神聖的空裡頭，我們所能夠體驗的虛無給了我們深層的思考空間來彰顯自身

的意義。因此，內在沈默的聲音才可以聽得到。這種經驗跟我們稍早之前提過的傾聽沈默的經驗是一樣的。沈思靜坐的方法之一，這也是奧羅賓多(Aurobindo)採用的方法，就是不斷地將心中的思緒清除掉，直到上帝——或是存有(being)，我比較偏好這個名詞——能夠在一片空當中與我們展開對話。此時的虛無才會變成具體的東西；這種由空而生來的東西，正如有些神祕術士所說的，就來自於我們心靈的深處。

虛無是度量永恆的單位。「如果我們不把永恆當作是時間永久的延續，而是當成無始無盡的話，如此永恆的生命就屬於那些活在當下的人所有。」⑬維根斯坦寫道。我們人類在無始無盡時所抱持的希望——就像是我們看到了有些美麗得令人心碎的事物，或是聽到一首彷佛將我們帶往永恆之路的曲子——希望就是永遠都能夠緊抓住這些經驗。艾德納・聖文森・米雷(Edna St. Vincent Millay)在他一首名爲「當我聽到貝多芬交響曲的時候」的十四行詩中就傳達過這樣的看法：

甜美的聲音，啊，美麗的音樂，不要停止啊！
不要再度把我趕回原來的世界裡去啊。⑭

他又在「上帝的世界」裡頭寫道：

喔，世界，我無法緊緊的將你擁抱！
……上天啊，我真的害怕，
你今年把這個世界造得太美了；
我的心靈根本就魂不守舍，——讓秋天
的葉片別如此火紅吧；別讓小鳥啼叫吧。

這個空或許跟純粹的存在有直接的接觸，不過我還是喜歡比較保留一點的評斷，也就是說，我們個人可以窺見存在，即使很少有人可以在這條路上走得很遠，我們還是可以覺察到一條引領我們走向純粹存在的道路。專心注意字裡行間的留白，在言談當中的停頓，以及人生當中的停頓——這些都會讓我們產生心醉神迷的感覺。就在語彙形成的過程中，這個「空」就變成了某些具體的東西。很顯然的，我們只要認眞的傾聽任何可能在形成的過程中出現的訊息，我們就不用太擔心這些訊息的來源了。這些可能的詮釋來自一個人的內在本我，或是來自許多腦海中閃過的自發性的暗示，或是來自跟宇宙存在的接觸。這其中的最後一項可以被當成上帝顯靈這般來體驗——假定上帝是宇宙萬物當中存在與意義的根基。說到這裡，我就想到維根斯坦提出的警告，我常常在談到這裡的時候想到這句話：「對於我們所無法言喻的，我們只好用沈默來傳達了。」⑮

註釋

①約翰・李力(John Lilly)，個人談話。

②桃樂絲・李(Dorothy Lee)，《自由與文化》(*Freedom and Culture*)，Englewood Cliffs，N. J.: Prentice-Hall，1959，頁55。

③老子，《道德經》，吳約翰(John Wu)譯，Jamaica，N.Y.: St John's University Press，1961。

④路得・史丹地・貝爾(Luther Standing Bear)和摩杜普(Modupe)的童年時光。轉引自李，頁56。

⑤能劇，同上。

⑥雅齊柏・麥可利許(Archibald MacLeish)，《詩與經驗》(*Poetry and Experience*)，Boston: Houghton Miffiln，1961，頁8-9。我在《創造的勇氣》(New York: Norton,1975)這本書的79頁有引這段。希望讀者能夠參照這本書，那裡對創造力和停頓有較詳盡的討論。

⑦轉引自李，頁58，斜體字。

⑧對於任何一個有關個人自由的理論來說，本我的性質都是極端重要的。許多談論自由的作家，即使他們不是心理學家，從他們都以本我的論證來做總結就證明了本我的重要性。摩帝馬・阿德勒(Mortimer Adler)在他所編的《自由的觀念》(*the Idea of Freedom*)一書中即以對本我的討論作爲全書的總結。克里斯丁・貝(Christian Bay)，在《自由的結構》(*The Structure of Freedom*)中也花了許多的篇幅談論本我。柏格曼(Fritjof Bergmann)和以上兩位作者一樣，他們都不是心理學家，他在《論存在自由》(*On Being Free*)中認爲，如果我們不把焦點放在本我上，我們就無法適切地了解什麼是自由。

⑨弗洛依德，《自我與本我》(*Ego and Self*)標準版，約翰・李威爾(John Riviere)譯，New York: Norton，1962，頁 40。

⑩摘自《今日心理學》(*Psychology Today*)，一九九七年三月，頁 88。

⑪維根斯坦(Ludwig Wittgenstein)，《邏輯哲學論》(*Tractatus Logico-Philosophicus*)，皮爾斯(D. F. Pears)、麥克金氏(McGuinness)譯，London: Routledge & Kegan Paul，1961，頁 21。

⑫同前揭書，頁 73。

⑬同前揭書，頁 72。

⑭路易士・安特邁爾(Louis Untermeyer)，《詩集》(*A Treasury of Great Poems*)，New York: Simon and Schuster，頁 1166。

⑮轉引自維根斯坦(Ludwig Wittgenstein)，頁 160。

10 自由帶來的暈眩
The Dizziness of Freedom

我告訴你們，必棲身在混沌之中才能誕生一顆閃耀舞動的新星。

——尼采，《查拉圖斯特拉如是說》

恆常的焦慮是自由人的命運。

——詹姆士・亞當斯(James Truslow Adams)

焦慮即自由的暈眩。

——齊克果

個人的自由是一條我們以往從不曾經歷的冒險犯難之路，橫亙在前頭的是種種未知，但是我們只能向前挺進。然而有時在路途上會懷疑，我們將棲止於何處？未知的自由令我們經歷這種產生懷疑時的暈眩，一種眼花撩亂與危殆不安之感。這暈眩全然席捲了軀體，不僅是心智而已；人們可以從五臟六腑、四肢百骸感受到這暈眩。這暈眩可以是歡愉的，像坐在雲霄飛車上呼嘯而過；也會是痛苦的，當它開始讓人感到驚慌。所有這些感受——暈眩不已、眼花撩亂、危殆不安——都呈現出與自由如影隨形的焦慮。①

有時一個治療中的病人面帶微笑地諷刺說：「如果對你而言我是個瘋子，我想會比我是個精神病患來得好多了，因爲這樣我只需要沿著一條軌道走，活得像個瘋子就行了。」我說這是「諷刺」是因爲如果他眞相信這個，一開始他就不會來治療，治療的目的就是要讓人離開這條僵硬、狹隘與不由自主的軌道，因爲它阻礙了自由。沿著既定的軌道前進讓人安心，但是擁有選擇不同道路的自由卻引發焦慮，讓人暈眩。

焦慮總隱約出現在人擁有自由之時；自由與焦慮時時相互靠攏。齊克果說「在自由尚未成眞之前，作爲一種潛伏因子，焦躁是自由的現實處境。」因爲自由只是種可能，沒有人能預告這種可能會有什麼結果。

杜斯妥也夫斯基的大宗教裁判長就很淸楚地看到這個：「對人類與人類社會而言，從沒有什麼比自由更不牢靠。人類，這厄運的生靈帶著自由的恩賜出生，但卻發現下一刻就得將這恩賜轉手交給了別人，再也沒有比這更讓人苦受折磨的。」因爲隨之而來的焦慮，自由是種重擔；藉著取消自由，裁判長保護人們免於焦慮。要求人們放棄自由，他創造出新人類，有新的形態與新的想法——簡而言之，人類重生了。如此一來，就如他所堅持的，不論男女，人類都是「墮落、脆弱的生物」，「自然的奴隸」，「劣等的生物」；他對人類的說法合乎邏輯：因爲自由被取消，新人類就如他所形容的是劣等、脆弱與墮落的奴隸。

焦慮不安，就像自由的暈眩，同時具創造性與破壞性。創造性的一面是激勵人們產生能量與熱情；焦慮是我們內在的嚴師，揭露了我們總想逃躲的經驗。阿德勒一向認爲文明是焦慮的結果，是穴居人逼不得已創造出的想法，用來對抗劍齒虎、野牛與其他猛獸，他們的牙與爪遠比人類強壯，足以毀滅人類。

與極端的自由相伴隨的焦慮也同時具破壞性，可以癱瘓且孤立我們，置我們於驚慌之中；當他受到壓抑時，可能導致心臟疾病或是其他的身心症。焦慮的雙重性平行於漢斯•西磊(Hans Selye)所宣稱的建設與破壞性的壓力。每個人如果要在生活裡冒險犯難，就必須忍受建設性的壓力；但是破壞性的壓力是我們在現代生產線上可以看到的那種極端張力，它足以將人類撕成碎片。這就是個人自由何以是所有人類處境中最迷人也最受讚揚的一種；但是因爲他與焦慮不可分割，也是最危險與最可怖的。

焦慮與停頓

在前一章裡我們知道焦慮所推動的景象及其根源。停頓是一個人對焦慮最沒有抵抗力的時刻。此時，我們極力維繫著各個抉擇間的平衡，帶著疑惑、害怕與對失敗的畏懼向前展望。這停頓是我們開放自己的時刻，這開放是我們對焦慮的順服。

當我們說「傾聽寂靜」時，所指的是許多人因爲寂靜所帶來的焦慮而逃離這寂靜。他們固定地尋求從電視、音響傳來的噪音，以致在街道上或在以往曾是「寧靜」的公園裡帶著高分貝的隨身音響。約翰・李力在實驗中發現，人們處在沒有任何刺激的空間裡會感到極度不安；完全自由的寂靜所帶給人們的，是不堪忍受的焦慮。誰知道從那完全的寂靜裡會迸出什麼惡魔？哪裡是我們熟悉的疆界？約翰・凱吉著名歌劇「寂靜協奏曲」(concert of silence)的聽衆必須屏氣凝神地專注於他們的焦慮上；對他們來說，專注聆聽時，樂音是不存在的。在完全寂靜的時刻中，人們所面對的是全然不顧一切的激情，從中畏縮的人恐懼這激情會讓他們失去所有的方向。

在技術化的社會裡，有越來越多的閒暇——比如說提前退休，表面上我們迎接這即將來臨的閒暇時代，但是在內心裡，我們卻發現有種失去什麼的古怪恐懼。有了這些塡不滿的時間，以及沒有計畫、沒有行程的空間，我們該做什麼？這難道不是呈現在我們眼前的弔詭中的弔詭：空虛成爲一個最大的威脅，勝過我們一直追尋的利益。我們躺下來休憩的能力難道消失了？我們將失去淸醒的能耐？將像李伯(Rip Van Winkle)一樣被困在半世紀的大夢長眠中，如果沒有人敲響門扉，我們就將喪失意識？許多人不自覺間將自由解讀爲「轉變成虛空」，疑懼於不受阻礙的自由，害怕擁有自由的我們什麼都不是。

這是焦慮眞實與急迫的來源，雖然它通常會被隱藏與不受承認。未成形的自由，不受命運所限；沒有結構的自由，慢慢離開了人類。此刻是停頓的，人們不知道該做什麼，哭叫著要求某人或某事來組織他們，然後可以**有組織**地玩樂，度過**有計畫的**閒暇——雖然在字面上看來彼此矛盾。長久以來，我們慣於忽視停頓的時刻，現在發現自己像是被遺棄在財寶堆上宣告破產，不知如何度過空閒的時間。

讓我們再次回想上一章的例證，講者接受聽眾的提示與引導。有些講者會假設在他瞬息的停頓裡，沒有任何由聽眾發出的提示。抱著這個假設的焦慮，講者選擇逐字寫出講詞，這樣不管有沒有來自聽眾的提示，回到白紙黑字是最安全的。但是在讀稿中，講者業已錯失自由的契機，不會發現新靈感，不會有探索新疆域的歷險，也不會產生不確定所帶來的極度悸動。就像大宗教裁判長所希望的那樣，人們寧可選擇擁有安全感。但是這樣的選擇迫使人們喪失自由，在自我意識上付出了重大的代價。

有時自由的焦慮混雜著興奮。有一次，在機場等待（停頓的一種形式）一個不熟識但會在我農場作客三天的人，我感覺到認識一個新朋友時所會有的那種興奮感。但是這興奮在我自問自答的焦慮中大起大落：兩個人關在一幢屋子裡這麼久該做什麼呢？這種親近會不會變得很無聊或是很可怕？所以我速寫下這些筆記：

雖然興奮是焦慮的積極面，總讓我們遠離無聊、維持自主、敏感與活力，但是在什麼時候，他會導致破壞性的焦慮，讓我們被動、進而癱瘓且阻礙我們的自由？興奮，這愉悅的冒險帶給我們追逐的精力，讓我們成長。它讓我有活著的感覺。因為有興奮感，我就能努力生活，覺得是自己的主人。當我辦不到時，它就具有破壞性。我們經驗著「我能」(I can)與「我將」(I will)，保持開放時，就擁有自由，擁有能量去嘗試各種嶄新的可能。

在自由的實踐中，焦慮總是會發生嗎？答案端賴一個人如何看待生命。如果我們追隨海德格與田立克的觀點，他們認爲生命就是在存有(being)與非存有(nonbeing)交互辯證的張力間求活，因此我們每一個人迫不得已對抗著虛無的威脅，掙扎著呼吸以維繫我們這唯一的存有，在這樣的觀點下，答案是肯定的。在任何狀況下，我將這個問題保留在意識的層面。因爲這個問題意味著人類可能失去自由；暈眩與自由常相左右，身爲人類的我們不免以各種不同的方式防堵它，從不曾想到暫時壓抑或全盤否定它的同時，我們也就喪失了自由。

焦慮與探索

回想我在第五章所寫實踐自由的過程，當時我試圖形成決定論與自由相生相成的理論，焦慮如浪潮一樣淹沒我。他對我而言是「敵對的朋友」(enemy-friend)，擬人化的惡魔。無論何時，當人們闖進了全新的領域，出現全新的思想，全新的音樂或藝術風格時，焦慮總是以各種強度隨之而起。他總是下意識地這樣出現：「喔，這就是新的視野——以前沒人畫過這景象。」然後，「我眞的要冒這樣大的風險？」的感覺隨之而起，提醒我跨入無人之境要冒的所有危險。在這種情況下，一個人會發現自己正在告訴自己冷靜下來，不要這麼激動；就算身處在一種被靈感打中的激動裡，即使深刻地感覺到「這就是我要的」。

自由與焦慮是銅板的兩面——彼此相互依存，缺一不可。焦慮是興奮與熱情的一面，伴隨著新視野與前無古人的想法，以獨特的形態呈現在我們的面前。這焦慮是解放想像力的一種必要儀式——如果我們使用羅瑞(Lowrie)對「angst」的闡釋，可以稱這焦慮爲「憂懼」(dread)，我們進行這儀式獲致重大的想法。憂懼與全新的可能如影隨形，因此冒險是必要的。

就像分裂出原子的科學家一樣，當我們闖進了一個全新的領域，導致我們日常安居之處不再存在。這樣的重大突破會帶來疏離與迷惑，一種強烈的孤寂感。據說當洛斯阿拉姆斯(Los Alamos)附近的科學家們站在玻璃屏幕後，看著第一顆原子彈爆炸時，不少人的臉色發白，有人哭叫道：「上帝啊，我們做了什麼？」

對於這種焦慮有一種理性的解釋，我們必須銘記在心：焦慮不會來自錯誤與無用的新想法、新發現（無用的當然就會被忽略），而來自於將會**成眞**的可能。比如說原子分裂或是貝多芬對樂曲協奏的新概念。此時，發現新想法的這個人大學裡的同事會受波及，他們必須改變觀念，這些教授要重寫授課的講義。就像是帶著地繞日動說的哥白尼，或是徹底地闡釋了人類經濟生活的馬克思，他們引發了像原子分裂般的顚覆，所帶來的是最具災難性的呼嘯，使得天搖地動。

雖然以上所舉的例子是屬於偉人的，但在最低限度上，我們正在闡釋的是實際的經驗。每個實現自由，跨進未知領域的人都經驗到焦慮。只要避免冒險，就可以從焦慮中逃脫，但也就等於放棄自己的自由。我相信許多人從來不曾意識到自己最具創造性的想法，只因爲他們的靈感早在浮出到意識表層之前，就被橫亙在前的焦慮所攔截了。

漢娜・鄂蘭指出，每個社會都有一股力量馴化人們，任何群體與社會系統的重要功能都在維持平衡，讓人們安居於日常的位置上。自由對群體的威脅就在這裡：不馴從者會破壞平衡，利用自由去破壞已經存在的現實。蘇格拉底被判喝下毒藥處死，因爲雅典的公民相信，他教導雅典青年的是虛假的**魔性**；耶穌被釘在十字架上，因爲他摧毀了當時普行的宗教；聖女貞德聽見神召而被燒死在火刑柱上。這些極端的例子裡，那些人的思想在日後成爲我們文明的基礎。這事實證明了我的觀點。有所洞見之人帶來太多自由的焦慮，擾亂了人心，因此必須被處死，當時的時代仍舊因爲這些新思想而動盪不安。日後這些思想凝結爲新時代的精神，這些人都被往後的時代所崇敬，而老朽的傳統再也無法從墳墓裡甦醒，也無法干擾新時代的秩序。

在普洛米修斯的故事裡，我們可以發現創造者的原型，他創造了火，或如神話所說的，從神那裡盜出火來，並把火給了人類，從此開創了文明。沒有人會羨慕他所受的刑罰，被銬在山邊，每日都有鷹來吃光他的肝臟，到了晚上，肝臟又會長回來，隔天同樣的過程重新開始，就這樣日復一日。這種苦痛鮮明地勾勒出他的龐大焦慮以及與之並存的偉大反抗，這反抗是普洛米修斯個人自由的一部分。

要否認自由的暈眩可以使用這個詞，「純粹自發」(pure spontaneity)。如果不順服於自由那令人憂懼的架構之下，沒有人能發現所謂的純粹自發。約翰・李力自己在刺激隔絕艙中經驗到「純粹自發」，他描述其中的危險，以及自己對死亡的巨大焦慮。一個人也許會羨慕那些宣稱自己活在純粹自發之中的人們，他們似乎活在某種標準高度上。是的，我們也許會羨慕他們，但是卻不會因爲這樣而愛他們；我們會愛他們是因爲他們的脆弱——他們的脆弱意味著接受自由的暈眩，也就是接受總躡足在自由身後的命運。

依卡羅斯(Icarus)呈現了青年如何拒絕接受自由的暈眩或焦慮。依卡羅斯飛翔在天空的當時一定感受到了冒險犯難的興奮感——成爲第一個在天空飛翔的人，他在高處翺翔，品嚐到極樂，完全掙脫了地心引力，沒有任何事物能束縛他。在這個午後，心比天高的他是一個完全的**主體**。可以命令自己的宇宙如他所願地運轉，也可以在想像中讓幻想與慾望實現。這兒，的確是「純粹自發」的狀態。不再只是世界的一部分，也不再只能服膺地球的規律、命運或是人類社會的要求。有多強烈的興奮在這個青年的胸中跳動！一個偉大的夢想實現了，一個完全自由的經驗，最少是一種純粹的存在。一個人需要的只是這樣對自我的肯定，拒絕去思考任何的妥協。他就像是幾十年前的人文主義者，堅持沒有任何邪惡需要自找麻煩地去顧慮。既然人類在過去獲致如此偉大的成就，未來我們當然可以克服所有困難。抱著這樣的想法，依卡羅斯像個孩子般自然天成，也像個孩子般跌進深海裡溺斃。

焦慮的預言者

因爲擁有能透視未來，見常人所不能見的自由，眞正的預言者爲焦慮所苦。提瑞西雅司向伊底帕斯(Oedipus)哭喊著：

多可怖啊，知道……
凡從「知道」而來者皆非善物
……凡我說過的，
我不再多說，以免顯露我的傷悲。②

再一次，他說：

我將不為自己帶來悔恨
也不願為你。為何你尚苦苦追問。

預言者卡珊卓在邁錫尼(Mycenae)時也憎恨自己作爲靈媒的角色，憎恨說出預言。眞正的預言者與狂熱的信徒、騙子之間的區別在於：眞的預言者對自己的角色感到焦慮不已，但是騙子卻不。像舊約裡的預言者一樣，眞有預言能力的人不會想要成爲預言家；他們千方百計拒絕這個角色。如果可以，他們會從中逃脫，以避免這種自由背後的暈眩感。約拿(Jonah)甚至逃離尼尼微(Nineveh)，最後必須被鯨魚帶回來。

否認自由的暈眩在我們的社會中最普遍的方法是酒精與藥物。當易卜生劇中的皮爾．金聽到過往的人們在他躲進灌木叢中，談論並訕笑他，他這樣安撫自己：

只要我有一滴滴的壯膽靈藥，
就能若無其事。只要他們不認識我。
喝一口就好。嘲笑就不會嚙著我

確實，當一個人求助於蘇格蘭威士忌，嘲笑就不會那麼嚙骨；在我們的文化中，這的確是逃避暈眩萬靈的方法。蘇利文曾評論說在技術化文明裡，酒是必需品，用來讓人們在辦公室裡經過一天的機械勞動後放鬆。也許蘇利文只是隨口說說，但是不論這種說法是不是眞的，用來逃避焦慮的酒精能放鬆心智，麻痺感官是顯而易見的。但是酗酒以逃避焦慮讓人陷入一種惡性循環：隔天當焦慮增強時，也就喝得越凶，長此以往，酗酒者協會就會多一名新成員。過量的酒精腐蝕我們的想像力、反省力與發現新可能的自由，這些可能也許會幫助我們戰勝原先的焦慮。

最近幾年來，在美國開出五千萬張 Valium（某種鎭靜劑）處方——每五個人就有一份。除此之外，還有 Librium、Equanil、Miltown 等等類似的藥物，其目的都是防堵焦慮及其後的沮喪。這些藥物誠然有它建設性的一面，尤其是對那些焦慮高漲到癱瘓程度，完全不能與其他人或治療師溝通的病患。在這個有節制的程度下，鎭靜劑也許可以暫時幫助人達成自由。他們緩和焦慮，讓患者有足夠的時間看到自己的生活還有其他眞實的可能。

但是就像用來輔助的枴杖一樣，藥物與酒精也會阻礙了自由與可能，讓人們成爲無感無覺的機器人，失去了必要的敏銳，不能向種種無限的可能性開放，個人自由也將煙消雲散。一個人放棄了敏銳的想像力，就放棄了喜與悲、樂與哀、甘與苦③交織而來的靈性感應。沒有這些靈性，人類不過是冷血的電腦，重複著早已設定好的程式。

教條是對自由的恐懼

在這個領域裡，我受到一些所謂科學心理學的攻擊，我想澄清的是在一開始我無意於反科學。我請求讀者允許，讓我從一本由耶魯大學著名的心理學者，爾文・柴爾德(Irvin Child)所出版的書中摘錄一段文字：

……舉例而言，試看兩本近來由心理學家所著的暢銷書籍：羅洛・梅的《愛與意志》，以及史基納的《自由與尊嚴之外》。我懷疑研讀過心理學的讀者肯定會將史基納的書歸類為科學傳統下的心理學，但是卻不會這樣看待梅的著作。但是史基納的著作對我而言只在個人意義上與科學傳統相關聯，因為它是由一個在動物行為分析的心理學領域中，被公認為領導者的心理學家所寫的。史基納的著作以人類為主題，我認為這主題在哲學與宗教的傳統上討論遠比在科學傳統上來得恰當。作者以堅定的信心陳述出個人的價值與信念，原則上這陳述的根據是老鼠與鴿子，幾乎不曾與大量的人類心理研究相接壤，後者所顯示的面貌會與史基納的大相逕庭。

另一方面，梅的著作基礎是他長年與病患相處的臨床經驗，以及其他心理學家、心理分析師的經驗。它呈現假設與觀察交互作用的結果，展露作者智慧的謙遜，並對學科知識有所修正，使其有助於未來的發展。在我看來，這些看法秉持科學的精神，以及合理的建議去發現研究人類心靈最有效的方法。④

心理學界否認自身限制的傾向，在近二十年間的典型就是史基納。在私人交誼上，我視史基納爲友，但這並不影響我在各種場合的論辯裡反對史基納的觀點。史基納對動物心理學與教育理論的貢獻有目共睹，但是他拒絕承認心理學本身的限制，以我的觀點就意味著不承認命運；他建構自己的理論要囊括哲學、社會學、犯罪學與心理衛生的種種原理原則。他的企圖顯現出心理學意義上的自大狂(hubris)傾向（我們將自大狂定義爲對認知命運的排拒）。確實，在史基納的觀點裡，心理學是不受任何限制的。

他的著作《自由與尊嚴之外》的普及，證實了絕大多數的人們需要被告知自由是一種幻覺，他們從此不再需要憂慮了。史基納挾帶著仇恨利用普遍的無力感與無助感，這些無力與無助是我們這個時代正在形成的焦慮；他向人們再三保證個人的責任是老掉牙的東西，他們不需要花費心思去煩惱它。我們有必要再度檢視此書所形成的現象，以便發現迄今尚未得知的有關個人自由的問題。

史基納主張我們必須發展一種行爲技術，作爲人類自由與尊嚴的基礎。他寫道，這種新技術：

除非它能夠完全取代傳統，也就是前科學那牢不可破的論點，否則將不會解決我們的問題。自由與尊嚴的相關論述阻礙這種技術的實現。傳統理論認為，自由與尊嚴是自由人(autonomous man)的所有物，自由人據此承擔所作所為，同時也享有成就的榮耀。然而，真正科學的分析是將責任與成就歸諸於環境因素。⑤

我們到最後仍然堅持，在一定的範圍裡，環境不會影響人類的發展。我會同意環境有某種程度的影響，甚至比史基納所認爲的還要多樣化，例如從精神分析中我們可以得知，環境在潛意識與夢的層面上有重大的影響。任何忽視環境的觀點和環境至上論一樣是錯誤的，前者像是人類潛能運動(human-potential movement)主張**只有**內在潛能才是唯一關鍵，這種說法就太過極端。但是在史基納的理論體系中，對責任與自由的觀點一樣讓人感到憂慮。

史基納一再攻擊傳統「人類對所作所爲有所承擔」⑥的信念。「一種科學的分析是將榮耀與恥辱同時歸諸於環境。」⑦「自由與尊嚴的美化」是不能「承認以下的事實：所有的制約皆受環境所利用，由較好的環境而不是較好的人類來推動。」⑧

現在我們如果同意史基納的說法，理論上公民應該爲學齡兒童（史基納貢獻最多的地方）、貧民與殘障者等弱勢盡力矯正環境上的缺陷，那麼這種說法就是認爲人們是**負**

有責任的。的確，我們應該「推動較好的環境」，但是顯然與史基納相反，不是等待環境自己改變，而是藉由人們反抗殘酷與不公的法律來改善「環境」。

除了你我，環境還會由什麼「其他人」所構成？環境是要如何「負責」呢？當一個社會形成時，會發展出群體力量以維繫傳統及對傳統順從的態度；讓人們各就各位是各個團體的主要功能之一。但是如果我們放棄個人自由，要憑藉什麼手段、什麼力量去抵抗群體力量？閱讀史基納的著作時，我們會感覺到環境是上天所創的某種神聖之物，由某些神祇加諸於人類身上。在這樣的觀點底下，波高(Pogo)所呈現對生命的領悟消失無蹤：「我們所遇見最大的敵人就是自己。」

史基納嘲諷神話式「擁有奇蹟力量的自由人」⑨：

> 行為的科學分析解構自由人，將他所受到的控制歸於環境……他充其量受到周遭世界與大多數其他人的掌控。⑩

是何種心理機械工程控制我們周遭的世界，而世界是由我們自己以外的其他人所組成的？這個邏輯顯示沒有人可以控制環境，因此我們也不能期待有「行爲工程師」，雖然史基納自己企圖充當。歌德曾說：

……每一個人，都無力統治
內在的自己，每個人都如此渴望於動搖
鄰人的意志，如動搖自己遊蕩的意志一般……

史基納的主張即使在自己的理論體系中也自相矛盾：如果環境裡的人們沒有思想與行動，環境是要改變**何人**的價值？誰是那個控制環境的「他人」？也許就是史基納自己？

每件事都歸咎於環境或每件事歸諸於人這兩種極端的看法都是錯誤的，兩者都否定了自由。人類有第三種可能：**他們可以選擇何時被動地被周遭所左右，或是主動地自己採取行動**。當我乘坐飛機時，就是讓自己受到左右。我會打個小盹；看看窗外與做做白日夢，讓駕駛全然掌控我這次飛行的成敗。然而當我下機到大學裡演講，就是完全不同的選擇。我企圖說服聽眾；想讓我的論點聽來可行，此時我就是控制者。重要的是，在控制與被控制之間來回穿梭時，我就處於更深層的自由裡，處於存在的自由裡。到目前爲止，我們知道鴿子和老鼠不能在控制與被控制間做選擇，而鴿子和老鼠構成了史基納研究的基礎。

如果史基納這些概念僅僅只是讓人們對心理學與人類的存在狀況感到混亂還無關緊

要。「今日心理學最可悲的事情是，有如此多優秀的心智被迫去應付這原則本身的偏差、錯誤與虛假，」密西根大學心理學教授喬瑟夫・艾達生曾這樣寫道。問題的產生是因爲有許多人處在驚慌失措的邊緣，渴求某種客觀的理性以推卸自己作爲主體的責任。像這樣簡化的福音是史基納的主張最大的吸引力所在，它應許了一條出路，並增強人們的慾望去逃脫這個挫折不斷的世界。自從史基納推翻罪的意識，這福音就特別地具誘惑力；他不認爲有些事是該反抗的，不認爲人們應該反對嫌惡控制(aversive control)與破壞性的懲罰(destructive punishment)。**人們可以將自己責無旁貸的責任推卸給環境，因爲人們能有效地影響環境時才有這些責任**，但是在他的理論裡，我們沒有可能有效地影響環境，因此對環境也就沒有責任。

當中學生發現自己無力解決眼前政治與經濟的問題，同時他們面對藥物濫用、酗酒及青春期的衝突，在此時得知自己對這些沒有責任，任何問題都歸咎於環境，這種非人的機制承擔所有的責難與榮耀，他將要如何看待自己與自己的生活？我們無須將青少年犯罪問題，如嗑藥、刑案與暴力歸罪於史基納，沒有人該被期待發現歷史危機的眞相與解答。但是年輕人如果持續被告知他們是無能爲力的，所有影響都由環境所推動，就很難爲自己的所作所爲與自己的生命負起責任。他們從生命中缺席，變成「毫無擔當的一群」(the uncommited)就不足爲奇，就像電影《發條橘子》(*A Clockwork Orange*)由莎士比亞的一段詩簡中所衍義而來的一樣：唉，這就是美麗新世界，裡頭只有機器人。

當我閱讀史基納的著作時，靈光一閃：啊，是大宗教裁判長！這兩個人所主張的是多麼類似。裁判長說：「今日，是首度得以想像人類幸福的時刻，」以及「我們理應策劃全人類的幸福。」同樣地，史基納也爲了全人類策劃他的理論體系。當史基納提出「文化技術」(cultural technology)時，他也同時提出人類的最大幸福是他的工程學要達成的目標。兩者之間的相似是十分驚人。

裁判長聲稱：「點石爲糧，人類就會像家禽家畜一樣跟著你跑，滿懷感激而馴從順服，永遠都會戰戰兢兢地深怕你縮回你的手，不讓他們從你手中取食。」史基納以滿手蜜糖及其他的增強物(reinforcement)辦到了，跟隨著他們所得到的甜頭就像裁判長所陳述的：「這世界沒有犯罪，也沒有原罪。」史基納主張將責任歸諸環境；人們無須被監禁，只需要治療與復健。最後，兩個人都強調**服從**爲最重要的美德。裁判長認爲「人類無須汲汲於求上帝顯示神蹟，」只需要服從三元素的鼎立統治，「奇蹟、神秘與權威」。而史基納認爲心理學的奇蹟與權威、科學的概念是理性與清晰的，一點都不曾意識到，科學概念是我們的時代中最具魔力與神秘感的概念。

但是兩者最相似之處在於視自由爲最核心的敵人。唯一的不同是史基納比裁判長更進一步：他宣稱自由完全是不存在的，但是裁判長承認自由的眞實並認爲它是人類最大的威脅。裁判長似乎意識到他對**自由的恐懼**；他知道耶穌會宣揚自由，所以將他監禁。史基納不僅不留一點空隙給自由，還信誓旦旦地堅稱，個人的責任與自由根本就是虛無的。史基納式的教義表達對自由的恐懼，裁判長對此有所意識，但是史基納卻沒有，他竭力從自由中脫逃，並合理化與辯護這種脫逃。

近來一個行爲主義與人類倫理的研討會，其中一個論文發表人發表史基納式的行爲主義，在一開始就陳述他從不曾研讀哲學，也不打算在這個領域發表他的研究。然後他宣言自由是一種幻覺。雖然我們的行動大部分看似是經過自由選擇而表現出來的，但是他很容易就可以證實我們的所有行爲都是制約的結果。他繼續指出行爲主義已經控制了國內百分之八十的心理系，而且即將控制全部的心理系，並好言相勸我們這些其他人最好加入行爲學者的行列，因爲我們現在所教授的馬上就要不適用了。如果不順應潮流，我們將會被埋葬與遺忘。

有些人立刻向他指出，「自由是一種幻覺」的陳述是一種哲學陳述，不是心理學的。在我們看來，可怕的是如果他將要談論哲學，他應該仍會誇耀自己從不曾研讀哲學。我們沒有人否認站在正確位置討論的決定論，但顯然地這位發表人上述言論的發言位置是錯誤的。

但是眞正的謎題是：在所有心理學理論中，爲何偏偏是行爲主義帶有如此濃厚的宗教色彩，如此肯定它擁有全部的眞理？尤其是從那一次研討會後的五年內，行爲主義**不再是**受到最多關注的心理學派，認知心理學取代了它的這段時期。不是行爲學者的我們普遍地在上述那樣輕蔑的言詞下受到了傷害。如同柴爾德曾指出的，這種教條主義傾向是史基納的特徵，導致他要將其他所有的社會學、哲學、宗教與心理衛生的原理含括在他的心理學架構之下。

某些前史基納式的行爲學者在回顧過去四到五十年的歷史時，指出且承認這種教條主義的傾向。一位行爲學者，羅傑・奧瑞其(Roger Ulrich)這樣描述那個時期：「只要我們採取行動，沒有什麼是我們辦不到的……科學與科學牧師可以做到任何一件事。」他繼續描述：「我們的教主（史基納）讓我們知道，我們可以更進一步控制全世界。」[11]

這些主張剝奪個人的自由。史基納與其信徒們如此堅定不移地疾呼「自由是種幻覺」並非偶然，因爲他們在教義中早已放棄了自己的自由。

是什麼造就了這樣的自大，讓這些成員在一種規則底下誇耀這個學派是科學的？教條主義在精神分析上被解析爲一種病徵，個人在潛意識裡其實是懷疑他外在所強烈擁護的眞理。一個人變得越來越固守教義就表示他對所擁護的眞理越懷疑，這個人也越接近崩潰，就像保羅在往大馬士革途中的行徑。不論史基納如何固執己見，堅稱沒有思考這回事，取代行爲主義的心理學卻是認知心理學，正是研究人的心智歷程的心理學，這個學派正是對行爲學派的懷疑與反抗。

但是我們希望借重精神分析爲行爲學派的教條主義找到解釋。行爲主義本身逃避命運，也逃避在自由中所感受到的焦慮與暈眩。行爲主義雄霸半世紀（從一九二〇到七〇年代）並非偶然，在這半世紀中人們要面對龐大的社會問題，像是核子爆炸、集中營、第一次世界大戰的餘波及第二次世界大戰的煎熬，失業與通貨膨脹，還有能源危機等等無窮無盡的問題，這個時代是焦慮的年代。這個癲狂的年代需要簡單的福音，保證可以像擺脫自由一樣地脫離責任、混亂以及這些困難的社會問題。「確定」安如磐石，即使是虛假的也無妨。在行爲主義提供的確定之中，沒有任何自由的不安全感。

這就可以解釋爲何有這樣的一段時間，我們的大衆不但服從行爲主義學者的觀點，還同時表現出欲蓋彌彰的症狀，顯露出極端的教義狂熱。我相信這種對命運的逃避也包含了排斥去看見生命的眞實層面，像是責任、科學的限制等等，但是這些東西讓我們得以了解自己的命運。

任何形態的教條主義總是會產生惡性循環。教條主義也許可以撐持個人的安穩舒適，反過來個人的安穩也會助長教條主義的擴張。

的確，焦慮可以經由教條主義來逃避，但是也要付出一定的代價。一個強化自己周身藩籬的人，阻斷自己的可能性與實踐性將焦慮摒棄在外。**逃脫焦慮的同時，自己也成爲自我牢籠的囚犯，喪失了自由，也不再有創造新事物的可能**。如果我們脫下教條主義者的防衛外衣，就會發現一個顫抖不已，被自我囚禁在牢籠裡的囚犯。

不論是科學還是宗教，固守教條的人都在暗地裡害怕著，如果不凍結自己的信念，某一天它終會煙消雲散。他害怕任何的停頓，像我們在上一章所說的，停頓會導致他的「眞理」突然消失，而自己會落入恐慌之中。除非在四周架起堅固的防禦，不然他恐懼

「眞理」消失，自己再度被焦慮所侵襲。

葉慈(W. B. Yeats)強調「有些眞理我們**體會**，但卻無從**知道**，」這些眞理大部分是我們說不出口的親身體驗，但是卻被教條主義者所忽略。一個**知道**每一件事與答案，沒有什麼難題可以困擾他的人令人生厭，因爲他們所主張與依憑的東西裡沒有任何自由的空間。極端一點地說，在臨床上這樣的人會轉變成強迫症(compulsive-obsession)。

這些都是自由所不需要的重擔。因爲自由是從教義中解放，給予我們空間形成自己的理解，反省自己並發現更多的可能。它也意味著我們能找到不同形式的眞理，有些從西方有些從東方來，有些從科技而有些從直覺而來。理論的眞實存在與人類對理論的信任都必須保留自由的空間，這樣我們才能成就成熟的智慧，一如懷德海(Alfred North Whitehead)被訪問時曾說，我們可以保有兩種相反的想法而不去否認任何一方。這樣人類生命中無可逃避的不確定性才能被接受，一如我們接受命運。

柏拉圖的洞穴神話裡，牆上的投影某種程度上脫離了現實。如果我們**知道**那不過是影子，就可以從教條主義的巨大陰影中解脫。接受我們生存在洞穴裡的命運，並在自由的想像力中掙脫束縛。**我們自由是因爲面對命運，這樣才能悠游於充滿各種可能性的變動之海，探索新生命的形態，形成彼此間的新締結。**

註釋

①所有以下的感情——迷惑、畏懼、恐怖——都有焦慮在其中。

②索福克里斯(Sophocles)，《伊底帕斯王》(*Oedipus Tyrannus*)，收錄於《劇》(*Drama*)，喬治・楊爵士(Sir George Young)譯，New York: Dutton。

③威廉・布萊克的詩：

「喜悅與悲嘆／喜悅與悲嘆／若得知其眞諦／我們將安然在世間行走」

④爾文・柴爾德(Irvin Child)，《人本心理學及研究傳統的特質》(*Humanistic Psychology and the Research Tradition: Their Several Virtues*)，New York: Wiley，1973，頁 176。

⑤史基納(B. F. Skinner)，《自由與尊嚴之外》(*Beyond Freedom and Dignity*)，New York: Knopf，1971，頁 22。

⑥史基納，同上揭書，頁 17。

⑦同上揭書，頁 19。

⑧同上揭書，頁 77。

⑨同上揭書，頁 86。

⑩同上揭書，頁 196。

⑪羅傑・奧瑞其(Roger Urich)，〈人性與控制方法〉(Some Thoughts on Human Nature and Its Control)，《人本心理學期刊》(*Journal of Humanistic Psychology 19*)，1979: 39。

11 生病和健康裡的自由與命運

Freedom and Destiny in Illness and Health

因為我的鎖鍊，讓我漸漸有了朋友
那麼長的一段情誼
讓我們成了我們的樣子——即使是我
靠著一聲嘆息，重獲自由。

——喬治・戈登(George Gordon)，拜倫公爵(Lord Byron)
《夏蘭的囚卒》(*The Prisoner of Chillon*)

只要我們不承認生病在征戰與情愛之間古怪的相似之處，若是我們看不清它的組成、它的偽裝、它的索求，以及它是性情和疾病的混合所產生的一種既奇怪又獨特的合成品，那麼我們將對生病一無所知。

——瑪格麗特・尤瑟娜(Marguerite Yourcenar)
《獻給哈德里安》(*Memoirs of Hadrian*)

大部分的人認定他們的疾病幾乎是在命運的支配底下。身體的微恙最好看做是「運氣不好」，疾病被當成「不可回復的宿命」。我們的語言所表現就是這樣的態度。我們「陷入」疾病，彷彿如同地心引力的宿命一般。我們「罹患」感冒，就好像是件意外。我們是癌症的「犧牲者」。我們「染上」疾病（而不是我們生病），我們去看醫生以「獲得治療」。當醫生診療我們時，我們所能做的就是乖乖地成為「病人」。在這兒，所有的話語和表達都是被動的語態。我們假定自己是在某種宿命的支配底下，對此我們無能為力。好的病人被視為聽話且合作，他完全把自己交到醫生的手中。我們意識到的自我，似乎是在外邊的，就如同站在斬首台上的奴隸，他們的命運被更大的力量所決定。

這種對疾病的態度讓我們想到大裁判長所說的「人們巨大的焦慮莫過於，他發現必須把自由，這苦命的人與生俱來的自由轉讓給別人」。很不幸地，這樣的態度受到一些誤入歧途的醫生所助長，他們錯誤地以為這樣會讓病人的角色容易些。即使在心理治療中，這種情況亦會發生。下面就是一段真實的對話，發生在醫生和前來求診的憂鬱症病人之間：

病人：對於我的困擾，我該怎麼辦呢？

醫生：不要去詢問你苦惱的來源，把這個問題留給醫生吧。我們將帶領你，引導你度過難關，……不管病理上發展的過程為何……我將治癒你。

我相信這個態度是反對健康，而不是爲了健康。我的信念一方面就像艾立・金斯柏格(Eli Ginzberg)教授所說的「除非人們認定健康的福祉是自己的責任，否則任何健康照護系統的改善都不會有效。」①另一方面，黑內・杜波(René Dubos)醫生同意：「復原依靠的是病人抵抗疾病的機制。」②他強調的是**時間以及自然之藥**(vis medicatrix naturae)，③即自然療癒的力量。④也就是說，命運並沒有剝奪我們全部的自由，只有當我們戮力投入生命時，命運就會以有建設性的力量將自己展現出來。

西方醫學與大變革

無數的實證研究支持這樣的說法，我將從《美國醫療協會期刊》(*Journal of the American Medical Association*)裡引用一篇文章，日報對這篇文章報導的標題寫的是「合作的病人，早死」。這個研究探討的是兩組婦女如何對抗她們的末期乳癌。這個研究的結論是「比起易信任和易滿足的婦女，容易憤怒和好鬥的婦女活得比較久」。⑤在受測的一組中，存活最久的是較爲焦慮、憂鬱及充滿敵意的婦女，比起那些屈從於病的人，她們和疾病之間較爲疏遠。這些「易怒的」婦女，比起那無助的受害者，她們更顯得鬥志高昂。執行這項研究的心理學家，德若加帝(Derogatis)醫生說「她們正揭竿而戰！」「這些活得比較久的女人，擁有把對疾病的衝突、害怕和憤怒表面化的機制。她們對醫生有許多苛求，對處置感到不滿意，也被認爲對病適應不良。相較之下，較早過世的婦女沒有那麼多的焦慮，對醫生的感受也比較正向，在自我評價上感到滿意。」我相信她們已經**擺脫了**對抗疾病的**責任**。⑥

當今，乳癌的確成爲致命的危機。因此，女人能夠力倡她們的自由，肩負起生病的重擔，甚至與病作戰，她們就有較大的機會活下來。我不希望對於責任的強調會和艾斯提(Est)搞混在一起。艾斯提的訓練強調「你是你自身經驗的唯一來源，並且你須爲自己所經驗到的每一件事負責」。無法順利誕生的嬰孩，是不是因爲母親的營養不良，使得大腦受損而造成死產呢？如果相信我們應該對發生在身上的每一件事情負責任，這顯示的是我們的荒謬，我們一點都不了解命運。我們的自由以及責任感，只有在我們承認宿命並且投身其中時，自由與責任才會存在。

諾曼・科辛司(Norman Cousins)在他《疾病的解剖》(*Anatomy of an Illness*)一書中，清楚地描述了他所遭遇過的健康危機。科辛司在俄羅斯時曾被宣告罹患了一種罕見的，名爲膠原組織的不治之症。懷抱著強大的求生意志，他自問：「倘若負向的情緒造成體內負向的化學反應，是不是正向的情緒也會造成正向的化學改變呢？」愛、希望、信念、笑聲、信心以及存活的勇氣，是不是也有治療性的價值呢？⑦他告訴我們，當專家宣告他注定要失敗時，他如何鼓起對這個問題的關注，如何保持對健康的想望。他搬出冷淡的醫院，遷入熱絡的旅館裡，在醫生的指導下，他開始了新的飲食療法。他所進行的計畫包括攝取大量的維他命Ｃ，同時攝取大量促進健康的笑聲。他的故事證明的是一個人如何捍衛自己有限的自由，如何扛起責任以對抗自身殘酷而不公平的命運。有一位朋友問他，難道你不曾絕望喪志嗎？科辛司回答，是的，「尤其在一開始，我期待醫生用修理汽車引擎的方式對待我的身體，只做一些機械性的修復，就如同清理化油器，或者像接上燃料幫浦一般。」

當科辛司重獲健康後，他遇見其中一個曾經說過他的病是不治之症的專家，科辛司告訴他說，我的痊癒開始於「當我決定認爲某些所謂的專家在還不了解一個人的病情時，就宣告他命運的劫數。我並且告訴他我希望他們對病人講話時要謹慎；因爲專家受到病人的信任，而那對病人來說卻是朝向結束的起點。」⑧

當有人在討論每個人需要爲自己的健康負起責任時，聽到這話的人都傾向視這種論調爲對現代醫療的挑戰。我曾經在美國職能治療協會中做過「個人自由與照護」的演說，報紙上報導的標題寫著「細心的醫生剝奪病人的自由和責任」。我想這完全和我所要強調的意思相反，我無意責難醫學。現代醫療在醫療科技與新藥研發都有驚人的進步，沒有人不會對此感到驚訝。在我那群倡導全人醫療的朋友當中，我的工作就是提醒他們不要將醫療專業視爲敵人。「將醫療體系視爲敵人是站不住腳的，」科辛司說，

「專業醫療與靈性同等重要。」⑨

進一步來說，就爲了保有個人的「自由」，而拒絕服用藥物或是拒絕去看醫生，這樣做其實一點好處也沒有。我們無法從現代的世界退縮出來，過著隱士般的生活。再者，這樣對世界的反感帶有濃厚的盧德派作風，那些在十八世紀的工人，因爲體認到工業革命讓他們的生計飽受威脅，於是拿起鐵撬和十字鎬，一舉將機器設備搗毀。除了反叛者自以爲是的情緒感受外，這樣的反叛沒有獲得任何的好處。在生病的情況下，我相信我們對自己的責任就是去尋求最好的醫療診斷。

正是因爲現代醫療的進步，使我們有更大的必要性對它加以重視，即使是這樣的進步所形成的醫學神秘性和獨斷性，硬是將醫療專業強加在人們身上，也使得醫療專業太快將一切都視爲理所當然。當我住在大都市的時候，我發現當我需要醫療專業時，我就會打電話給醫生，詢問他我該向哪個專科醫生求診。在治療專業中，一向被認爲是核心的「按手療法」(laying on of hand)（信仰療法中，治療者將手放在病人身上進行治療），現在大多轉而依靠在技術之上。

如同早在十六世紀的巴拉賽爾蘇(Paracelsus)，醫生被認定是傳教士的角色，人們傾向把醫生視作神一般，以爲他具有掌控生與死的能力。但是，只要醫生在人們的意識層面被當作是神，那麼在潛意識層面他們亦可能被當作惡魔。在最近二十年中，輕率的醫療疏失所造成的訴訟事件，顯示的是人們的幻滅與憤怒，人們感覺到的是「惡魔」這個信念已經浮出表面。

當我告知我現在的醫生，希望能夠使用針灸療法來處理心跳過快的毛病時，他說「西方醫學正瀕臨大變革」，他意指的不是在技術上有什麼新的發現。反而，他指的是醫療哲學以及醫療倫理的巨大革命，這個改變發生在醫生行醫的文化情境底下。看起來這個革命就是對東方思想的頓悟，戲劇性地進入到西方醫療的處置之中。

西方醫學中針灸與東方的影響

讓我們把針灸當造成西方變革的一個面向，就如同受西方醫學訓練的心臟專家，海若・貝倫(Harold Bailen)醫生，後來也轉變成一位針灸醫生。他的轉變在於他越來越相信西方醫學模式充其量來說是不夠完備的，而在最糟的情況來說，它是個錯誤。疾病本身並不是敵人，更確切地說，錯誤的生活方式才是敵人。西方醫學一向做疾病導向的思考，它靠的是病人向醫生求助來阻斷症狀，但是有著數千年傳統的東方醫學卻不這麼做，它反而問的是：症狀試圖要告訴我們的是什麼？

症狀，像是疼痛、身體某處的痛、其他的不舒服，都屬於右腦的語言，它所要表達的是某個地方出了差錯。貝倫醫生經常告訴他的病人，「你不覺得驚奇嗎？你的身體如此聰明，它用這種語言告訴你那裡出了差錯。」相對於左腦，大部分靠的是邏輯和理性的語言，右腦所要傳達的是一些奇妙幻想、夢、直覺以及症狀。症狀正是紅色的警戒燈。因此，右腦語言不必受到純粹理性的左腦觀點所責難。貝倫醫生聲言，針灸促進了右腦和左腦之間的溝通。它綜整了這樣的訊息，就好像讓我們到了另一個意識狀態一般。

透過對針的使用，針灸的目的在於刺激身體的能量迴路，使得身體能夠供給能量來醫療自己。這些稱爲經絡的迴路與身體的神經通道並不相同。最近被廣爲接受的看法是，針灸活化安多芬(endorphins)，它是一種體內類似嗎啡的賀爾蒙。黑內•杜波並不是一位針灸醫生，但他描述得很好：

> 針灸可以激發腦下垂體分泌安多芬，並且可以讓它進到脊髓的細胞之中，對於疼痛的知覺產生一種類似鎮靜劑的效果。因此，就其他的賀爾蒙而言，心理的態度能夠抑制安多芬的分泌，進而影響病人對疾病的知覺，這樣的說法並不牽強。

杜波繼續說道，安多芬不僅作用於疼痛的機制本身，它尚阻止了對痛的情緒反應，進而減少人們的受苦。因此，針灸的止痛效果同樣被許多牙醫證明爲有效。

針灸所要求的是人們不要被**當作**「病人」，而是要回復他的身體和他的意識，也就是回復他自身的全部意義，這些都需要被整合到治療的部分之中。針灸不僅僅對病人做治療，它在每個方面要求病人察覺到自己的自由和責任。貝倫醫生說，如果病人能夠清楚而明白地得到這樣的訊息，他所要面臨的就是「選擇的關卡」。這讓他向自己質問：「喔！我的天呀，我**是否**要擺脫它？」有時候，病人（經常是患關節炎的人）會因此而有所改善，有所領悟，最後他反而要停止治療，他認爲「對我來說，忍受痛苦要比改變原來的生活習慣還要容易得多」，他們變得相當堅持己見，受到原有習慣的束縛，無法放棄原來生活中的好處，像是受到別人無微不至的照顧，因此，他們寧願有些微恙，而不要改變原來的生活方式。這是一個有意識、負責任的選擇。因而這個人再也不是他原來那受害者的角色。

依我的判斷，這個方式很像心理治療。在傳統的想法上，心理治療的目的不是去「治癒」案主，而是協助他們明白自己正在做的事，並讓他們擺脫受害者的角色。心理治療的目的就是要幫助受困擾的人能夠了解到，只要那是現實上可行的，那麼他有自由選擇自己所要的生活方式；只要那是不可避免的，他有自由去接受生命中的境遇。

爲了要說明所謂「選擇的關卡」，我將會用我自己的例子來做說明。我向貝倫醫生尋求治療的問題，或者說是症狀，就是我的心跳過快，早在我四歲的時候，我就有這樣的問題。雖然一直到青少年，它都沒有對我造成嚴重的障礙，但到了最近幾年，它嚴重起來會讓我昏厥過去，甚至產生更嚴重的症狀。我服用 Inderal，那是一種控制心跳速度的藥。剛開始，我一天服用六錠 Inderal（每錠十毫克）。的確，它控制住我的心跳，但卻以關閉我的大腦爲代價。我像是一個無精打采的人。

以下就是我在做針灸那段時間所寫下來的筆記：

在針灸治療的那個星期一之後，我感到相當的舒服，到了星期二早晨，我的心情依舊相當的好。在幾個月治療後的某一天，我的心情因為一錠 Inderal 而感到低落。那時候我決定完全停用 Inderal。但在中午前，當我因為心跳過速可能可以完全治癒而情緒亢奮的時候，我開始有種強烈地深沈而廣闊的孤獨感。我在辦公室裡來回踱步，試著想要找出可能的原因。沒有特別的理由讓我感到孤獨。但我卻繼續感受到彷彿我已經到了外國異地，我不會說外國話，在這個世界中，我像迷失了一般，無法和任何一個人溝通。我亦有一種奇怪的感受，我失去了自己；我好像只有一半的身分。

午後，我突然想到這種孤獨感來自於心跳過速可以完全治癒的奇妙幻想，我以為我可以完全擺脫它。的確，從過去到現在，我所經驗到的，對自己認同的那個重要的部分就要消失了。在成長過程中，我習慣這樣的形象，這是我自身的神話，也就是說，我是有點微恙的人，其實就是有心跳過速的毛病。這點異常似乎成了我的好朋友；當我面臨到太多壓力，或者是我需要從這個活潑的世界暫時退出來時，它總是堅定地與我站在一起。就如同夏蘭(Chillon)的囚犯一樣，我已經和我的手銬成為朋友。

那個晚上，我夢見我即將死去。我的朋友們聚集在一起，我就在他們所圍繞的圓圈之中，正和他們告別。在夢中我不停地哭，我感覺到我正和這個世界說再見。

接下來那個晚上，我夢見我正在進行一項腦部手術，我部分的頭髮已經理掉，為了方便外科醫生可以將我的頭骨切開來。執行手術的外科醫生是個高大瘦長的男人（貝倫醫生正是又高又瘦）。我逃離手術室。

隔天早上醒來（星期三），心跳過速的毛病像是全速前進一樣；我的心跳每分鐘到了一百五十下。整個早上，心跳過速一直困擾著我。

那個下午，我很高興到了貝倫醫生的辦公室；我知道我的這些夢和行為是很鮮明的，它們哭喊著的是，我尚未準備好放棄這個疾病。孤獨感和第一個夢所表示的是，放棄我心跳過快的症狀就等於是我死去一樣，這意味著我必須交出對自己的認同，而這個認同從我四歲存活至今。第二個夢更加明顯地是為著那即將離去的心跳過速所哭泣：它吼叫的是「還沒有好！」貝倫醫生笑著同意我的解釋，在做這麼猛烈的改變之前，我還需要一個月的時間做調適。

在歷史和文獻上，緊緊抓住疾病不放，面對疾病時個人難以履行他的自由和責任，這已是司空見慣的事。盧梭注意到了人類的傾向「緊抓著他的枷鎖，確認爲拯救了自由」，即使是在獨立宣言中，我們的祖先也確認這個事實「所有的經驗告訴我們，人類傾向於受苦，邪惡是被容許的，人們藉由放棄他們的舊習來改正自己。」

湯瑪斯・曼(Thomas Mann)在他的一部小說中，描述了人如何從自己或是他人的疾病中活出他的生命。在一篇短篇小說裡頭，他描述了一隻過於獨立的狗，牠總是獨來獨往，對主人不甚友善。在一次意外中，這隻狗跌斷了牠的前腳。於是，主人將這隻狗留在他的床邊，細心照料牠。最後，當這隻狗恢復健康，能夠像往常一般到處跑來跑去時，可憐的主人失去了可以照顧的動物，而小狗不再跟他親近，也不再依賴著他。這個主人一時無法自己，他無法忍受這眼前的孤獨，於是他拿出榔頭，將這隻狗的腳打斷。

這個故事的寓意可以適用在我們各式各樣的人際關係中，婚姻、友誼或是各種依賴的形式，它們都因爲參與的一方有著被照顧的需要，同時他們也需要去照顧關係中的另一方，於是這種關係就變得不可或缺。從健康的角度來看，這樣的同伴關係安慰著我們，使我們在擁抱這無法改變卻又冷酷孤寂的命運時，有少許慰藉；從不健康的角度來看，當自由的可能性再度出現時，受苦於疾病的人，他們不願意放棄他們的依賴，這便成了他們面對世界時的自我設限。

生病與健康之間的平衡

我們有必要去了解在一個文化之中，疾病和健康的功能。就像海若・貝倫所說的，疾病本身並不是最終的敵人。事實上，疾病可以是個恩賜，就像我的肺結核一樣，它強迫人們去評估他的生活，改善他工作或是活動的方式。我希望在此引用我在《焦慮的意義》(*The Meaning of Anxiety*)中所寫的兩段話：

> 帶有疾病可以作為解決衝突情境的一種方式，疾病成為一個人從他的世界中退縮出來的辦法，因此當一個人有了寬鬆的責任，人們就比較可能成功地適應環境。相反地，健康則是有機體實行它能力的表現。
>
> 我相信人們用相同的方式在使用疾病，老一輩的人把惡魔當作一個對象，他們將厭惡的經驗投射在惡魔身上，以規避自己應該要負起的責任。但是他們除了在罪惡感下獲得短暫自由的感覺外，這樣的妄想起不了大作用。健康和疾病都是我們生命中連續的過程，它讓我們適合於這個世界，也讓這個世界適合於我們。

疼痛不是最後的敵人。就如同科辛司所寫的：「在地球的表面，美國人可能是最容易意識到疼痛的民族。數年來，我們強行將它灌入腦中——在印刷品、收音機、在電視機中或是在我們每天的談話裡頭——任何有關疼痛的暗示都要被驅逐出境，彷彿它已成了終極之惡。」他繼續解釋道，爲什麼痲瘋病成爲令人感到懼怖的疾病，因爲罹患這種病的人喪失痛感，身體不會發出訊號告訴他什麼時候該去照顧潰爛的身體。在這個世紀中，爲了阻斷疼痛，我們使用鎮靜劑的數量到了令人難以置信的地步。

柏拉圖十分明白疼痛與樂趣之間的交互作用，以及它們彼此的相互依賴：

> 人們稱之為愉快的東西，確是顯得那麼地怪異！它跟它的對立面，也就是疼痛，它們之間的關係也顯得相當不尋常！這兩者從來不會同時存在一個人身上，然而假使你要找其中一個，並試圖獲得它，你必定會同時找到另一個，它們就好像相互綁在一起，擁有相同的源頭……。不管你在那裡找到其中一個，另一個就緊接著跟上來。就拿我的例子來說，我的腳因為腳鐐而感到疼痛，愉快似乎也因此隨之而來。

痛就如同生命中的感光體。逃離疼痛，我們將失去活力，失去眞摯的感知能力，甚至是愛的能力。我並不是說痛本身是件好事，我要說的是痛與痛的解除，它們似乎是一體的。它們就像是赫拉克利圖手中的弓和弦。沒有痛苦，我們將成爲一個行屍走肉的國度，很多批評家相信，我們已經抵達了那樣的國度。

有一種普遍的錯覺認爲，醫療科技一個接著一個將疾病掃除——像是原始致人於死的天災，如肺結核、小兒麻痺——我們需要的就是等待，希望我們能夠活得夠長，直到醫學打敗了所有的疾病。這樣的錯覺所依靠的是：在任何一個人類社會中，對疾病和健康的功能所產生的嚴重誤解，「醫生必須要抗拒技術在將來的某一天會消滅疾病的想法」，⑩羅伯特・瑞尼爾森(Robert Rynearson)醫生在《臨床精神醫學期刊》(*Journal of Clinical Psychiatry*)中表明「只要人們感到深受威脅並且無依無靠，他們將會尋求疾病所提供的神聖場域。傑出的科學家，同時也是爲人道主義者，雅各・伯諾斯基(Jacob Bronowski)，在這方面警告我們『必須治癒的是我們那需要絕對知識和權力的毛病，我們必須消弭的是存在於按鈕和人們行動間的距離，我們必須與人觸碰。』」

不只是醫生需要抵抗這種幻覺，即使外行的一般人也一樣。認爲醫療科技最終能夠拯救大家，這樣的想法是最強有力的合理化藉口，讓人逃避自己對健康的責任。人類的命運就是注定要在健康與疾病之間保持巧妙的平衡，**最重要的就是這個平衡**。我們正朝向更健康的方向發展，這是無庸置疑的。但是當我肯定在此之時，疾病也依著同樣的比例在向上竄升時，我是不是會被誤解呢？的確，比起五十年前，我們需要向醫生尋求更多的諮商。疾病類型的替換似乎正在發生，從感染性疾病——從外向人襲擊的病——到體內發出來的病，像是心臟病、高血壓和中風——這些病同焦慮和壓力有密切關聯。後者成爲今日最恐怖的殺手。

在我們每個人之中，疾病和健康都呈現著複雜的平衡狀態，在可能的情況下，負起責任讓我們有恢復到平衡的可能性。許多偉大的人物一生都和疾病搏鬥，這並不是件意外。我們注意到，許多具有創造力的重要人物，他們都罹患過肺結核，幾年前一位醫生寫過一本叫做《肺結核與天才》(*Tuberculosis and Genius*)的書，在書中他竟然論到結核桿菌會分泌血清到血液之中，這造就了天才。對我來說，這個說明顯得可笑。我們更有理由去相信，天才生活的方式——密集地工作、無法抑制的熱忱以及智慧的火花——這些在平衡間造成太多的張力，於是個人的生病成爲一種必要，好讓他能夠暫時撤離出來，稍做休息。

健康與疾病之間的掙扎是創造力的來源之一。英國籍醫生喬治・匹克林(George Pickering)把他蒐集的資料彙集成一本書，取名爲《有創造力的疾病》(*Creative Malady*)，它的副標題則是疾病在達爾文、南丁格爾、艾娣(Mary Baker Eddy)、弗洛依德、普魯斯特、白朗寧(Elizabeth Barrett Browning)生命和心中的地位。他指出，每個人都受著生病之苦，但他們卻積極地面對。匹克林把他有著關節炎的臀股稱爲他的「盟友」，當它們開始疼痛時，他只得乖乖地躺在床上；在床上他沒有辦法去參加開會，也沒辦法去看病人，或是款待訪客。對於需要創意的工作，這正是個理想的狀態：免於受干擾、免於受到平凡的生活瑣事所羈絆。

卡爾・西蒙通(O. Carl Simonton)醫生是治療癌症的先驅，他教病人以冥想的方式，爲自己負起責任，以治癒癌症。他教導癌症病人覺知到戰役即將開始，每天要冥想兩分鐘，想像白血球細胞正在殺死癌細胞。當我們仔細審視冥想者所描繪的奇妙幻想時，我們所看到的圖像都是戰爭、大老鼠和老虎、或是像士兵一樣的白血球。最重要的是，搏鬥正在發生，人的意識正是參與這樣爭鬥的要角。作爲一個病人的老模樣，也就是把對自己病的責任交給醫生，恐怕已經一點都不恰當了。

哈德里安(Hadrian)在面對他的疾病時，他是這樣描寫安適的藝術：

> 我覺得好多了，為了善用我的身體，為了把我的願望加諸在它之上，我甚至小心地服從它的意志。我專心致力於如同昔日般地在我的世界中生活，去建造出我存在的樣子，去讓我的生命多采多姿。⑪

註釋

①摘自諾曼・科辛司(Norman Cousins)，《疾病的解剖》(*Anatomy of an Illness*)，New York: Norton，1979，頁22。

②同上揭書，頁16。

③同上揭書，頁15。

④許多年前，當我罹患肺結核臥病在床時，那時候還沒有藥可以治療這種病，但我卻有了相似而重要的發現。只要當我把自己交給醫生，無論在休息或是活動時，都遵照醫生的指示，這時候我的病情不會有什麼進展。但是當我了悟到結核桿菌是在我身體中，而不是在醫生身上、醫生對它們毫無所悉時（醫生需承認這點），我明白我要為自己的康復盡責任。這點讓我感到更大的焦慮以及更多的罪惡感，因為這樣一來，我必得承認：我先前的生活方式是造成這個疾病的重要原因。但是，承認這點顯然為我的健康帶來恩惠。我因此而為我自己設定計畫，試著去傾聽身體要告訴我的訊息，當我需要休息時我就休息，當我感到有力氣的時候，就去活動。我學著用主動的方式，賦予疾病意義：我們「治療」，而不是我們「被治療」。此後，我的身體開始恢復。我那迷人的宿命，它增加了我的自由，讓我再度恢復健康。

⑤李奧娜・德若加帝(Leonard R. Derogatis)，〈乳癌轉移病患心理適應機制與存活時間〉，JAMA 242，1979。

⑥同上。

⑦轉引自科辛司，頁34-35。

⑧同上揭書，頁160。

⑨同上揭書，頁123。

⑩羅伯特・瑞尼爾森(Robert Rynearson)，《觸碰人》(*Touching People*)，J.Clin.Psych. 39(1978): 492。

⑪瑪格麗特・尤瑟娜(Marguerite Yourcenar)，《哈德里安回憶錄》(*Memoirs of Hadrian*)，New York: Farrar，Straus & Young，1954，頁252。

自由的果實

The Fruits of Freedom

12 生命的復甦
The Renewal of Life

我們已經到了宣告更為高尚的人性時刻，那就是靈性的自由，當束縛失去時，人們可以不再忍受那淚流滿面的遺憾。

——謝林

自由是一股實實在在的力量……由深邃的無盡之泉湧出。自由是從空無中所創造的力量，靈性從它自身創造力量

——尼可萊・貝德葉夫(Nikolai Berdyayev)

在挪威的獨立紀念日的慶祝會中，易卜生朗誦了一首他特別為這個節日所寫的自由之詩。在這首詩中，易卜生特別提到**自由**這個字是如何在一片禮讚和旗幟中，廣泛而無意義地散播開來，廣大的群衆是如何受到美麗詞藻的鼓動而「眼睛變得麻木，頭腦變得

遲鈍」、「那麼，什麼才是自由？」顯然地我們不只是「每三年將一批人送入議會／坐在那兒呆若木鷄，思慮如折斷之翼／像是一群呆滯的囚卒，置身在一片歧見之海。」我們毋寧相信，自由是「生命中最珍貴的寶藏」，

只有人在自由時，他才渴望勇敢地大步前進，
他深摯的熱望就是他的作為，他的目標則是靈性的英勇行為……
並且，那是超越字詞和話語的，
如果我們歡呼自由的璀璨，
而不了解它是美妙的果實，
從靈性的觀點，我們能夠變得成熟嗎？

自由與人類靈性

易卜生說，自由「只有從靈性的觀點才會成熟」。但同樣眞實的是，只有藉著自由，人類的靈性始爲可能。沒有自由，就沒有靈性；沒有靈性，就沒有自由；沒有自由，就沒有自我。

「人是靈性的」，與易卜生同爲北歐佬的齊克果如此宣稱。「但是什麼是靈性？靈性就是自我，但什麼又是自我……人是有限與無限的綜合，是短暫與永恆，自由與必然性的綜合。」①

當今，**靈性**這個字已經不是那麼受人尊敬，因爲它和鬼魂、幽靈、妖怪、幻想或是其他的「神靈論」扯上關係。在許多的基本教派之中，「我有靈性」的說法，成爲它傳教和儀式的前奏。在這些儀式中，所有努力就是要遺落我們平凡的存有，藉由倏然躍入靈性存有的來獲得「自由」。田立克說：想要輕易地跨過物質的界線而進入靈性的存有，這是魔術，而不是靈性。不論別人怎麼看待幽靈，在這裡我指的並不是傳統上所說的**靈魂**。

我之所以使用靈性(spirit)，是因爲在語意學上它是非物質的，它驅動著生命的原動力。它的字根是「spirare」，是氣息的意思，同時它也是**渴望**(aspire; aspiration)和**激勵**(inspire; inspiration)的字根。因此，靈性是生命的氣息。就如同創世神話所說的，上帝將靈性賦予亞當，從此之後他便能夠把生命裡頭生生不息的能力傳遞給它的下一代。

靈性讓我們活潑，有朝氣，給我們能量和勇氣，讓我們熱中生命。我們談到斯巴達人是帶著「偉大的靈性」在溫泉關(Thermopylae)作戰。當一個人是「有精神的」(high-spirited)，那麼他的生命是活潑的，就好像史賓諾莎所說，自由的人是積極的，不是消極的。當我們說一個人「失去他所有的靈性」，那意味著這個人在深刻的消沈之中，甚至是瀕臨於放棄生命的邊緣。我們借用法語「團隊精神」(esprit de corps)這個片語來說明，它指的是：信賴是來自於在團體中，每個人都參與到其他人的靈性。一旦受到分享，靈性是會增強的，另一方面當自由被阻斷時，靈性卻是在衰減。靈性的心理基礎就深植在每個人的內在自由之中。盧梭指認出了自由的靈性的同一性質，他寫道：

天性支配著每種動物，野獸會服從。人也感到同樣的衝動，但他知道他可以默許它發生，也可以抵抗它；總之，在自由的意識之中，人的靈性顯露。②

靈性是強有力的——它的確是如此強大以至於可以超越生物的法則。歌德在浮士德中說：

當命運將靈性放在它的胸膛，
那驅力讓它瘋狂地一刻都不能停歇，
而它的沈溺和輕柔的囑咐
跳躍過人的喜悅與自然的規則。③

在這裡靈性指的是宿命或是命運的一部分，用當代的話來說就是，它從我們而生，打從我們出世後它就和我們一同受到文化的影響。在我們這個時代，歌德的描述可以在需要心理治療病人身上看見，這些人胸懷大志，爲了工作而廢寢忘食，他們不僅將自己推向心臟病邊緣，甚至錯過了歌德所謂的「世俗之樂」。

靈性亦是一項知識論上的能力：我們能夠看穿事物，獲得頓悟，甚至察覺到以前受到掩蔽的東西。這個能力部分來自於直覺，即是史賓諾莎所察覺到的直覺。靈性是種特別的洞察力，它銳利且清明。在此，我們似乎置身於更高的存有；我們得以超越世俗以及世俗所劃下的界線。

靈性的語言是影像、象徵、寓意或是神話；這些特徵亦是由自由的語言所構成。這樣的語言指向整體；即使是部分的影像，那依舊是整體的影像。這些名詞，不管是**影像**、**象徵**、**寓意**或是**神話**，它們都和葛列格里•貝特森所說的「整體迴路」(whole circuit)有關，這些用語指向的是事件的整體性。因此，靈性的語言處理的是質，而不是量。質的性質即是整體的，而量的性質是局部的。舉例而言，當我們說一幅油畫是這麼地細膩、動人，它給我們如此豐富的色彩——所有的話所指稱的都和質地有關。油畫或是音樂的數量——像是畢卡索用多大尺寸的畫布，或是協奏曲使用什麼音符——這些數量的指標，在我們討論藝術作品時便顯得相當可笑。

「整體迴路」是貝特森用來說明邏輯和左腦以「弧形」方式所從事的思考方式——換句話說，那只是迴路的部分，而不是迴路的整體。當人們只將注意力集中在眞相的一部分時，那麼它是受限制的，也是不自由的。當然這樣的局限在實證式的思考中是必要的，但是在自由和靈性進入我們的論述之後，我們發現自己可以衝破這些限制，而我們面對的是整體的象徵，神話的普同性以及代表著整體性的隱喻。

這就是爲什麼貝特森堅持要將右腦思考包含到任何的敘述之中，也是爲什麼他如此強調**情境**在人作思考時的重要性。他寫道：

> 缺乏藝術、宗教或是夢，只有目的理性，造成了生命病症和破壞力的來源，這個災難的發生是因為生命的境遇是依靠在偶發事件相互連結的迴路中，但是當人的目的作引導時，意識卻只能夠看到這個迴路的一段小弧度……這就是我們所生活的世界——一個迴路結構的世界——只有當智慧（也就是承認迴路這個事實）的聲音被聽見時，愛才能夠存活。④

真誠的神秘主義者

就像麥司特・愛克哈(Meister Eckhart)與雅各・伯梅(Jacob Boehme)所說的，比起我們，神話有著深刻的洞察力，它使用著靈性的語言。如同維根斯坦告訴我們，「讓事物顯現」。作爲和但丁同時代的人，當愛克哈敘述自己的經驗時說道：「人的靈性……從來都不因爲它知道什麼而感到滿足，它向蒼穹咆哮著，它登上天堂，爲的就是要去發覺那驅策著天堂運轉的靈性，那滋長萬物，讓萬物生生不息的靈性。」⑤雖然他的想法是在十四世紀，但是他的話卻有著現代意義，他說：

靈性對數字是一無是處，因為數字只有在時間中有效，在這個缺陷的世界中有效。唯有當人們能夠將數字（概念）驅逐，他始能扎根到永恆。人類的靈性必須超越所有的數字概念，必須打破過去並遠離數量的概念，接著他才能夠讓上帝進入。……上帝引領人的靈性到沙漠，到祂的統一體中……在這裡靈性達到一體和自由。⑥

自由成爲神秘主義的者主要概念，這大概是爲了要達成他們的靈感，他們需要強烈地行使自由。愛克哈主張上帝並沒有強迫人的意志，他說「祂讓意志自由，也就是說，意志爲人**挑選**了自由。人類靈性的想望可能會和上帝不一樣，但絕非沒有自由。自由本身是眞實的。」⑦這些敘述表達的是命運和自由之間奇怪的結合，這是幾個重要宗教的特點。在他們的說法中，自由和拘束，自由和奴役到最後是一樣的。愛克哈要讓想了解他的人知道「你的意圖是正確的，你的意志是自由的。」⑧

伯梅這位沒有受過教育的補鞋匠，他說出了許多令人驚訝的見解，約有六本書記載了他的智慧。雖然他從來沒有閱讀過赫拉克利圖，也沒接觸過任何希臘哲學家和有系統的學校教育，伯梅稱上帝爲火。「對伯梅來說，存在即是火的流動，所有的生命皆是火。火也是意志。」⑨「根據伯梅的說法，意志——自由——是所有事物的要素。」⑩「自由比萬物還要深遠，並先於萬物存在。」⑪「在人類的思想上，伯梅是第一位把自由當作是存在最重要基礎的人。對他來說，自由比起所有的存有物，還要來得重要，來得更根本，甚至比上帝還要重要，還要根本。」⑫如果上帝之愛是有意義的，那麼上帝之怒亦爲必要。⑬至於說他的智慧從何而來，他告訴我們：「若只靠著我的力量，我就如同鄙夫一般盲目，但是經由上帝之靈，我與生俱來的靈性就可以穿透萬物。」

伊芙琳・安德修(Evelyn Underhill)說伯梅是個「靈感豐富的鞋匠」，同時也是個「偉大的神秘主義者」。貝德葉夫在他爲伯梅的一本書所寫的導言中說：「我們要向伯梅致敬，他是自由哲學的開山祖，而那也代表眞實的基督哲學精神。」⑭

在這裡很重要的是，這兩位神秘主義者都被制式的教會打壓成異教徒，而他們的著作對於教會的勢力而言，亦被視爲危險的。宗教裁判長聲稱自從十八世紀以來，教會放棄跟隨基督這件事並非空穴來風。也許所謂眞正的神秘主義者的另一個特徵，就是他們堅持宗教的自由不能夠被教會組織生呑活剝。

然而，我們認爲眞正的神秘主義者，他們有著無法依靠學習而能獲得的智慧根源

（通常他們很少做學習的工作），這根源必定是源自於某種直接參與到整個宇宙所產生的頓悟，我們一般人無法理解這種方式，只能夠在一旁讚嘆。這使我們想起了法國人類學家列維-布呂爾(Lévy-Bruhl)在各地的原始部落中發現的「神秘參與」。神秘主義的智慧似乎是同感、靈性感應和直覺的相結合。這點也顯示那些批評針灸或是各種醫療安慰劑的人，他們採取的只是純粹的左腦思考和理性觀點。⑮像是安慰劑這樣的東西呈現了某種可觸知的模式，讓人們能將不同來源所生之頓悟和直覺投射在上面。

我們之前說過，人的自由產生了人的靈性，只要有自由，靈性就不可或缺。但是，難道人的靈性和自由不也是邪惡的來源嗎？當伯梅宣稱如果存在上帝之愛，那麼上帝之怒亦為必然，這又意味著什麼？

慈悲與邪惡的意義

在我從事心理治療的經驗當中，我曾經碰見過一些父母親，他們的兒子或是女兒剛好也是找我做治療。當這些父母在進行治療時，他們的態度十分多樣化，有的以宗教悔罪的態度看待自己兒子所承受的壓力；也有一位滿心悲傷的母親，不明白自己自女兒出生後就罹患的精神疾病，以至於影響女兒現在混亂的性行為；一個華爾街的經紀人不斷對我發出混亂的命令，催促我把他的兒子弄得成材一點。他的混亂其實暗示著在下意識中，他知道自己權威的管教方式，正是兒子屢試屢敗的原因。如果這些患者能夠大聲說出自己內心深處的感受，即使是那個華爾街的經紀人也會哭著叫道：「為什麼我竟會傷害自己摯愛的人？」

當我們見到自己所犯下的邪惡之事時，很少人會無動於衷，尤其是在我們無法了解對方的想法是什麼時，我們無意間傷害到自己的家人或是我們所愛的人。「每個人殺死他鍾愛之物」，王爾德(Oscar Wilde)的說法讓我們鬆了一口氣，因為邪惡這個問題是普遍性的；我們並不獨自承擔我們所造成的傷害。但王爾德亦使我們無法忘記，我們每個人都參與了對待他人的殘暴。

無可避免的邪惡是我們為自由所付出的代價。就如同貝德葉夫在闡釋伯梅的諺語時，他說拒絕邪惡就好比拒絕自由一樣。既然，我們有了某個程度的自由，我們就得做選擇，這也意味著我們做錯誤選擇的機會，很可能和我們做正確的選擇一樣。不管我們是否接受我們對自由與邪惡應該負的責任，自由與邪惡都以對方為存在條件。邪惡就如同良善，它們的可能性是一樣的。也許我們可以假裝天真無邪，但是撤回到孩提時代的天真卻一點幫助也沒有。

我們每個人無可避免的自我中心，我們把自己對外物的知覺當作是絕對的，這對和我們最親近的人來說卻是種傷害。謝林說得相當正確「每個人的自我有著某種絕對的傾向」。⑯每個人都受限於他自身的表象，每個人都是透過他自己的眼睛來認識生命，對於我們最渴望去了解的人，我們很難不帶給他們傷害。「我欲之善，我未行之；我惡之惡，我行之。」這就是聖‧保羅(Saint Paul)對這個問題典型的看法。我們很難避開這樣的兩難。事實上，齊克果把這種狀況視爲原罪：我們每個人都從他單獨的個人出發，但這樣一來我們冷酷地沒有顧慮到我們所珍愛的人的渴望與感受。如果每個人竭盡所能地去避免，每個人都盡全力去表現他的親切，他只不過在面對他的朋友時，成功地增加了自以爲是的成分。

對於千禧年的哲學家和理論家來說，邪惡的問題已經成爲絆腳石。從亞里斯多德到阿奎那到當今的理性主義哲學家，他們爲邪惡提供了理性的進路，認爲只要我們解決更多的問題，那麼邪惡的存在便會減少。因此，邪惡導因於良善的不足。這樣的論點隨著科學的進步繼續增長，認爲只要有更多的自然和生命中的神秘被解開時，世界的邪惡就會減少。我相信這個觀點是錯誤的。在我早年的時候，這樣的主張還相當濃厚，但是那個時代是在希特勒出現之前，在每樣新科技的發展都作爲殺人用途的二次大戰之前，在集中營成爲政府能夠被接受的政治手段之前，同樣地，那個時代亦是處於氫彈造成生靈塗炭的威脅之前。這一長串敘述要說明白的是，科學和技術的進步並不會減輕我們的邪惡。人們對於惡的殘酷與能力是和人類的技術進步並駕齊驅。我們殺人的方法和我們的生活方式一樣，變得更加有效率。

當然，隨著科技的優點所呈現出來的最主要罪惡就是核能了。如果我們質疑它對健康的威脅，甚至是日常生活中的輻射量，或是如同核子彈本身的核廢料時，我們就只能夠聽命於相關科學學會，讓它把我們從幻覺妄想中嚇醒。不僅僅是核分裂會毀滅掉數倍的世界人口，證據顯示輻射線和鍶90可能已經滲透到身體中，成為我們體內未知的一部分。在任何情況下，和核分裂打交道，我們就像是走在剃刀邊緣。享有良好聲譽的科學家們告訴我們，科學和技術處理的是**如何**生活的問題，而不是**為什麼或是做什麼用**的問題。許多受人尊敬的科學家都公開地對我們大聲疾呼，科學促進善的可能，同時也增加了邪惡的可能。

同樣地，有一群科學家和哲學家採取不同的途徑。像是赫拉克利圖，他曾說「戰爭是一切之王，與一切之父」，自蘇格拉底以降，奧古斯丁、巴斯卡、伯梅、到齊克果和貝特森，這些思想家直接面對因自由而來的必要之惡。只要有自由存在，那麼錯誤的選擇即為可能，有些選擇甚至會釀成大災難。但是，如果人們將做選擇的能力讓渡出來，而把所謂的理性——這個自以為是的片面當作全部的話，那麼就等於放棄了讓我們成為人的首要理由。

宗教裁判所的現代形式，造成人們將他的責任交給了穿著白袍的科學家，或是坐在舒服的辦公室裡的心理治療師，亦或是教堂裡的神職人員，甚至周遭我們不認識的環境。這樣做似乎讓我們暫時地逃離了邪惡的片刻。但是當我們不再去承認邪惡的存在時，我們也不再承認良善的存在；那麼機器人的時代將會降臨到我們身上。

我們最終極的錯誤就是不願意直接正視邪惡。拒絕邪惡，也順道拒絕了隨之而來的自由，這是最糟的方式。逃匿於月神教派或是將鍾斯鎮(Jonestown)當成避難所，或是像加州雨後春筍的信徒一般，事實上這些作法都只是要尋求一個爲我們做任何決定的避難所。我們放棄自由，正是因爲我們沒有能力容許道德上的模糊性，我們要逃避可能做錯誤決定的威脅。在鍾斯鎮的集體自殺，對我而言似乎是個恐怖的證明，它顯示著忠於這個態度的人最後的熱忱。當他們用放棄自由的方式來逃避生命中的邪惡時，他們從事的是靈性的自殺，集體自殺向這個世界證明的不過是那最後的邪惡罷了。

千禧年之際的教徒熱切地問：「帶著愛的上帝，如何能夠允許邪惡的存在呢？」基督教的支派，諾斯底教派(Gnosticism)的回答是：

上帝允許邪惡的存在，並且將它編織到這個世界裡頭，為了要增強人的自由和他的意志，人們要用道德力來證明他能克服邪惡。⑰

但是，上述宗教徒的問題是過度簡單化了。讓我們回想伯梅所說的話，他說上帝是火，如果上帝之愛有任何的眞實性的話，那麼我們就有必要去面對上帝之怒。猶太哈西迪教派(Hasidic)的諺語指出了同樣的意義：

上帝不是親切的，上帝不是慈祥的老伯。
上帝是一場地震。⑱

值得注意的是，歷史上許多聖人都認爲他們自己是「主要的罪人」，當然這不是說他們犯了什麼明顯或是具體的罪。比起一般人來說，這些聖人在靈性上有更高的修爲，相對地他們會更敏銳地覺察到自己心中的驕傲、虛榮心、內心的苛刻甚至是理解的駑鈍。一旦我們從人的內心來觀照我們的罪時，聖人們的說法是相當有意義的。田立克提醒我們，我們有可能同時有善感之心與良善之心，他指出一旦**人有了善感之心，他會明白的是，人都參與到這個世界的邪惡當中**。因此，雖然沒有全然的良善之心，但我們卻可以主動關注這個邪惡。

這樣一來，在伊甸園神話中，善與惡都來自於反叛上帝的邪惡力量也就不足爲奇。如果亞當和夏娃有了些許自由，有著眞實的自主性或眞正的獨立，他們必定蔑視上帝的旨意；在那個時候，不管耶和華是仁慈或是有害的，都已經不重要了。違抗上帝的旨意對於形成他們的意識來說是必要的，否則他們將永遠成爲上帝的附屬品。但人會因此而感到疏離嗎？會有焦慮或是產生罪惡感嗎？答案是肯定的。能夠救贖這些「災禍」的就是愛的恩賜、責任以及有創造性的熱情和力量。

寬恕與悲憫

那麼，接下來我們應該怎麼辦？唯一的答案就是：慈悲。邪惡的普遍性讓人的慈悲成爲必要。有些病人提到他們在孩提時代所遇到的困境，我經常告訴他們，「你和我——我們所有的人——都面臨到同樣的處境」。雖然這聽起來像陳腔濫調，但這卻幫助他們從孤獨和卑微裡頭解脫出來，讓他們不會在自己的邪惡裡頭感到形單影隻。

在葉慈的〈自我與靈魂的對話〉⑲這首詩中，他叙述了自我與靈魂的對立，靈魂聲稱只有理性是無法解決生命的問題：

智性不再能了解，
如是來自於理該如此，知道來自於衆所周知
天堂之高，
只有死者方能得到寬恕；
每思及此，我啞口無言。

這首詩最後的結語是自我與靈魂能夠達到和諧：

我滿足於跟隨每個行動，每個思想
直到發現其源頭；
諒解一切；寬恕自己！
如此這般，我拋棄了悔恨。
多麼豐沛的甜美湧進了我的心頭，
我們歡笑，我們歌唱，
我們受到萬物祝福，
我們所仰望的一切都是喜悅。

這首詩的最後五行對一個人內心深層的寬諒有精湛的描述。

在父母和小孩的關係中，寬諒同樣延伸到小孩身上；因爲遺憾似乎和它的對立面有很大的關係，像是兒子或女兒對父母的憎恨會帶給他們自己很大的困惑與苦惱。因此，對自己的寬諒讓他能夠去寬諒他人。寬諒是慈悲的一部分，它讓人類的喜劇性有了深刻的意義，也讓我們從悲劇裡頭獲得理解，讓悲劇變得可以忍受。寬諒意味的就是打敗憎恨——「驅逐出對自己的良心責備」——這樣的責備像是蓄積在人與人之間的詛咒一樣。寬諒我們自身，就如同我們對他人的寬諒一般，這是人們超越憎恨唯一的辦法。當我們能夠健康地擁抱對他人的寬諒，在此同時我們也掃除對自己的憎恨。

同情共感(compassion)⑳**是一種對他人有熱情的能力，也意味著同理心，能夠用別人的方式去認識他的世界**。同情共感讓我們對人性爲何，有了嶄新的觀點，同情共感也讓我們不那麼嚴苛地去評判自己，如同我們不苛責曾經侵犯過我們的人。弔詭的是，它讓我們從憤恨以外的觀點讓我們改正自己。我們停止責難同樣生爲人所會犯的錯誤，同時停止責難在相同處境的他人。就如同唐・麥克(Don Michael)所言「對於人的無知和有限性，每個人所需要的是一種清明，並且人們需要足夠的支持，去面對這樣的清明帶給他們的沮喪。一個有著慈悲的人，他能夠眞正地接受人的處境，他能夠支持別人，就如同他能夠支持自己一樣。」

缺少同情共感的自由是粗暴的，沒有同情共感，自由會變得自以爲是、無人性、自我中心甚至是殘酷的。安納托・法朗士(Anatole France)對自由的看法是——在夜裡，窮人或是有錢人都有同等的自由可以睡在巴黎的橋下——這顯示了自由對社會低下階層的人可以是多麼殘暴的一件事。許多的十字軍——不僅僅是歷史書上所寫的那些——打著自由的標語，卻一味地要求別人接受他們對自由的概念。於是，最後他們變得暴虐專橫。

同樣的情形也發生在一些心理治療的經驗裡頭。當治療者堅信他自以爲是的自由是唯一對病人有幫助的，縱使治療者在技術上的所作所爲都是對的，這也會讓他變得冷酷、頑固而沒有人性。

我曾經督導過一位心理治療師，他的病人是一位十九歲的年輕女孩，這個病人令他十分苦惱。病人一直顯得很焦躁，不斷變換談論的主題，也經常使性子，發脾氣。在一次督導的機會裡頭，我告訴他，這個年輕女孩可能想要從治療師這裡獲得一些好感。後來在下一次治療的時候，這個女孩又再度演出使性子的劇碼時，治療師斷然阻止，並說「你知道的，我喜歡你。」這個病人不再說話，她停了一會兒，然後說「我想，我知道了。」當治療師把這件事情告訴我時，我問他「你喜歡她嗎？」他回答說「沒有，我不是眞的喜歡她」這時候閃過我腦海裡的是，這整個治療毀了。因爲無庸置疑地，即使是經過僞裝，受治療的病人依舊能夠感受到這缺乏同理的表現。果然，經過幾次之後，她就中斷治療了。

任何一個要做到名副其實的心理治療，治療者的同情共感都是必備的。即使是像同情這麼基本的東西，病人都會看穿任何的僞裝，即使他們不說出來，那也是因爲在我們的文化之下，人們已經被教育成不要去揭穿這類不好的事情。

我一位在做心理治療的同事，他正定期地與一位病人接觸，這位病人的行爲經常是誇大而傲慢。有一天，這位治療師的女兒因此而受到嚴重的傷害。在那次治療中，治療師完全沒有提及這件事，但我們從錄音帶聽得出來，那天這個病人變得溫和、親切，完全沒有他平時的囂張氣焰，好像他已明白了發生在治療者身上的慘劇——事實上治療師尚不知道這件事。這是假定了在治療中有某種程度的靈性感應，還是說我們有能力從細小的線索，像是一個人的聲音，去發現什麼？在我的判斷中，弗洛依德是對的，在他靈性感通的「道德」理論中，他說：在治療中他學到不要去說謊，因爲他總是碰到不管他多麼努力要去掩蓋一個事實，病人總有辦法可以看穿這個謊言。

阿德勒一再強調，「治療的技術必須在你身上」，他接著指出，最好的治療者是他自己本身帶有問題，而他知覺到問題並且持續在這個問題上做努力。在心理治療上，如果一個人本身沒有經歷過心理問題，那麼他就無法對另一個人心生同情。這裡要注意的是，我並沒有說要和案主有相同的心理問題——這並不必要。借用葉慈的話來說就是，治療者需要知道在「自我和靈魂」之間的掙扎是怎麼一回事，治療者能眞正從他的經驗中獲得這樣的感受。

這也就是爲什麼我在爲兩家心理分析訓練機構面談和甄選應徵者時，我從不考慮「適應良好」的人，或者是從來沒有和他們的生命做過搏鬥的人。我假定，或者我堅定地相信，這樣的人很難去同理病人或案主，甚至很難爲他們感到同情。我個人曾經認識兩位偉大的心理治療師——佛瑞達・佛洛姆-瑞奇門以及蘇利文，他們都有著書上所說的各種問題，但他們卻能從病人的問題中，獲得令人難以置信的領悟，同時也給予病人相對應的同情。受訓者被要求必須通過那種說教式的心理治療，它主要的功能就是從自己的問題中訓練自己的敏感性，這樣他才能對將來要一起工作的夥伴感到同情。

葛列格里・貝特森曾經說過，沒有同情共感的人無法在他的人際關係中把握住「整體迴路」。當貝特森談到重要的藝術、詩文、宗教和其他的右腦功能時，他寫道：

孤立無援的意識總是傾向於憤恨；這不僅是因為將其他的同伴消滅是一般的常理，更深刻的理由在於，當人只看見迴路其中一部分時，他那死腦筋所做深謀遠慮反過來苦惱他時，人們只能夠不斷地感到驚訝，和無可避免地感到生氣。㉑

同樣地，貝特森所崇拜的一位人物，巴斯卡指出，只有理性的觀點是不夠的，因爲道理在「每一部分都是能變通的」，實際上，道理只不過是「庇里牛斯山其中一面的眞實，另一面則是錯誤。」㉒

我們的命運就是以某種群居的方式生活著，即使是住在邊疆的居民，他們也會因爲方圓二十公里以內還有鄰居而感到自豪。儘管他們少有機會講話，但靠著語言，他還是可以跟鄰居相繫在一起，亦或是靠著他的記憶，靠著想念，他們似乎可以永遠在一起。「狼孩」是一個反例，事實上，他也證明了我所說的，只有當他表現出共同的德性時，他始能成爲「人」。我們會歸屬於某個社群，就好像我們是個獨立的個人一樣，我們需要承認這樣的命運，並且以同感之心將自己和他人聯繫起來，同感之心限制了我們的自由，但同時它也讓我們有了自由。

就像我們在前面自戀現象那一章所說的，拒絕承認自由會將我們和他人隔離，現在我們看到這種殘酷。無疑地，「如果我不照顧我自己，誰將照顧我」這樣的想法是重要的。但是如果一個人只關切他自己，他的自由對別人來說會是種殘酷。**愛，是同情共感的第一步，它讓自由遠離殘暴**。

邪惡的普遍性也讓人的慈悲成爲必須，就如同莎士比亞在《威尼斯商人》(*The Merchant fo Venice*)中所說強調的，溫柔的「美德」。慈悲不僅像場柔柔的春雨，它亦是一種寬諒，降福在施與受的每個人身上。慈悲是：

敬畏與尊嚴的象徵，
恐懼之王坐落其中；
但是慈悲勝過這權柄的支配，
她是心的冠冕，
神的象徵，
此時慈悲調和了峻法
塵世的力量顯現，有如神授……

即使在夜晚，邪惡既不消失，也不逃遁。我們從來不會在早上醒來的時候發現邪惡已經從這個世界消失。**人類生命的目的並不是避免犯錯**，或是保持著光亮無瑕疵，**而是去面對我們生命中的挑戰，並且在迎面而來的挑戰裡尋找自由**。在人的悲喜交織當中，我們繼續掙扎奮鬥，僥倖地逃過不明的災難，亦或努力去了解社會中存在的陷阱，使得我們盡可能地去作積極的選擇。**在人的悲喜裡頭，寬諒與慈悲讓生命饒富滋味，使生命在美、愛與喜樂的經驗中，變得可以忍受。**

註釋

①齊克果，《恐怖與戰慄》(*Fear and Trembling*)和《向死之病》(*Sick unto Death*)，New York: Doubleday，1954，頁 146。在這裡齊克果使用必然性(necessity)，我則使用命運(Destiny)。

②引自諾姆・瓊斯基(Noam Chomsky)，《爲了國家》(*For Reasons of State*)，New York: Vintage，1973，頁 391。

③歌德(Johann Wolfgang von Goethe)，《浮士德》(*Faust*)，Baltimore: Penguin，1949，頁 92。

④葛列格里・貝特森(Gregory Bateson)，《踏入心靈的生態》(*Steps to an Ecology of Mind*)，New York: Ballantine，1972，頁 146-47。

⑤雷蒙・柏納・布萊克尼(Raymond Bernard Blakney)，《麥司特・愛克哈》(*Meister Eckhart*)，New York: Harper & Bros.，1941，頁 192。

⑥同前揭書，頁 192-93。

⑦同前揭書，頁 193。

⑧同上。

⑨尼可萊・貝德葉夫(Nikolai Berdyayev)，介紹雅各・伯梅(Jacob Boehme)，六個通神論觀點(Six Theosophic Points)，Ann Arbor: University of Michigan Press，1958，頁 14。

⑩同上，頁 20。

⑪同上，頁 21。

⑫同上，頁 23。

⑬上帝之怒與上帝之愛，把這個概念同中國比較，中國的觀念認爲苦盡甘來。

⑭轉引自貝德葉夫，頁 32。

⑮安慰劑作爲可觸知的模式，這件事情讓我想起有一次和一位印度占星學家，漫長的閱讀星象圖。我從來不相信所謂的占星學，但是我也從未懷疑過它。但是這位陌生人，他顯然連我的名字都不知道，更不知道我其他的事情，後來他竟然能夠對我有令人難以相信的領悟，這似乎超乎常理。因爲深受震撼，我於是指稱他爲靈媒。但是他只是微笑地和我握手，然後說，他總是認爲，他的領悟只不過來自於閱讀星象罷了。

⑯轉引自瓊斯基，頁 40。

⑰引自露絲・南達・安沈(Ruth Nanda Anshen)，《魔鬼的眞相：人類內在的邪惡》(*The Reality of the Devil: The Evil in Man*)，New York: Harper & Row，1972，頁 5。

⑱弗烈德利克·法蘭克(Frederic Frank)，《安琪拉絲·希利西雅之書》(*The Book of Angelus Silesius*)，New York: Knopf，1976。

⑲〈自我與靈魂的對話〉(A Dialogue of Self and Soul)，葉慈(W. B. Yeats)，《葉慈詩集》(*The Collected Poems of W. B. Yeats*)，New York: Macmillan，1956，頁 231-32。

⑳唐納德·麥克(Donald N. Michael)，《工業社會之今日與明日》(*Industrial Society Today and Tomorrow*)，World Future Society Bulletin 13，1979。

㉑轉引自貝特森，頁 146。

㉒巴斯卡(Blaise Pascal)，《巴斯卡沈思錄及對宗教之思索》(*Pascal's Pensees or Thoughts on Religion*)，Gertrude Burford Rawlings 編譯，Mount Vernon，N.Y.:Peter Pauper Press，1946，頁 38。

13 絕望與喜悅 Despair and Joy

貝多芬並不逃離生命而轉向神秘的極樂世界。他並沒有忘記喜悅、努力和痛苦。他沒有放棄任何事。他所達成的卻是比年老者的寧靜還要更加美好。「我要將命運吞進去，」他在一封信中高喊著「命運不會完全將我打敗。喔！活著是多麼美好——我要再活一千遍！」

——沙利文，《貝多芬：他的靈性發展》

我們如此不願意去面對所謂的命運，其中一個理由是我們害怕它會導致我們的絕望。美國人總是被教導要披上一層樂觀的外衣，我們相信在絕望中，會喪失所有的希望。因此，我們緊抱住在我們腦海中任何虛假的希望，把它們當作是對抗絕望的堡壘，但我們卻不知道努力追求那樣的希望，卻是一點希望都沒有。難怪艾略特(T. S. Eliot)寫道「沒有希望的等待／因爲那樣的希望是一個錯誤的希望。」想要乞求這樣的虛假希望時，我們很容易受到心理宗教假道學人士的剝削。想要逃離惡魔，必造成絕望。我是不是可以假定絕望在基本上是一種積極的情緒呢？或者說絕望經常是偉大成就必要的前奏曲呢？在《伊尼伊德》(*Aeneid*)這本書中，當魏吉爾提到伊尼亞斯(Aeneas)和他的子民的旅程時，他寫道：黑夜是「我們的指引，而絕望就是我們的領袖。」荷馬在《伊里亞特》一書中也有類似的說法「力量從希望與絕望中而來」。

讓我們再一次看看在第二章所提到的，菲力普在他最後一次治療的經驗。他來的時候感到難過、沒有希望、孤獨和迷惘。他感到每個人皆已死去——他的母親、他的姊姊茱德——他和妮可的關係也幾乎是死了，而現在，在治療的最後，他和治療者的關係也將要死去。他是清明而全然地絕望。但是在這次治療的中途，他開始恢復。

絕望的價值

能夠讓菲力普放棄過度工作，以及無法和他人建立關係的種種神經質行爲，絕望扮演不可或缺的角色。當他還是個年輕小伙子時，這個經驗是他生命中的轉捩點。此刻，他和我都相信這個治療及結果，對他在克服和妮可之間的愛戀關係上，亦會是個轉捩點。

因此，絕望可以產生十分有建設性的行爲。它就如同衝破奧吉亞斯的牛圈(Augean stables)一般。對於一個人從嬰孩時期就開始累積起來的神經質症狀，絕望可以是「放棄」或是「鬆手」。就這一點來說，絕望對每一種心理治療都扮演著積極的角色。

我所謂的絕望，並不是一張撅著嘴的臉，也不是任何帶有知識性的東西。如果絕望是種打動人心的心情，或是對於任何人所表達出來的憎恨，那麼它就不是眞正的絕望。**眞正的絕望是強迫一個人去爲自己命運命名所產生的情感**。它是假裝的最大敵人，也是鴕鳥心態的死對頭。它要求人的是去面對他生命中的眞實。在絕望中我們所說的「鬆手」即是放下虛假的希望，僞裝的愛，或是幼稚的依賴，就好比空洞的盲從，就像小綿羊因爲害怕柵欄外的野狼，彼此擠成一團。絕望如同冶煉場，融化掉礦沙中的混雜物。絕望並不是自由本身，但是要爲自由做準備，絕望就不可或缺。大宗教裁判長說得好：如果我們只就教於理性的選擇，我們將不會選擇進入絕望。我們沒有辦法拒絕命運和宿命，接踵而來的情況將會是，我們會作半吊子的綢繆擘劃，然後要面對突發狀況，我們會發現到對自己的不誠實，最後依舊要面對我們赤裸裸的生命。

匿名者戒酒協會是一個廣爲人知的團體，這個團體治療酒癮的績效卓著，它很坦白地說只有當酒癮者產生徹底的絕望，那麼他的治癒才有可能。只有在那個時候，酒癮者才能夠放棄把酒精當作自我慰藉的希望，放棄鼓舞自己虛假的期待。這些在匿名者戒酒協會中完成戒酒的人，當他們回去幫助新進成員時，他們會率直地嘲笑這些尚未絕望者的浮誇，新成員自大地認爲「我是我命運態度的主宰者」，新成員過於自負的解決辦法是透過自己的意志來控制飲酒。這恰好是艾略特所講的「對錯誤事物的希望」。此時，希望本身已經變成了最誘人的妄想。

當一個人已經「按到按鈕」——也就是說，當他到達終極的絕望——這時候他會對永恆的力量臣服；這就是所有眞正轉變的動力所在。我把這個過程看做是放棄虛假希望的妄想，然後完全承認命運中的事實。只有在那個時候，人才能夠開始再造。這就是面對命運、始有自由，這個假設最好的證明。

在西那儂(Synanon)開始敗壞之前，這點對它是眞實的。對於在洛杉磯稱爲德朗凱街(Delancay Street)的這個團體，也是眞實的。這個團體是由犯罪、毒癮和酒癮的青年所共同組成。德朗凱街的目標就是要讓新的成員產生絕望——藉由攻擊他的合理化藉口，拆除他的僞裝和自大，直到他一切蕩然無存，徹底絕望。德朗凱街的領導人相信，只有到那個時候，人們才會放棄那個阻礙他轉變到眞正自由的虛假希望。

絕望在治療中的角色

在心理治療中，對於絕望的了解，經常是發現病人潛在能力和基本條件的必要因素。絕望的功能在於掃除我們表面的構想，我們妄想式的希望以及過於簡單化的道德看法。有些誤入歧途的心理治療師認爲，他們要恢復病人對每個絕望的信心。但是如果病人從來沒有絕望過，我們很難相信他曾經有過深刻的情感。在這裡讓我們思考一下伏爾泰(Voltaire)說過的話「絕望經常獲勝」，一個朋友曾寫下這首五行詩：

曾經，有個人叫伏爾泰
在絕望中尋覓到最好的希望。
如果這聽起來是荒謬的
那一切會更加糟糕。
伏爾泰會說「我不在乎」

當一個人已經沒有什麼東西可以再失去的時候，他會承擔起生命對他的要求，對案主而言這是很有價值的經驗。俗話說得好：「絕望與信心，都會趕跑憂懼。」一再地提醒我們這一點是重要的，許多的徵兆顯示，身在美國的我們正處於國家的關鍵時期，我們不再能強加僞裝或壓抑我們的絕望。

能夠感受到健康的絕望的人，他同時也是能經驗到最強烈的愉悅和喜悅的人。沙特曾經談到過促進生活的絕望。在《蒼蠅》這齣劇本中，當宙斯指出了奧瑞斯提斯要去面對的所有絕望之後，奧瑞斯提斯斷然反對宙斯，「人類的生命肇始於絕望的另外一面。」他也說人的自由和人的喜悅，亦是開始於絕望的另外一端。這也就是爲什麼當我們看完悲劇（而不是喜劇）之後，我們更加相信人的尊嚴與高貴：這些角色和他們悲劇性的衰亡，像是哈姆雷特、馬克白、李爾王，這些角色所帶給我們的是生命意義的信念。當我們離開戲院，我們不僅釋懷並且獲得鼓舞。在戲劇中我們所感受到的絕望，剛好映照出它的對立面——那就是生命的尊貴。

絕望是對於成爲自己的最後拒絕。齊克果說得好，他舉出了不同層次的絕望，「**絕望是不願意去成爲自己的樣子；再降一層的是，絕望是不願意成爲自我；降到最底層的則是，絕望是願意去成爲自己的另一個樣子。**」①絕望是心靈的失敗，它喪失熱忱。「當人被視爲失去精神的時候，他已經變成了一部留聲機。沒有東西能夠阻止他去學習那冷靜又冗長的廢話，他機械式的重複話語，就像忠實的告誡或是政治口號一樣容易。」②此外「絕望是心靈的條件，它關聯到人的永恆之中……**在絕望中，一個人無意識的存有，永遠不會意識到他自己所具有的靈性。**」③

「絕望是人本身所固有的；但是如果人不是綜合體，那麼他便不會產生絕望。」④齊克果的觀點認爲，人是有限與無限的綜合體，這一點讓絕望這件事成爲可能。他也強調一個人最糟的狀況就是去吹噓自己從來不曾絕望過，那意味著這個人從來都沒有對自己有過眞誠的意識。

絕望和喜悅之間的聯繫是如此的重要，古希臘使用了一個重要的神話來描述，那就是波瑟芳妮(Persephone)和狄米特(Demeter)的神話。有一天，波瑟芳妮和朋友在採花的時候，冥王(Hades)——冥府之王見到她就深深地愛上她。冥王抓住波瑟芳妮並且將她強行帶走。波瑟芳妮的母親狄米特，她是掌管水果、穀物和其他農作物的神，她聽見了波瑟芳妮哭喊的聲音，於是她急忙到人世間去找她。當狄米特知道冥王已經在宙斯的默許下，將波瑟芳妮帶到冥間地府，她感到震驚，更是充滿難過。

狄米特離開了奧林帕斯山，浪跡在人間裡，隱姓埋名。她遇到兩個年輕的女子，這兩個人深深地爲狄米特被海盜掠奪、逃逸的故事所感動，她們帶狄米特回家見她們的母親梅塔妮拉(Metaneira)。狄米特依舊是如此的難過，「她坐在椅子上，久久不發一語，她從來就沒有笑容，因爲她是這樣地悲傷……她茶不思，飯不想。因爲她正思慕著心愛的女兒。」⑤

梅塔妮拉和她的女兒們告訴狄米特「母親，上帝所賜與我們的是什麼呢？身爲人，即使是痛苦，我們都要忍受。」這是對人命運的承認，也是對狄米特接受命運的懇求。這個重要性不斷地在後面的故事中反覆出現，以加深我們的理解。後來，梅塔妮拉請求狄米特去照顧她剛生下的兒子。狄米特再度復活了起來，她把愛奉獻給這個嬰孩，而這個孩子也用驚人的速度長大。

就在這段時間中，因爲狄米特的悲傷與憤怒，使得整個大地都長不出水果和穀物，人間漫佈著殘酷的饑荒。終於，宙斯受到感動，他命令冥王讓波瑟芳妮重回大地，儘管後來冥王餵了他那「內向的另一半」石榴樹的種子。

狄米特歡欣鼓舞地迎接波瑟芳妮回到她身邊。當波瑟芳妮坦白地告訴狄米特，她在不知的情況下，吃下了石榴樹的種子，這時候狄米特知道她的女兒在一年的時光中，將要有三分之一的時間——也就是在冬天，要回到冥王的身邊，其餘的時間她則可以留在人間。

但是這小小的缺陷早已淹沒在她們滿溢的喜悅之中。「然後帶著滿心歡喜，她們以許多的擁抱鼓舞彼此的靈魂與心靈；被奪走的喜悅再度歸來，她們的心從哀傷中甦醒……」瞬時之間，豐饒的大地萌生果實，整個世界盈滿綠葉與花朵。⑥

狄米特她那強烈的悲傷，讓她無法對他人言語，她拒絕任何的安慰，她也不要任何的食物和飲料，只是渴望地想念她的女兒，她陷入了最深沈的絕望。狄米特的絕望在人世間所造成的卻是無情的飢荒。但是她的絕望很快就變成了具有創造力的模樣，她對梅塔妮拉的嬰孩表現著她無限的愛，而這個男孩很快地長大。

隨著狄米特的受苦而來的是那強烈的喜悅，因爲**曾經有過的哀傷，讓這樣的喜悅更加強烈**。換句話說，絕望對於喜悅的誕生而言是不可或缺的。波瑟芳妮原先對沈落到冥府的恐懼，現在不只是被她歡喜的心情所取代，連「大地在那段時間貧瘠，現在都成爲結實纍纍，黃金遍地。」⑦這個神話告訴我們的是「喜悅隨著痛苦而來，分離促成了重新的團聚，隨著死亡的是生命的再生，隨著枯朽冬天而來的是那和煦的春日。」⑧

冬天，也就是波瑟芳妮必須要回到冥府的那段時間，被認爲是一年中最令人恐懼的時間，那個時候絕望佈滿了整個世界。就如同麥基印地安人所說的，冬天是一個「淨化者」。冰和雪淨化了大地，從昆蟲到水鹿，它們覆蓋著所有活過一生的萬物；經過冬天的淨化之後，大地又恢復了生機，冒出了新的生命。這便是創造之前的孕育。尼采曾經歌詠過這樣的經驗：

> 爬出這深淵，歷經一場猛烈的疾患後，人類重生了。身體騷動著享樂的胃口、對美好事物的嗜求、歡逸的感官、享樂時瞬間的無邪、赤子的無瑕之心與敏銳了千百倍的感覺。⑨

基督教理論中的死亡與復活，兩者和絕望與喜悅之間的聯繫關係相當類似——而所有的復活都是用春天裡的花朵和樹葉的復甦，作爲基本的表現模式，這樣的形態貫穿了整個生命。這就是整個宇宙所構作出來的命運，我們的存在即被環繞在死亡與復活的形式裡頭。在歐洲的復活節，人們會一起去領耶穌受難日的聖體，他們要確認耶穌已死。對於任何一個要復活的人來說，慶祝耶穌的死亡是一個必要的先行儀式。在重生之前的是死亡，基督的復活只有在他眞正死亡之後才有意義。在美國，我們很少參加耶穌受難日，但是教會卻充滿了復活節的活動。這暗示著在這個國家中，我們缺乏對悲劇的信念。這也證明了我們努力去忽略那必然存在復活之前的死亡，忽略那喜悅之前所必須經歷的受苦，那功成名就之前必然的悲劇，以及橫亙在創造性之前的衝突。亨利・米勒寫道「這些亡者，將會被恢復生命」，此時他把情緒上的死亡和復活當成同樣一件事。對米勒而言，在絕望之後，這是情緒釋放的過程。

喜悅前的絕望，就是神秘學家聖十字若望所寫的「靈魂的黑夜」，或者如同約翰・班揚所比喻的，在我們到達天堂的大門之前，要先通過絕望的泥沼。喬瑟夫・坎伯(Joseph Campbell)在他的《千面英雄》(*Hero with a Thousand Faces*)中告訴我們，如果英雄想要獲得聖杯的話，他必須願意忍受試煉和肢解，甚至不惜一死。那些宣稱想要活在永遠的歡樂中，或是活在從不間斷的愛裡頭的人，他們若不是欺騙自己，就是只想將自己安置在普通的存在之中。

在神秘的傳統中，喜悅的忘我狀態只是次等的階段，無論如何它都不會是主要的目標。有著較少的信仰或是較少奉獻自身的人，他們經常願意退回到次等的階段中，他們需要經常被告誡，不要輕易出賣自己的神秘體驗。客西馬尼園(Gethsemane)完全不是一個供認耶穌的任務失敗的地方，它是一個無可迴避的階段，「要讓聖杯從我手中離去」這將會是不可能的。沒有絕望，就沒有復活。神秘主義的歷史之一，就是鼓勵自詡爲神秘之路的探險者「忍受疼痛與苦楚，因爲在這虛無之後，在這黑暗與無形的邪惡之後，就是潛藏在祂喜悅中的基督。」⑩

喜悅之道

讓我們回想一下菲力普，他在「傳說中的夏日」中所提到的**喜悅**(joy)和**快樂**(happiness)。這其中的差別在那裡呢？

快樂是希望和目標的實現；但是這些恰好是菲力普要揚棄的。我們認爲，快樂是經由副交感神經所傳遞，它跟食物、滿足、休息、安逸有關係。喜悅是經由它的拮抗系統，交感神經所傳遞，它會讓人不想去吃東西，但會促使人向外去探求事物。快樂讓人鬆弛；喜悅卻讓人向更新的經驗挑戰。快樂大部分依靠的是個人外在的狀態；喜悅則是人內在能量的滿溢，它會讓我們產生敬畏和驚奇。喜悅是一種釋放，一種向外開放；當一個人能夠眞正地「鬆手」時，喜悅就會來到。快樂和滿足有關；喜悅則是和自由，人類心靈的豐富性有關。在性愛中，喜悅是兩個興奮的人隨著性高潮所做的搖擺；快樂則是高潮後，一個人放鬆後所生的滿足感。喜悅是一種嶄新的經驗，它指向未來。喜悅亦像是活在剃刀邊緣一樣；快樂則是允諾一個人當下的滿足，或是往日渴望的實現。喜悅像是發現了新大陸般的興奮；它是一種新生命的顯露。

快樂與安全感有關，它需要被保證，讓事情一成不變，就像我們的老爸經常做的那樣。喜悅就像發現了以前我們所不知道的事物。快樂經常是在無趣的邊緣中，用安靜的方式作爲結束。快樂是成功，但是喜悅卻是種鼓舞，彷彿從湧現的自我中，發現了一片新大陸。

快樂是不和諧的消失；喜悅則是歡迎不和諧，因爲喜悅把不和諧當作通往更高和諧的基礎。快樂試圖要找到一個規則系統，來解決我們的問題；喜悅則把打破我們原有的疆界當成冒險的必要過程。丁尼生從喜悅的觀點來描述尤里西斯；他明白這個老人譴責「讓沒勤拂拭的地方鏽蝕掉，而不在使用當中讓它發光。」

顯然，美好的生命在不同的時間中，有著喜悅和快樂。我所要強調的是，在面對絕望之後，喜悅會接著到來。喜悅是一種經驗的可能性，是當一個人在對抗命運時，他自由的意識。當人願意直接面對他的絕望時，絕望感能夠產生喜悅。

我們都站在生命的邊緣，每一個片刻構成了這個邊緣的一部分。在我們前方的就只是可能性而已。這意味著未來是開放的——就像是亞當和夏娃，在米爾頓所描述的失樂園(Paradise Lost)中，當他們受到耶威(Yaweh)的譴責，在龐大的絕望之後，所獲得的開放一樣。那是人們意識的開始，所有的喜悅自此對我們開放。

他們流下了與生俱來的眼淚，但很快地他們將淚拭去；
世界就在他們眼前，去那裡尋求
棲息之地，天意是他們的指引。
他們，手牽著手，帶著懷疑的步伐，慢慢地
穿過伊甸園，堅定地選擇了他們的方向。

註釋

①齊克果，《向死之病》(*Sick unto Death*)，瓦特‧羅瑞(Walter Lowrie)譯，New York: Doubleday，1954，頁86。
在我看來，這本書是心理學對絕望的研究中最好的著作。

②齊克果，《憂懼的概念》(*The Concept of Dread*)，瓦特‧羅瑞(Walter Lowrie)譯，Princeton，N. J.: Princeton

University Press，1944，頁85。

③轉引自齊克果，《向死之病》，頁150，斜體字。

④同前揭書，頁149。

⑤羅伯特・梅(Robert May)引自《性與幻想》(*Sex and Fantasy*)，New York: Norton，1980，頁7-13。

⑥同上揭書，頁9-10。

⑦同上揭書，頁13。

⑧同上。

⑨尼采(Friedrich Nietzsche)，《快樂的科學》(*The Gay Science*)，考夫曼(Kaufman)譯，New York: Random House，1974，頁37。

⑩瓦特・希爾頓(Walter Hylton)，弗烈德利克・史畢格堡(Frederick Spiegelberg)引自《無宗教的宗教》(*The Religion of No Religion*)，Standford，Calif.: Delkin，1953，頁51。

謝誌

我希望在此表達我對唐・麥克(Don Michael)深摯的謝意，他是個懂得用喜悅作思考的人，有許多個夜晚，我們共同在火爐邊討論相關的問題。另外也要感謝蘇珊・奧斯本(Susan Osborn)在我寫這本書的這段期間，擔任我的研究助理。

內容簡介：

羅洛．梅（Rollo May）是二十世紀西方精神醫學界極富盛名的存在主義心理分析大師，被稱為「美國存在心理學之父」。

他身為心理治療家，卻出入於哲學、文學、古典研究、以及神學方面的思潮與經典，從中擷取直透人性的洞見和治療心靈的智慧。

他從接受存在主義之後，就將自由存在的個體，作為致力達到的理想人格。他認為健康的個體既能表現自由，亦能勇敢面對自身的命運，本書即是他深刻思考自由與命運之間交錯依存關係的總結之作。

在本書中，他一方面爬梳「行動（存在）的自由」與「生命（本質）的自由」兩種自由的表現形式，後者是人面對命運時在內心所產生的深刻思考，這種內在的人格自由，即是作者所稱政治自由的基礎。另一方面，他認為命運最終的歸宿既是無可避免的死亡，但在此限度內，我們卻能做出自由選擇，迎接命運的挑戰。因此，要獲得人生中的喜悅與成就感，即必須勇於承接拋射於世的自由與命運之磨難。

羅洛．梅夾議夾敘、引詩引文的偉麗風格，在不斷穿越進出於多重視域，及涵容異質多元思維的觀點中，造就了一則充滿野性思維的海洋書寫隱喻，不辭土石而成就生命的召喚應答，值得我們細細加以品讀與深思。

作者簡介：

羅洛・梅（Rollo May）

美國存在心理學家，一九〇九年生。幼年命運多舛，雙親長期不合，終至離異，姊姊曾不幸精神崩潰。大學因參與激進學生刊物遭退學。另行入學畢業後，赴希臘三年，任大學英文教席，並隨阿德勒（Alfred Adler）短期研習。返美後，旋入聯合神學院，與存在主義神學家田立克（Paul Tillich）以師友相交，深受其思想啟迪。

梅年輕時甚為結核病所苦，不得不入療養院靜養三年，然此病反成為其生命轉換點。面對死亡、遍覽群籍之餘，梅尤其耽讀存在主義宗教思想家齊克果（Soren Kierkegaard）之著作。出院之後，入懷特學院（White Institute）攻讀精神分析，遇蘇利文（Harry Stack Sullivan）與佛洛姆（Erich Fromm）等人，終於一九四九年獲得紐約哥倫比亞大學首位臨床心理學博士學位。畢生致力於將存在心理學引入美國，一九九四年病逝於加州。

其心理學思想與歐洲存在心理學家賓斯萬格（Ludwig Binswanger）相應之處甚多；其「命運」與「勇氣」概念，又與存在哲學家海德格（Martin Heidegger）所謂在世存有之被「拋擲世間」與「真誠怵惕」若符合節；惟梅深受美國人文主義薰陶，有博納眾議、歸本弗洛依德之風。諸存在心理學家中，梅乃唯一強調「天真、反叛、平常、創造」四個心理發展階段者，其心理學說，亦對人類存在的焦慮、愛、意志、魔性、創造力及現代人對神話的渴求，發前人之所未發。

重要著作包括：《焦慮的意義》（The Meaning of Anxiety）、《愛與意志》（Love and Will）、《創造的勇氣：羅洛．梅經典》（The Courage to Create）、《權力與無知》（Power and Innocence）、《自由與命運：羅洛．梅經典》（Freedom and Destiny）、《哭喊神話》（The Cry for Myth）等。

譯者簡介

龔卓軍

國立台灣大學哲學研究所博士，曾任教於中山大學哲學研究所，及台南藝術大學藝術創作理論研究所博士班所長，現為該所博士班專任副教授。著有《文化的總譜與變奏》，譯有《人及其象徵：榮格思想精華》、《拉岡》、《空間詩學》，另合譯有《夢的智慧》、《傅科考》、《自由與命運：羅洛．梅經典》。

石世明

台灣大學心理學系畢業、美國科羅拉多大學丹佛校區臨床心理學碩士。目前於癌症中心擔任臨床心理師。著有《伴你最後一程──臨終關懷的愛與慈悲》，譯作包括《病床邊的溫柔》、《禪修的療愈力量》，並合譯有《自由與命運：羅洛·梅經典》。

C. G. Jung 榮格對21世紀的人說話

發現人類內在世界的哥倫布

榮格早在二十世紀即被譽為是
二十一世紀的心理學家，因為他的成就
與識見遠遠超過了他的時代。

榮格（右一）與弗洛依德（左一）在美國與當地學界合影，中間爲威廉·詹姆斯。

人及其象徵：

榮格思想精華
Carl G. Jung ◎主編
龔卓軍 ◎譯

中時開卷版書評推薦
ISBN: 978-986-6513-81-7
定價：390元

榮格心靈地圖

人類的先知，
神秘心靈世界的拓荒者
Murray Stein◎著
朱侃如 ◎譯
中時開卷版書評推薦
ISBN: 978-986-360-082-4
定價：320元

榮格．占星學

重新評估榮格對
現代占星學的影響
Maggie Hyde ◎著
趙婉君 ◎譯

ISBN: 978-986-6513-49-7
定價：350元

導讀榮格

超心理學大師
榮格全集導讀
Robert H. Hopcke ◎著
蔣韜 ◎譯

ISBN: 978-957-8453-03-6
定價：230元

榮格：
思潮與大師經典漫畫

認識榮格的開始
Maggie Hyde ◎著
蔡昌雄 ◎譯

ISBN: 987-986-360-101-2
定價：250元

大夢兩千天

神話是公眾的夢
夢是私我的神話
Anthony Stevens ◎著
薛絢 ◎ 譯

ISBN: 978-986-360-127-2
定價：360元

夢的智慧

榮格的夢與智慧之旅
Segaller & Berger ◎著
龔卓軍 ◎譯

ISBN: 957-8453-94-9
定價：320元

心理學與哲學思考

羅洛．梅 Rollo May

愛與意志：羅洛．梅經典

生與死相反，
但是思考生命的意義
卻必須從死亡而來。

ISBN:978-986-360-140-1
定價：420元

自由與命運：羅洛．梅經典

生命的意義除了接納無
可改變的環境，
並將之轉變為自己的創造外，
別無其他。
中時開卷版、自由時報副刊
書評推薦
ISBN:978-986-360-165-4
定價：360元

創造的勇氣：羅洛．梅經典

若無勇氣，愛即將褪色，
然後淪為依賴。
如無勇氣，忠實亦難堅持，
然後變為妥協。

中時開卷版書評推薦
ISBN:978-986-360-166-1
定價：230元

權力與無知：羅洛．梅經典

暴力就在此處，
就在常人的世界中，
在失敗者的狂烈哭聲中聽到
青澀少年只在重蹈歷史的覆轍。

ISBN:978-986-3600-68-8
定價：350元

哭喊神話

呈現在我們眼前的....
是一個朝向神話消解的世代。
佇立在過去事物的現代人，
必須瘋狂挖掘自己的根，
即便它是埋藏在太初
遠古的殘骸中。

ISBN:978-986-3600-75-6
定價：380元

焦慮的意義：羅洛．梅經典

焦慮無所不在，
我們在每個角落
幾乎都會碰到焦慮，
並以某種方式與之共處。

聯合報讀書人書評推薦
ISBN:978-986-360-141-8
定價：420元

尤瑟夫．皮柏 Josef Pieper

二十世紀最重要的哲學著作之一

閒暇：一種靈魂的狀態 誠品好讀重量書評推薦

Leisure, The Basis of Culture
德國當代哲學大師經典名著

本書摧毀了20世紀工作至上的迷思，
顛覆當今世界對「閒暇」的觀念
閒暇是一種心靈的態度，
也是靈魂的一種狀態，
可以培養一個人對世界的關照能力。

ISBN:978-986-360-107-4
定價：280元

神話學

喬瑟夫．坎伯 Joseph Campbell

20世紀美國神話學大師

如果你不能在你所住之處找到聖地，
你就不會在任何地方找到它。
默然接納生命所向你顯示的實相，
就是所謂的成熟。

英雄的旅程

讀書人版每週新書金榜
開卷版本周書評
Phil Cousineau ◎著
梁永安 ◎譯

ISBN: 978-986-360-153-1
定價：420元

坎伯與妻子珍．厄爾曼

神話的力量

1995聯合報讀書人
最佳書獎
Campbell & Moyers ◎著
朱侃如 ◎譯

ISBN: 978-986-360-026-8
定價：390元

千面英雄

坎伯的經典之作
中時開卷版、讀書人版每周
新書金榜
Joseph Campbell ◎著
朱侃如 ◎譯

ISBN: 957-8453-15-9
定價：420元

坎伯生活美學

開卷版一周好書榜
讀書人版每周新書金榜
Diane K. Osbon ◎著
朱侃如 ◎譯

ISBN: 957-8453-06-X
定價：360元

神話的智慧

開卷版一周好書榜
讀書人版每周新書金榜
Joseph Campbell ◎著
李子寧 ◎譯

ISBN: 957-0411-45-7
定價：390元

美國重要詩人內哈特 John Neihardt傳世之作

巫士詩人神話　長銷七十餘年、譯成八種語言的美國西部經典

這本如史詩般的書，述說著一個族群偉大的生命史與心靈史，透過印第安先知黑麋鹿的敘述，一部壯闊的、美麗的草原故事，宛如一幕幕扣人心弦的電影場景。這本書是世界人類生活史的重要資產，其智慧結晶將爲全人類共享，世世代代傳承。

ISBN: 986-7416-02-3　定價：320元

生活哲思—新文明生活主張

提倡簡單生活的人肯定會贊同畢卡索所說的話：「藝術就是剔除那些累贅之物。」

小即是美

一本把人當回事的經濟學著作
E. F. Schumacher ◎著

中時開卷版一周好書榜
ISBN: 978-986-360-142-5
定價：350元

少即是多

擁有更少 過得更好
Goldian Vandn Broeck◎著

ISBN:978-986-360-129-6
定價：390元

簡樸

世紀末生活革命
新文明的挑戰
Duane Elgin ◎著

ISBN :978-986-7416-94-0
定價：250元

靜觀潮落：簡單富足／生活美學日記

寧靜愉悅的生活美學日記
Sarah Ban Breathnach ◎著

ISBN: 978-986-6513-08-4
定價：450元

美好生活：貼近自然，樂活100

我們反對財利累積，
反對不事生產者不勞而獲。
我們不要編制階層和強制權威，
而希望代之以對生命的尊重。
Helen & Scott Nearing ◎著

ISBN:978-986-6513-59-6
定價：350元

倡導純樸，
並不否認唯美，
反而因為擺脫了
人為的累贅事物，
而使唯美大放異彩。

中時開卷版一周好書榜

德蕾莎修女：一條簡單的道路

和別人一起分享，
和一無所有的人一起分享，
檢視自己實際的需要，
毋須多求。

ISBN:978-986-6513-50-3
定價：210元

115歲，有愛不老

一百年有多長呢？
她創造了生命的無限可能

27歲上小學
47歲學護理
67歲獨立創辦養老病院
69歲學瑜珈
100歲更用功學中文……

宋芳綺◎著
中央日報書評推薦

ISBN:978-986-6513-38-1
定價：280元

許哲與德蕾莎
修女在新加坡

生活哲思—新文明生活主張

孤獨
最眞實、最終極的存在
Philip Koch ◎著
梁永安◎ 譯
中國時報開卷版書評推薦

ISBN:978-957-8453-18-0
定價：350元

孤獨的誘惑
(原書名：孤獨世紀末)
Joanne Wieland-Burston◎著
宋偉航◎譯
余德慧◎導讀
中時開卷版、聯合報讀書人
書評推薦

ISBN:978-986-360-114-2
定價：280元

隱士：
照見孤獨的神性（第二版）
Peter France◎著
梁永安◎ 譯
聯合報讀書人、中時開卷
每周新書金榜

ISBN:978-986-360-115-9
定價：360元

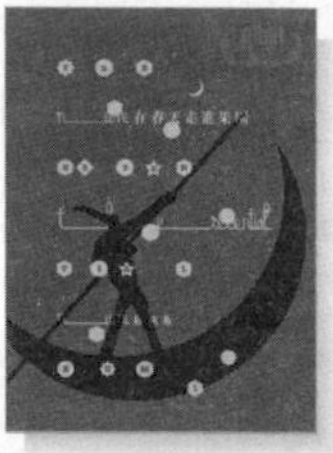

Rumi在春天走進果園（經典版）
伊斯蘭神秘主義詩人
Rumi以第三隻眼看世界
Rumi◎著
梁永安◎ 譯

ISBN:978-986-6513-99-2
定價：360元

靈魂筆記
從古聖哲到當代藍調歌手的
心靈探險之旅
Phil Cousineau◎著
宋偉航◎ 譯
中時開卷版書評推薦

ISBN:957-8453-44-2
定價：400元

四種愛：
親愛・友愛・情愛・大愛
C. S. Lewis◎著
梁永安◎ 譯

ISBN:978-986-6513-53-4
定價：200元

運動：天賦良藥
為女性而寫的每天
30分鐘體能改造
Manson & Amend ◎著
刁筱華◎譯

ISBN:957-0411-46-5
定價：300元

愛情的正常性混亂
一場浪漫的社會謀反
社會學家解析現代人的愛情
Ulrich Beck
Elisabeth Beck-Gemsheim◎著
蘇峰山等◎ 譯

ISBN:978-986-360-012-1
定價：380元

內在英雄
現代人的心靈探索之道
Carol S. Pearson◎著
徐慎恕・朱侃如・龔卓軍◎譯
蔡昌雄◎導讀・校訂
聯合報讀書人每周新書金榜

ISBN:978-986-360-146-3
定價:350元

宗教學

20世紀美國實用宗教學鉅著

威廉・詹姆斯 William James

百年百萬長銷書，宗教學必讀

宗教經驗之種種

這是宗教心理學領域中最著名的一本書，
也是20世紀宗教理論著作中最有影響力的一本書。
——*Psychology Today*

如果我們不能在你我的房間內，
在路旁或海邊，
在剛冒出的新芽或盛開的花朵中，
在白天的任務或夜晚的沈思裡，
在眾人的笑容或私下的哀傷中，
在不斷地來臨、莊嚴地過去而
消逝的生命過程中看見神，
我不相信我們可以在伊甸的草地上，
更清楚地認出祂。

2001年博客來網路書店十大選書
中時開卷版本周書評
誠品好讀重量書評
ISBN:957-0411-36-8
定價：420元

20世紀美國宗教學大師

休斯頓・史密士 Huston Smith

人的宗教：人類偉大的智慧傳統

為精神的視野增加向度，
打開另一個可生活的世界。
中時開卷版一周好書榜

半世紀數百萬長銷書
全美各大學宗教通識必讀
橫跨東西方傳統
了解宗教以本書為範本

燈光，是不會在無風的地方閃動。
最深刻的真理，
只對那些專注於內在的人開放。
——*Huston Smith*

ISBN:978-986-6513-79-4
定價：400元

永恆的哲學

找回失去的世界
ISBN:957-8453-87-6
定價：300元

權威神學史學者

凱倫・阿姆斯壯 Karen Armstrong

神的歷史 A History of God

紐約時報暢銷書
探索三大一神教權威鉅著
讀書人版每周新書金榜

ISBN:978-986-360-125-8
定價：460元

帶領我們到某族群的心，
最佳方法是透過他們的信仰。

國家圖書館出版品預行編目 (CIP) 資料

自由與命運：羅洛．梅經典 / 羅洛．梅 (Rollo May) 著；龔卓軍，石世明譯．-- 三版．-- 新北市：立緒文化事業有限公司，民 109.12
面；　公分．--（新世紀叢書）
譯自：Freedom and destiny
ISBN 978-986-360-165-4(平裝)

1. 自我實現　2. 自由 3. 命運

177.2　　109019140

自由與命運：羅洛．梅經典（三版）
Freedom and Destiny

出版——立緒文化事業有限公司（於中華民國 84 年元月由郝碧蓮、鍾惠民創辦）
作者——羅洛．梅（Rollo May）
譯者——龔卓軍．石世明

發行人——郝碧蓮
顧問——鍾惠民

地址——新北市新店區中央六街 62 號 1 樓
電話—— (02) 2219-2173
傳真—— (02) 2219-4998
E-mail Address —— service@ncp.com.tw
劃撥帳號—— 1839142-0 號 立緒文化事業有限公司帳戶
行政院新聞局局版臺業字第 6426 號

總經銷——大和書報圖書股份有限公司
電話—— (02) 8990-2588
傳真—— (02) 2290-1658
地址——新北市新莊區五工五路 2 號
排版——伊甸社會福利基金會附設電腦排版
印刷——祥新印刷股份有限公司

法律顧問——敦旭法律事務所吳展旭律師

分類號碼—— 177.2
ISBN —— 978-986-360-165-4
出版日期——中華民國 90 年 3 月～ 99 年 10 月 初版 一～四刷（1 ～ 5,500）
中華民國 103 年 1 月～ 105 年 12 月 二版 一～三刷（1 ～ 2,000）
中華民國 109 年 12 月 三版 一刷（1 ～ 1,000）

定價◎ 360元（平裝）　立緒

立緒文化事業有限公司　信用卡申購單

■信用卡資料

信用卡別（請勾選下列任何一種）

□VISA　□MASTER CARD　□JCB　□聯合信用卡

卡號：＿＿＿＿＿＿＿＿＿＿＿＿＿＿＿＿＿＿＿＿

信用卡有效期限：＿＿＿＿年＿＿＿＿月

訂購總金額：＿＿＿＿＿＿＿＿＿＿＿＿＿＿＿＿

持卡人簽名：＿＿＿＿＿＿＿＿＿＿＿＿＿＿＿＿（與信用卡簽名同）

訂購日期：＿＿＿＿年＿＿＿＿月＿＿＿＿日

所持信用卡銀行＿＿＿＿＿＿＿＿＿＿＿＿＿＿＿＿

授權號碼：＿＿＿＿＿＿＿＿＿＿＿＿＿（請勿填寫）

■訂購人姓名：＿＿＿＿＿＿＿＿＿＿＿＿＿＿　性別：□男□女

出生日期：＿＿＿＿年＿＿＿＿月＿＿＿＿日

學歷：□大學以上□大專□高中職□國中

電話：＿＿＿＿＿＿＿＿＿＿＿＿　職業：＿＿＿＿＿＿＿＿＿＿＿＿

寄書地址：□□□

＿＿＿＿＿＿＿＿＿＿＿＿＿＿＿＿＿＿＿＿＿＿＿＿＿＿＿＿＿＿

■開立三聯式發票：□需要　□不需要（以下免填）

發票抬頭：＿＿＿＿＿＿＿＿＿＿＿＿＿＿＿＿＿＿＿

統一編號：＿＿＿＿＿＿＿＿＿＿＿＿＿＿＿＿＿＿＿

發票地址：＿＿＿＿＿＿＿＿＿＿＿＿＿＿＿＿＿＿＿

■訂購書目：

書名：＿＿＿＿＿＿＿、＿＿＿本。書名：＿＿＿＿＿＿＿、＿＿＿本。

書名：＿＿＿＿＿＿＿、＿＿＿本。書名：＿＿＿＿＿＿＿、＿＿＿本。

書名：＿＿＿＿＿＿＿、＿＿＿本。書名：＿＿＿＿＿＿＿、＿＿＿本。

共＿＿＿＿＿本，總金額＿＿＿＿＿＿＿＿＿＿＿＿元。

⊙請詳細填寫後，影印放大傳真或郵寄至本公司，傳真電話：(02)2219-4998

西方哲學心靈

從蘇格拉底到卡繆

傅佩榮◎著

第一卷 蘇格拉底．柏拉圖．亞里斯多德．休謨．奧古斯丁．多瑪斯．笛卡兒．史賓諾莎

定價：360元

第二卷 盧梭．康德．席勒．黑格爾．叔本華．齊克果．馬克思．尼采

定價：350元

第三卷 柏格森．懷德海．卡西勒．德日進．雅士培．馬塞爾．海德格．卡繆

定價：350元

傅佩榮教授解讀哲學經典

新世紀繼往開來的思想經典

跨越智慧的門檻、文字的隔閡

大字校訂．白話解讀．提供現代人簡單而有效的閱讀方法

《論語解讀》 沉潛於孔子思想的普世價值與人文關懷
精／平：500元／420元

《孟子解讀》 探究孟子向當政者滔滔建言的政治理想與人生價值　精／平：500元／380元

《莊子解讀》 逍遙翱遊莊子無限廣闊的天地
精／平：620元／499元

《老子解讀》 深入老子返樸守眞的自由境界
精／平：420元／300元

《易經解讀》 涵蓋「天道、地道、人道」的生命哲學
精／平：620元／499元

《大學．中庸解讀》 探究「大學」之道，再現古代理想教育體現「中庸」之至德，化育人性的契機
平：280元

平裝

文化的視野

當代人文修養四講：
文化．愛．美．宗教
傅佩榮◎著

ISBN:957-8453-21-3
定價：210元

創造的勇氣：羅洛．梅經典

羅洛．梅 Rollo May◎著
傅佩榮◎譯
中時開卷版書評推薦
ISBN:978-986-360-166-1
定價：230元

科學與現代世界

二十世紀大哲懷德海演講集
A. N. Whitehead◎著
傅佩榮◎譯

青年日報副刊書評推薦
ISBN:957-8453-96-5
定價：250元

人的宗教向度

LouisDupre◎著
傅佩榮◎譯

ISBN:986-7416-39-2
定價：480元

大緒文化 閱讀卡

姓　名：

地　址：□□□

電　話：(　　)　　　　傳 眞：(　　)

E-mail：

您購買的書名：________________

購書書店：________市（縣）________書店

■您習慣以何種方式購書？

□逛書店 □劃撥郵購 □電話訂購 □傳真訂購 □銷售人員推薦

□團體訂購 □網路訂購 □讀書會 □演講活動 □其他________

■您從何處得知本書消息？

□書店 □報章雜誌 □廣播節目 □電視節目 □銷售人員推薦

□師友介紹 □廣告信函 □書訊 □網路 □其他________

■您的基本資料：

性別：□男 □女　婚姻：□已婚 □未婚　年齡：民國______年次

職業：□製造業 □銷售業 □金融業 □資訊業 □學生

□大眾傳播 □自由業 □服務業 □軍警 □公 □教 □家管

□其他________________

教育程度：□高中以下 □專科 □大學 □研究所及以上

建議事項：

愛戀智慧 閱讀大師

廣 告 回 信
北區郵政管理局登記證 北 臺 字 8 4 4 8號
免 貼 郵 票

立緒文化事業有限公司 收

新北市 2 3 1

新店區中央六街62號一樓

請沿虛線摺下裝訂，謝謝！

立緒文化 閱 讀 卡

感謝您購買立緒文化的書籍

為提供讀者更好的服務，現在填妥各項資訊，寄回閱讀卡（免貼郵票），或者歡迎上網http://www.facebook.com/ncp231即可收到最新書訊及不定期優惠訊息。